叢書 現代社会のフロンティア 6

日本型メディアシステムの興亡

瓦版からブログまで

柴山哲也 著
Shibayama Tetsuya

ミネルヴァ書房

まえがき

この本の原点になる『日本型メディア・システムの崩壊』を書いた時には、「崩壊」という言葉はまだ理解されにくかった。約一〇年前のことである。ところが二〇〇六年になると、既成メディアの崩壊現象は一層の現実感を伴って見えてきた。新聞、テレビなど巨大メディアの内部不祥事が続発し、誤報や情報操作や人権侵害やメディア・スクラムによる集中豪雨型報道の垂れ流しが大きな社会問題化した。さらには新興のＩＴ企業によるテレビ局へのＭ＆ＡやＮＨＫの民営化論なども浮上したが、これらのニュースを伝える報道のあり方に対しても、広範な疑義が生まれた。

こうしたメディア状況を点検すると、「崩壊」としたほうがやはりぴったりする。しかし崩壊の先には、新しい時代の新しい姿のメディアの構築が必ずあるはずだ。江戸時代の瓦版から今日のブログに至る日本のメディアの歴史を俯瞰しながら、崩壊の先にある未来の希望を展望してみたいという欲求が強くわき上がり、新たに『日本型メディアシステムの興亡』を書く動機になった。

一〇年、二〇年先の日本のメディアとジャーナリズムはどのような変化を遂げているのか。それは望ましい変化なのか否か、未来には希望があるのか。

メディアの専門家やジャーナリストにとどまらず、国民はメディアのあり方について、将来の年金問題と同じレベルで考えなければならない時代である。われわれの日常生活を左右するメディアの影響力はそれほど強い。

成熟した民主主義社会にとって、社会を動かす最も重要な役割を担うのは、世論を作るメディアである。日本は経済大国であり、言論の自由がある民主主義の国だから、これにふさわしいメディアとジャーナリズムが必要なのはいうまでもない。しかし現代の日本の既成メディアは、成熟した民主主義を求める国民のニーズにきちんと応えているだろうか？

日本のメディアは巨大企業体である。数少ないメディア資本が系列化して、言論市場を独占支配してきた。利潤の追求をめざす巨大資本がメディアを支配しているという点では、米国や先進諸国も同様である。メディア企業の自己利益のみが優先され、国民のニーズ、つまり読者、視聴者が求める公共性から離れたニュースや情報が作られ流される。こうしたことは、〝風説の流布〟につながる。

メディアの原点である近代ジャーナリズムとは、国民の「知る権利」を代行し、あらゆる権力から独立して、読者、視聴者にとって、公共性の高い真実のニュースや情報を提供するものだ。ジャーナリズムのビジネスモデルの理想型はこれである。国民はメディアが提供するニュースや報道を見ながら、経済活動、社会活動、選挙などの目標の選択を行う。その指針となるニュースや論評、情報が事実だと信じ得る価値と権威に対して、対価を支払うのである。正当なジャーナリズムとは、読者、視聴者に対して真実に基づく知的な価値を創造し、提供するものだ。

しかしながら、『第三の波』の著者、アルヴィン・トフラーは、メディアが国民を動かす民主主義社会の危険を警告している。議会、政府、司法のような三権に比べ、メディアの権力は中心が不在で拡散的なので、責任の所在は判然としない。無責任なメディアに操られるままに、世論が一定の方向へ誘導されたら、国民は漂流し、取り返しのつかない危険に遭遇するかもしれない。

大量破壊兵器の存在を信じて疑わなかったアメリカのメディアは、イラク戦争開戦に向けて米国民を誘導した。そしてイラク戦争は現実になった。ホワイトハウスの嘘を見抜けなかった米国のプライドの高いメディアは、深刻な反省期に入った。

メディアが犯す過ちと国民の危機を回避するには、権力が流す嘘を見破り、事実を探求し、間違いのないファクト（事実）を伝えるジャーナリズムの機能をしっかりと確立するほかない。国民の側も、ニュースを漫然と受け取って消費するだけでなく、メディアの振る舞いを日常的にしっかりと監視することが必要だ。果たしてメディアは、公正で偏りのない真実のニュースを国民に伝えているか。日本の民主主義の深化と成熟に貢献しているのか——。

旧態依然の既成のメディアが国民のニーズに応える力量をもはや期待できないのなら、新しいメディアの可能性を、模索する必要があるだろう。インターネットが発達した現代にはメディア技術はいくらでも存在している。必要なのは、創造的なアイディアによる方法論の開発と新しい知恵とそれを行う勇気である。

時代や技術の進歩によってメディアの形態がどのように変貌するにしても、人間社会がある限り、世の真実を伝えるジャーナリズムの本質的な役割は変化しない。本書を書き進めているうちにこの当たり前のことを再確認することになった。

日本型メディアシステムの興亡——瓦版からブログまで

目次

序章　夜明け前——瓦版から「新聞」へ

ペリー艦隊がもたらした「新聞」

日本にニュースペーパー、つまり「新聞」というものが出現したのは、明治維新になってからである。ペリー提督が黒船や電信とともに日本にもたらしたものの一つに、「新聞」があったが、このことはあまり知られていない。

日本語で「新聞」という言葉は、福沢諭吉の『西洋事情』（一八六六〜一八七〇）に出てくる。青年時代の福沢は幕府使節として勝海舟が指揮官の咸臨丸で訪米するなど、三回にわたって欧米事情を視察した。ニューヨークやロンドンで、毎日のニュースや出来事を満載し世間の実情を活写した新聞を初めて目にした福沢の驚きが伝わってくる。「その国の世情を知るには、古今の書を読むより新聞を読むにしくはなし」といい、「西洋人は新聞を読むことを快楽とし食をも忘れるほどだ」と書いている［福沢諭吉『西洋事情』巻の一、要約は筆者］。当時、「Newspaper」は「新聞」と邦訳されたのである。

さらに福沢は欧米の新聞の仕組みを次のように述べている。新聞を発行するのは会社であり、毎日発行されて町で売られている。先端技術の蒸気機関を使った印刷機で一時間あたり一万五千部の紙面

図序－1　明治15年3月1日に創刊された『時事新報』第1号

時事新報

を印刷する機械がある。機械で刷りだされた新聞紙は蒸気機関車や蒸気船の急行便によって国中に配布されるのである〔福沢、前掲書〕。

日本を出る以前から、西洋の学問知識については様々な勉強を積んでいた福沢ではあったが、ニュースペーパー（新聞紙）との出会いは予想を超えた驚きであった。士農工商の縦割りの身分制度に縛られた江戸時代の鎖国日本に対して、米国には身分平等な大衆社会が存在しており、市民大衆に国家の施政や出来事やニュースを与えて国論をリードする。そのような新聞の存在に福沢は目を開かされたのである。

明治になって福沢は慶応義塾の卒業生や同窓を基盤に『時事新報』を発行するが、彼の新聞業への執着心はこのときの訪米体験が元になっていると考えられる。

江戸時代の日本では一般庶民が政治の話をすることはご法度で、庶民が政治ニュースを報道するなどは考えられないことだった。読売瓦版などがあったものの、川柳、狂歌などの風刺や小噺によってニュースを伝える手法にすぎなかった。外国のニュースや政治的事件を伝えたり幕府批判を口にすることは厳禁で、幕府は厳しく取り締まっていた。欧米社会のような「言論の自由」は存在していなかったので、福沢がアメリカで見た新聞と瓦版は似て非なるものだった。新聞に似た瓦版は、ドイツのフルックブラットのような一枚刷り印刷物で、現存最古の瓦版は一六一五年の大坂安部之合戦を描いたものである［春原昭彦、二〇〇三］。

一八六〇年、福沢らの幕府使節団が咸臨丸で米国に向けて出航した浦賀には、七年前にペリー提督が率いる黒船が来航していた。

黒船来航がなければ福沢らの幕府使節団の訪米もなかったし、江戸時代の鎖国はなお続いていたことであろう。以降の日本の歴史は、開国論と攘夷論がせめぎあう幕末維新の動乱期に突入したが、これは黒船来航によって引き起こされた一連の体制変化の連鎖であったことは周知の事実である。

ペリー来航のニュースも、このような瓦版、川柳、狂歌、風刺、噂話などの手法によって、日本全国に伝わっていった。

例えばそれらは以下のような内容である。

「異国船来ても日本は筒がなし」（「恙《つつが》なし（息災、無事）」と願ひたいのだが、「筒（大砲）がなし」では呑気に構へてゐられない。）

「日本の寝気をさます蒸気船いっぱい呑んでしぶい顔つき」

「アメリカが米をむしんで餅をつきお備え許ばかりたんと出来たり」

「日本の武具と馬具にはかびがはへ異国の船で洗ひはりする……」

「アメリカに飴を喰はせて帰しけり是も浦賀の名物にして」

「江戸の阿部川唐人ペルリなめ」

「宇治よりもせいほう（西方製法）のよい蒸気船阿部茶はちと気のぬけたさに」


というように様々な落書きや川柳、狂歌のたぐいが作られていたようである［永井盡、一九三四］。

これらの川柳、狂歌にしても、まともに黒船来航をニュースとしては書いていないが、黒船がきて世の中や幕府はてんやわんやの大騒動になっていることが、天下に知れ渡るのである。当時は飛脚便も発達しており、二週間もあれば北海道の松前藩から九州南端の薩摩藩まで、全国津々浦々まで情報を伝達することができたといわれる。木曽の山村にまで黒船来航のニュースは伝わっていたことが、島崎藤村の小説『夜明け前』にも見られる。


反対の論陣張った『ニューヨーク・デイリー・タイムズ』

日本の近代史を大きく揺さぶった黒船来航の大事件、江戸時代の川柳や瓦版が風刺や比喩で精一杯報じたこの大ニュースは、本国のアメリカではどのように報じられていたのであろうか。

一八五二年二月二日付の『ニューヨーク・デイリー・タイムズ』(New York Daily Times)に、ライバル紙『エキスプレス』(Express)の引用の形で次のような記事が掲載されている。創刊されたばかりの『ニューヨーク・デイリー・タイムズ』は、いまの『ニューヨーク・タイムズ』の前身である。

いわく。「日本はその富を障壁の内部に隠して置く権利はなく、国民を無知と迷信の中に閉じ込めておく権利もない。日本は世界の強国の一つであることを自覚しなければならない。日本には財力も能力もあり、世界に対する義務が存在している。もしも日本が開明化に失敗したり、これを拒絶するならば、日本を日本人以上によく知るものの責務として、日本がより良き夜明けを迎えられるように力を貸すべきである。子供が教育を受けることで将来に目覚め社会への義務を負い、人間としての尊厳と力が与えられるように、日本を教育することはわれわれの責務なのである」[New York Daily Times Vol. I No. 17 February 2, 1852, 筆者訳出。この記事は、濱屋雅軌、一九九八、でも紹介されている。ペリ

図序-2　幕末，慶応４年（1968）の「鳥羽伏見の戦」を伝える瓦版

出典：『ニュースの誕生』東大社会情報研究所，小野秀雄コレクション「かわら版・新聞錦絵データベース」1999年。

図序-3　ペリーの日本遠征をスクープした『ニューヨーク・デイリー・タイムズ』1852年２月２日付

New-York Daily Times.

VOL. I....NO. 17.　NEW-YORK, MONDAY, FEBRUARY 2, 1852.　PRICE ONE CENT.

ー艦隊の「日本遠征」の情報は、当時の米国政府筋から噂の形で流布されたものである。Humeston, 1984]。

これは、ペリー提督の「日本遠征」を歓迎するライバル紙の記事を紹介する形で、日本遠征のニュースを報道した記事だ。日本開国には賛成しながら、ペリー艦隊の軍事力を背景にして開国を迫ることには大反対している。

ペリーが米国東海岸の軍港ノーフォークを出て日本へ出発する九カ月前のことである。

タイムズ紙は、「人間嫌いの小熊」(Misanthropic Orson)という言葉で、当時の日本を象徴させている。「人間嫌いの小熊」とは、「鎖国して他国と付き合おうとしない臆病で内向的な小熊だが、時として残虐性を見せる」という意味だ。

以下に記事の概要を紹介する。

「鎖国日本を開国させ、国際社会に引き出すことには賛成だが、ペリー艦隊の派遣には大義がなく、日本に対する明白な宣戦布告である」と反対の論陣を張る。「通商や貿易のためとはいえ、艦隊派遣は日本の主権侵害であるだけではなく、軍事的な行動によって日本国民を米国嫌いにすることは目に見えている。しかるに米国が建国以来掲げてきた他国への内政不干渉の原則はどうなったのか。日本開国は軍事的な手段ではなく、あくまで平和的に行うべきである」といい、その根拠として以下の六項目をあげた。

一、通商や貿易のために艦隊を派遣することは日本に対する宣戦布告であり、米国憲法に違反している。

二、日本に捕らわれたという捕鯨船員解放の交渉には、外交交渉を優先すべきであり軍事力に頼る必要はない。過去にもアンティール諸島に捕らわれたアメリカ市民の捕虜一〇〇〇人を外交交渉によって解放させた実績もある。

三、捕鯨船員が日本に捕らわれているという確実な証拠はまだ出されていない。もし捕らわれていたとしても、彼らが日本国の法を犯して捕らえられたとすれば仕方がない。

四、日本の「硬い牡蛎の殻」を破るには物理的な力が必要だとする『エキスプレス』の主張だが、米国大統領（フィルモア＝共和党）も米国世論も軍事行動は好ましいことではなく、艦隊派遣が日本の主権を侵害するという点では一致している。

五、ペリー艦隊派遣は、イギリスのアヘン戦争の悪例を想起させる。イギリスが中国で与えているのはアヘンという毒の実にすぎない。我々はもっと良い先例に従うべきである。米国や世界はアヘン戦争でイギリスが中国で行った植民地主義を非難している。アメリカはイギリスの轍を踏むべきではない。

六、聖ピーターの例もあり、平和と福利のためといいながら、剣を使うのは不名誉なことである。「善をなすために悪をなす」というのは古いイエズス教会の思想であり、現代世界には通用しない。自らの野望を遂げるためにキリスト教精神を売り物にするのは止めたほうがよい。

七、『エキスプレス』の記事が事実だとしたら、この問題をもっと完璧に我々は議論する必要があり、政府にはペリーの日本遠征計画への熟慮を促す必要がある。

以上のように、タイムズ紙に主導されたペリー艦隊派遣に反対する世論は、当時のリベラルな政治勢力であった民主党の躍進とともに米国世論に一定の影響力をもっており、ペリー艦隊の極東における軍事行動は、こうした論調によって歯止めをかけざるをえない状況にあった［New York Daily Times, 前掲筆者訳出］

このほか、『ニューヨーク・イブニングポスト』（New York Evening Post）にも次のような記事が掲載され、ペリー艦隊派遣について論評した。

「彼（フィルモア大統領）がポケットにいつも入れて持ち歩いていたモラルのハンカチの中身とは、日本を同盟関係に引きずりこむことではなくて、日本人に恐怖を与えることによって見返りの特権や利益を引き出させることだ。彼が任期を終えてワシントンを去るにあたって、このことが顕著に印象付けられた。われわれは大統領の意図を見誤っていたということではあるものの、かつていかなる国家も、外交交渉によって特権を引き出したことがなかったことも確かである」。

同紙の論調は、タイムズ紙よりは歯切れが悪く、最後はしぶしぶ軍事行動を容認しているようにも見えるが、国家のモラルとして艦隊派遣に反対する点は共通だ［ペリーの日本遠征を命じた共和党のフィルモア大統領は次期の大統領選挙に敗れて、民主党のピアス大統領に交代した。従ってペリーに実質的な命令を下したのは、ピアス大統領である。Humeston, 前掲書参照］。

タイムズ紙やイブニングポストのような高級紙とは違い、大衆新聞には日本を見下して、ペリー艦隊派遣を嘲笑する記事がたくさん出現した。

例えば『フィラデルフィア・パブリック・レッガー』は、「日本征服に金をかけるなんて、そのようなロマンティックな気まぐれ遠征に出す金がアメリカ政府にあるはずはない」［Humeston, 前掲書］。

またある大衆紙は、「日本人はフィジーやエスキモーと同レベルの知性の民族であり、陰気で利己的で無作法で他人の慈悲を請う……こんなことも知らないで日本に宣戦布告するのか」と皮肉ったりした［Humeston, 前掲書］。

米国の新聞だけではなく、ヨーロッパでもペリー艦隊派遣のニュースは反響を巻き起こした。イギリスの高級紙『タイムズ』（Times）は、「日本皇帝は、ペリー艦隊を迎えるに、激怒と侮蔑をもってするであろう」と書き、大衆紙も「無知半開で殺伐極まる一人よがりの日本国民三〇〇〇万を、僅か二千人で無理強いしようとする米国の考えには、同意できない」などと書いた［朝森要、一九六〇］。

当時の欧米大衆による日本認識とは、このようなものであったことがよくわかる。日本だけでなく、白人以外の人種を非文明と見下したヘーゲルの『歴史哲学講義』に出てくる視点と重なっているのだ。『ニューヨーク・デイリー・タイムズ』が示した「人間嫌いの小態」という日本観は、当時としては相当に知的な見方であった。

それはともかく、日本を追放されたシーボルトがペリーに頼んで日本再来日を画策したが断られたエピソードなど、これを機にペリー遠征のニュースが世界に広まったことで、時ならぬ日本ブームが起こったといわれる。

ケンペルの大作『日本』が復刻再版されるなどして、欧米の日本への関心は急速に高まった。フランス、イギリス、ロシアなど西欧列強が日本への関心を強めたのは、ペリー艦隊派遣のニュースが世界を駆けめぐったからであろう。

同時に、市民革命や独立革命を経て、市民国家が成立した欧米では、新聞を中心とするメディアが発達し、ニュースを世界中に広めていたことをうかがわせる。

ペリーの日本遠征を煽った経済ジャーナリズム

前述の『ニューヨーク・デイリー・タイムズ』に代表されたペリーの日本遠征反対論に対して、これを後押しするメディアもたくさんあった。日本の鎖国を止めさせて通商航路を開くことは米国経済界の最も重要な課題であった。

ペリー来航の少し前の一八四五年、米国下院に日本や朝鮮との通商条約締結の提議が出されており、翌一八四六年には米国東インド艦隊司令官ジェームズ・ビッドルが二隻の軍艦を率いて日本に来航したことがある。しかし幕府から通商条約締結拒否の回答を得て、引き返した。

当時は、鯨油のための捕鯨産業が米国の基幹産業だった。大西洋から太平洋へと捕鯨漁場を拡大していた米国の産業界にとって、太平洋上に捕鯨中継基地と通商航路を開くことは急務だった。一八四〇年代の半ば以降、米国経済界を代弁する経済ジャーナリズムはしきりに対日貿易の必要性を表明するようになっていたのである。

捕鯨産業中心の国益を代弁した経済ジャーナリズムには、『エキスプレス』『マーチャント・マガジン』『プットナムズ・マンスリー』などがある。これらは、共和党のフィルモア政権に働きかけてペリーの日本遠征を準備させる経済界や富裕階級の影響下にあった。

たとえば『プットナムズ・マンスリー』（PUTNAM'S MONTHLY）の「日本特集」にはこんな記述がある。

「書店はフィルモア大統領に感謝しなければなるまい。大統領はいま日本を開国させて新たな通商航路を開こうとしている。こうしたペリーの日本遠征によって、アジアの地図はいま多くのアメリカの少年少女たちの目をひきつけている。彼らは地図上で「日本遠征」を疑似体験しつつある。時ならぬ日本ブームが起こり、父親たちは新聞でペリーの記事を読んでいる」［PUTNAM'S MONTHLY. Vol. 1 March 1853, No. III, 筆者訳出］。

ペリーの日本遠征のニュースによって東アジアや日本の地図や地球儀がよく売れたのだと、この記事は指摘しているのである。さらに同誌はペリー提督の日本遠征の大義と正当性を次のように述べている。

第一の理由としては、日本近海で捕らえられた米国捕鯨船員の虐待問題がある。

「捕鯨船員たちは日本への寄港も燃料やパンや水の補給も許されておらず、休息もできない。日本ではすべての交易は禁止されている。もしも船が難破し日本の沿岸に漂着すると、逮捕、投獄され、犯罪者としての扱いを受ける。替え難い制度のもとで人間性を束縛された日本人は、すべての外国人を残酷に取り扱うように強制されているのである」〔前掲、PUTNAM'S MONTHLY, 筆者訳出〕。

第二の理由は、拡大するアメリカの通商経済が太平洋貿易航路を必要としていた。

「日本に関する書物はつい最近まで、ジェスイット教団の資料室に閉じ込められ、オランダ語やロシア語で書かれており、それらの書物は東インド会社の図書館の塵の中に埋もれていた」。

「国民の上に帝（みかど）と将軍がいて、厳格な身分制度に縛られ、宗教的な理由から肉食は禁じられ、日本人はバター、チーズ、ミルクも知らない。しかも大量のキリスト教徒を殺している」。

「ところが特に女性たちは洗練された繊細優美な文化をもっている。二五〇〇万の人口があり大きな経済市場がある。にもかかわらず、金、砂金、真珠、漆工芸品などの産物はあるが日本の国内生産力はまだ低い。しかも日本との貿易国はオランダ一国に限定されている」。

「いまや蒸気船の時代が到来し、通商は蒸気船によって、海から海へと拡大するであろう。蒸気船の動力になる石炭が日本には豊富にあり、石炭を輸出することもできる。パナマ運河開通によってアメリカ大陸は大西洋と太平洋を結び、イギリスから地中海から紅海、インド洋へいたる世界航路が出来る。いまカリフォルニアと日本を結ぶ太平洋航路の開設が切に望まれるのである。米国の日本遠征の使命の正当性に関してはいささかも疑念の余地はない」〔前掲、PUTNAM'S MONTHLY, 筆者による概要訳出〕。

人道的見地と通商拡大という二つの国益と大義を掲げたペリー艦隊派遣だが、その対日要求の具体的な目標は以下のようなものだった。

一、日本近海で操業する米国捕鯨船員の安全な避難地を確保する。
二、サンフランシスコと中国間を往来する船員の補給地を作る。
三、将来、サンフランシスコと中国間の蒸気船航路が開設されたときの燃料、食料、水を補給し休養地となること。
四、日本は中国貿易の拡大に伴う貿易の相手国となり、石炭の供給国となる［濱屋雅軌、一九九八］。

ピークに達した米国捕鯨産業

捕鯨産業を支持する米国世論が作られた社会経済史的な背景をもう少し詳しく説明しよう。

前述の通り、当時のアメリカの基幹産業は商業捕鯨だった。石油資源が開発される以前には、鯨油がアメリカの主要なエネルギー源だった。鯨油確保のための捕鯨産業は南大西洋から太平洋へと漁場を拡大し、アフリカの喜望峰を回った捕鯨船の航跡はついには日本近海にまで到達することになったのである。

一七九一年から始まったとされる米国捕鯨の太平洋出漁であるが、当初は海岸線一〇〇海里前後の海域に止まっていた。

しかし一八一八年にマッコウクジラの大群が太平洋上で発見されて、本格的な「太平洋上捕鯨」が開始されることになり、鯨の大群を追った捕鯨船群が、日本沿岸に頻繁に出没するようになった。すでに一八二二年には日本に達した米国籍の捕鯨船は三〇隻に達していた［田保橋潔、一九七六］。

またペリー艦隊が来日した一八四〇年代から五〇年代にかけては、米国の捕鯨産業はピークの隆盛を迎えた時期であった。捕鯨船の総トン数をみると、一八三五年の九万七七六四九トンから一八五三年の二〇万六二八六トンと二倍に伸びている［石井孝、一九七二］。

日本近海が捕鯨の中心的な魚場になっていたこともあり、台風で遭難する米国の捕鯨船が続出した。一八四六年に捕鯨船ローレンス号が台風で遭難したさい、択捉島に漂着した七人の乗組員が松前藩に捕らえられた。やがて彼らは海外交易のために開かれていた日本の唯一の港である長崎に送られ、そこからオランダ船に乗せられて出航するという事件が起こった。

乗組員の一人が日本で虐待を受け、死亡したというニュースが、シンガポールの新聞に掲載された。一八四八年一月六日付の『シンガポール・プレス』は、米国捕鯨船員ジョージ・ホウの書簡を掲載し、日本の監獄の独房で拷問、踏絵の強制、踏絵を拒否した仲間の殺害などの模様を詳しく証言した記述があった［石井、前掲書によれば、捕鯨船員の死は虐待が原因ではなく単なる病死となっており、死因について日米文献資料に食い違いが見られる］。

日本当局による米国捕鯨船員虐待のニュースは、その後、米国の各新聞に転載されるに至り、キリシタンの弾圧も含めて、日本が非人道国家だという国際的な非難が起こり始めたのである。

この直後の一八四八年には「ラゴダ号事件」という事件が起こった。捕鯨船ラゴダ号の乗組員一五人が日本で捕らえられ、長崎で牢屋敷に収容されている間に二人の死者をだしたというものだ。

米国政府は東インド艦隊司令長官に対して軍艦を出動させて乗組員の奪還を指令した。東インド艦隊のグリン中佐は、長崎奉行に強硬な態度で臨み、乗組員の身柄を奪還した。

捕鯨業界寄りの新聞『ニューヨーク・ヘラルド』（一八五一年一月三日付）は、ブレブル号艦長の功績をたたえる記事を特集し、「非人道国家日本への制裁」を米国世論に訴えた。

やがて日本制裁論に傾斜した米国世論のバックアップを受けたグリン中佐は、一八五一年にフィルモア大統領に特別意見書を提出した。その意見書とは、パナマ運河開設計画と並行して懸案となっているカリフォルニア—上海、香港間の太平洋蒸気船航路を開設する。このためには日本における補給停泊地が必要であることを強調し、「平和的にできなければ、武力によってでもなしとげられなければならない」と説いた。［石井、前掲書］。

表序-1　米国捕鯨船トン数の推移（1820－65年）

年度	トン数
1820	36,445
30	39,705
35	97,649
40	136,927
44	200,147
45	218,655
46	233,262
50	171,484
53	206,286
55	199,842
59	195,115
60	176,848
65	79,696

出典：石井孝『日本開国史』吉川弘文館，1972年（『横浜市史』第２巻より作成）。

一八五三年頃ピークに達した米国捕鯨産業にとって、日本における中継補給基地の建設は最重要課題となった。当時のアメリカの捕鯨基地の最前線はハワイのオアフ島まで延び

表序-2　ペリー来航時の関連年表

1844年		米国が清国と通商条約締結
1845年		米国下院が日本・朝鮮間の通商条約締結を提案
1846年		米国東インド艦隊司令官ジェームズ・ビットルが江戸湾に来航，幕府に通商条約締結を迫るが，幕府は拒否
1848年		カリフォルニアでゴールドラッシュ起こる。アジア貿易の拡大が顕著に。
1849年		長崎に拘留中の米国捕鯨船員（ラゴダ号）の引き取りのため，東インド艦隊が長崎へ再来日
1851年		東インド艦隊司令官ジョン・E・オーリックが対日全権特使に任命されるが，約半年後に解任される
1851年		オーリックの後任に，マシュー・カルブレイス・ペリーが就任
1852年	11月	ペリー艦隊が米国の軍港ノーフォークを出発
1853年	3月	米国大統領が共和党（フィルモア）から民主党（ピアス）に代わる (対日政策の変更が起こる)
1853年	6月	ペリー艦隊が浦賀に来航前大統領の書簡を将軍に渡す
1854年	1月	ペリー艦隊が再来航
1854年	3月	神奈川条約（日米和親条約）の調印

出典：濱屋雅軌『近代日本外国関係史』原書房，1976年参照。

ており、ハワイ以東の太平洋上の中継地確保が急務だったのである。

一八六〇年代にカリフォルニアの有力紙『ユニオン』の移動特派員としてハワイ諸島に派遣されたマーク・トゥエインの『ハワイ通信』には、ハワイが捕鯨によって繁栄している様子が生き生きと描かれている。トゥエインは、「ホノルルは捕鯨業の中心地」であり「捕鯨業を奪われたらこの町は滅びてしまうことであろう」と書いている［マーク・トウェイン『ハワイ通信』吉岡栄一ほか訳、彩流社］。

もう一つ、ペリー艦隊の日本遠征を考える上で、忘れてはならないのが軍事的な要請である。表面上の大義となった捕鯨産業の要請の背後に隠されたもう一つの目的、それが軍事であった。

米国海軍は、ゴールドラッシュに沸くカリフォルニアと西海岸を防衛するために、太平洋艦隊の創設を急いでいたのである。

米国世論の統一の動き

それでも『ニューヨーク・デイリー・タイムズ』は、まだ日本遠征反対の論陣を張っていた。一八五二年二月二四日付で「日本と合衆国」(Japan and the United States) という記事を掲げ、「われわれは日本と通商を開くことには賛成する。しかしペリー艦隊の派遣には反対する。あくまで平和的手段をとるべきだ。軍人ではなく、外交能力にたけたシビリアンを派遣して、日本との交渉にあたるべきである。軍事力によって開国を迫るのではなく、米国の豊かさ、度量の深さを時間をかけて日本民衆に知らしめることが必要だ。捕鯨船員の虐待問題については、彼らが日本国の法を破ったなら捕らわれるのは致しかたないことであるし、保障問題も含めて、別途、交渉すればよい。この虐待問題を理由に、米国が軍事的行動をとるべきではない。ここは米国の尊厳とモラルを重視しなければならない」、とあくまで平和裡の外交交渉を主張している［New York Daily Times, February 24, 1852, 筆者による概要訳出］。

こうしたなかで、同紙の論調が急速に転換し、日本遠征論を追認する内容に変化してゆく。わずか四カ月後のことである。

同紙は、セント・ヘレナ発のニュースとして、「日本人による米人捕鯨船員に対する暴虐」と題する記事を掲げた。タイムズが捕鯨船員の虐待のニュースを伝えたのはこれが初めてだった。

日本に捕らえられたあと中国の広東に逃れた米国捕鯨船員の談話として、日本当局による数々の残虐行為を伝えた記事である。「船員たちは食事も与えられずに牢にいれられ、拷問され、首をはねられ殺されてゆく……。米国船員だけではなく、英国船員も同様の扱いを受けている」というのである。記事の締めくくりとして、「米国政府は、このような日本当局に対して何らかの制裁、報復を行うべきではないか」という船員の談話を掲載している。談話という間接的表現ではあるが、ペリーの日本遠征を認める内容の記事となった［"From St. Helena-Cruelty of the Japanese Toward American Sairors" New York Daily Times, June 15. 1852］。

この記事を境に、タイムズの紙面から反対論が消えた。

これにより米国の世論は、政府や産業界寄りの世論に一本化したのである。分裂していた国内世論が一緒になるのをじっくりと見定めたペリー艦隊は、一八五二年一一月二四日、アメリカの軍港ノーフォークを出発し、大西洋を経てアフリカの喜望峰を回り、インド洋を通って日本へ向かった。

共和党から民主党へ、大統領交代でペリー戦略の変更

共和党政権下のフィルモア大統領の対日戦略のもとに、日本遠征に出発したペリーがアフリカの喜望峰を回り、インド洋を通過して上海から沖縄に逗留している間に、米国大統領は、民主党のピアスに変わった（一八五三年三月四日）。

フィルモア大統領の密命を受けていたペリーは、沖縄や小笠原を占領下に置く領土的野心をもっていたといわれる。ペリーのこうした領土的な野心は、停泊地から本国に出した書簡などから明らかである。ペリーがケネディ海軍長官にあてた書簡には、「薩摩藩の圧政から琉球島民を解放する意図」を示し、それを実現するためには、「海軍力による制圧が必要だ」と書いている［石井、前掲書］。

またペリーは、「琉球における米国の保護権を確立した」旨の書簡を本国に送っている［田保橋、前掲書］。小笠原諸島領有に関しても、「海軍省が占領を望むのであればただちにこれを実行する」としていた［田保橋、前掲書］。

ペリーが圧倒的な軍事力を背景にして日本を開国させる強い意志をもっていたことは疑いない。そのペリーが軍艦四隻を率いて江戸湾に侵入し浦賀に到着したのは、一八五三年（嘉永六年）六月三日のことであった。

ペリーが、大統領の裁可を経て、米国東インド艦隊司令長官オーリックの後任として同司令長官に就任したのは、一八五一年一一月一八日である。このときペリーは、日本との条約締結の全権を委任されていた。前司令官の時代に比べて海軍力は二倍に増強され、ペリーの軍事的な諸要求は、フィルモア大統領をはじめ国務長官、海軍長官が承認していたものであった［田保橋、前掲書］。

ペリーはロード・アイランド州のプロヴィデンスに生まれたが、ここは太平洋捕鯨基地の中心地の一つだった。こうしたペリーの経歴からも米国政府と経済界が彼に託した対日戦略の意図が浮き彫りになる。

フィルモア政権がペリーに託した対日要求の訓令の中には、「過去の経験によれば、日本への要求は強大な兵力の示威なしには無効に終わる」「今後も米国市民に対する残虐行為が続けば、それが日本政府の命令であれ、民間の仕業であれ、断固とした態度で臨む」「自衛の必要ある場合を除き武力に訴えてはいけないが、日本人に個人的な侮辱を加えられたときは決して許してならない」など、武力を背景とした強い決意の文言が並んでいた〔田保橋、前掲書〕。

しかしながら、上述したペリーの日本に対する軍事的な野心は、出発後の大統領の政権交代によって挫折せざるを得なかったのである。新大統領のフランクリン・ピアスは、国務長官、海軍長官を新しく任命し、共和党の前大統領の対日戦略をそのまま継承しなかった。このことは米国の二大政党制における政権交代のあり方から見れば当然であろう。

民主党新政府は帝国主義や植民地主義に反対し、外国の領土を占領するような軍事的な行動を許容しないという政策大綱を持っていた。新海軍長官のドッピンは、「琉球に米国の保護権を事実上確立した」というペリーの報告に接して驚愕し、ただちに「侵略政策の中止」を訓令した。その訓令には、「……かかる遠隔の地に上陸侵入を計画するが如きは、到底議会の承認を得る見込みなきを信ず。……占領する権限は、大統領の有せざる」とある〔田保橋、前掲書〕。

この訓令は、フィルモア前大統領の裁可を得たとされる琉球と小笠原諸島占領計画に対する新大統領の同意が得られなかったことを意味している。

米国の大統領交代劇によってペリーの日本への領土的な野心は抑えられたわけであるが、ペリーが琉球に残存させていた部隊が事件を起こすなど、艦隊の高圧的な態度が琉球島民の反発を買ったりしていた［大江志乃夫、一九九四］。ペリーは、薩摩藩の圧政下にあった琉球を解放するという大義を掲げていたにもかかわらず、「琉球の招かれざる客」となったのである。

浦賀への遠征を終えて那覇に戻ったペリーは、そこで正式に政権交代の通知を受けた。一八五三年八月七日、新海軍長官ドッピンからの訓令を受領したペリーは、大統領が共和党のフィルモアから民主党のピアスに交代したことを認識し、対日戦略に変化が起こったことを自覚する。

翌年、ペリーの再来航で日米和親条約が締結され、江戸幕府はペリーの要求を全面的に受け入れたために、ペリーは琉球や小笠原の占領計画を実施する必要がなかったのであるが、上記の大統領の交代劇によってペリーの戦意が大いに後退したことは疑いない。なぜならペリーは第一回目の浦賀遠征を終えて琉球に戻るさい、翌一八五四年の春に再来航することを幕府側に告げているにもかかわらず、第二回目の来航時期を戦艦の航行には極めて不適当な時期である厳冬期の一月に早めて実施しているのである。

ペリーが小柴沖に再来航したのは、一八五四（嘉永七）年一月一六日であった。再来航の時期を早めたことについてペリーは、「本国政府の方針一変して、当初の予定計画を実施し得る見込み甚だ少なきに至り……（外国艦隊の干渉もあり）……一日も早く対日交渉を決定せしめるのを有利としたためである」と述べている［田保橋、前掲書］。

「本国政府の方針が一変して、当初の予定計画を実施しうる見込み甚だ少なきに至り」とは、何を意味するのだろうか？　ペリーのいう当初の予定とは、「沖縄や小笠原の占領」を指すのではないか。

これに対して日本の歴史研究書にはペリーの領土的な野心の有無に関して否定的な見解が多い。共和党の前フィルモア大統領も平和的な日米交渉を望んでおり、もともと軍事力を背景にした領土的な野心などなかったとする解釈だ。有吉正勝は、「ペリーの日本来航は、侵略的目的によったのではなく、当時米支通商の関係上、その途中に寄港地を要し、しかも北太平洋における米国捕鯨船の保護の必要により、日本開国を要請するに至ったものであり、……自衛のためにするの外、武力の直接使用を禁じ、その親和的交渉を命じていたのである」と述べる［有吉正勝、一九七二］。

本当に平和的に日本に開国を迫るのであれば、どうしてフィルモアはペリーに大艦隊を与えたのだろうか。また『ニューヨーク・デイリー・タイムズ』などのリベラルな新聞が当初、艦隊派遣に正面から反対を唱えた理由は何であろうか。

有吉は、吉田鉄太郎の研究報告書から引用しつつ、概略をこう述べている。当時のアメリカは「（南北戦争前の混乱で）北部と南部の利害が対立し国内軋轢がはなはだしくなっており、国家は分裂していた。その分裂を回避し、国民の耳目を集中させるためにペリー艦隊を日本に派遣した」［有吉、前掲論文］。

すなわちペリー艦隊は南北戦争前夜の内政の混乱から国内世論の目をそらせるために、あえて日本へ派遣されたものであり、もともと軍事力を行使する意図などありえなかった、というものである。

しかしながらこうした解釈は、ペリー艦隊の出自とその対日戦略や活動経緯を詳しく分析すると、かなりの無理があると思われる。

二度にわたるペリー艦隊の日本来航は実現させたのは、アメリカの捕鯨産業を中心とする産業界の要請とアジア・太平洋の軍事戦略であった。一方で、大統領交代劇によってペリーの領土的野心と軍事戦略に修正を迫ったのは、大統領選挙の結果をリードした世論であり、そういう世論を形成したのが新聞ジャーナリズムだった。

ペリー来航時のアメリカは都市化、産業化が進むなかで、リベラルな民主党躍進の時代でもあり、一八三〇～六〇年代のアメリカには、民主党を支持する日刊新聞がいくつも発行されていた。

都市化の影響で地方からの人口流入が進み、台頭するホワイトカラーや中間階級、工場労働者たちがリベラルな日刊新聞の購読者になった。『ニューヨーク・タイムズ』の前身の『ニューヨーク・デイリー・タイムズ』（一八五一年創刊）は、発行部数一〇万部前後だったが、「冷静な事実の発掘（ファクト・ファインディング）と綿密な調査報道、マクレーキング（腐敗追及）」を掲げ、経済力を持ち教育レベルの高い中間階級に支持される新聞となって、米国の有力なオピニオン新聞に育っていった。

多様な立場の人々が混在する大都市のニューヨークにはそれぞれの利害を反映する新聞があり、世論に訴えかけていた。『ニューヨーク・トリビューン』や『ニューヨーク・ヘラルド』などは共和党系の産業界寄りの新聞で、「ペリー艦隊の日本遠征」に関する賛否をめぐる見解がニューヨーク・ジャーナリズムを賑わせたのである。

フィルモア共和党政権下で立案されたペリー艦隊の日本遠征は、『エキスプレス』『プットナムズ・

マンスリー』といった保守系、産業界寄りのジャーナリズムによって後押しされ、『ニューヨーク・デイリー・タイムズ』に代表される反対世論によって抑制されていた。このような反対世論の動向は、政権交代で誕生したピアス民主党新政権の対日政策に反映されたのである。

歴史に「IF（イフ）」はないというものの、ペリー来航時にもフィルモア共和党政権が続いていたとしたらどうだっただろう。ペリー提督は日本でもっと大胆に行動し、沖縄や小笠原の占領計画を視野に入れた対日戦略を実行に移していたかもしれない。日本の近現代史はもっと異なったものになっていた可能性がある。

アメリカの「世論」とは何か

アメリカの大統領を決めるのは選挙である。選挙結果を左右するのは世論の動きだ。その世論形成に影響を与えるのは新聞である。米国憲法修正第一条において「言論・表現の自由」を掲げたアメリカは、言論を国家の基盤に据えた国であり、言論立国ともいわれる。新聞はその中枢の位置にあった。

周知の通り、アメリカの共和党と民主党の政権交代はしばしば米国の対外政策に多大な影響を与える。前述したようなペリー艦隊の日本来航の時だけではなく、二〇世紀に入ってからも、第一次世界大戦後の国際連盟誕生時における米国の政権交代劇や近年ではベトナム戦争時の事例などがある。

近年では九・一一の同時多発テロ以降のブッシュ政権とネオコンの世界戦略は、イラク戦争の開戦を始めとして世界に大きな混乱と戦争を生み出している。大統領交代劇に伴う米国の対外政策の転換が、国際社会と世界に大きな影響を与えることを物語っている。

ウォルター・リップマンによれば、第一次世界大戦後の米国で、国際連盟への加盟をめぐる民主党と共和党の対立は、新聞によって作られた世論の対立として現れた。そのとき双方の世論対策で使われたスローガンは、「アメリカの正義、アメリカの栄光」であった。この同じスローガンを掲げて、選挙では国際連盟への参加と不参加の政策を競ったのである。その結果、不参加を標榜した共和党が大統領選挙に勝ち、アメリカは国際連盟に加盟せず、孤立主義（モンロー主義）の道をとった。孤立主義とは、旧大陸の問題には関与しないという建国の理念へ戻ることである。民主党大統領のウッドロー・ウイルソンが提唱した国際連盟は、反対党の共和党によって否定された［ウォルター・リップマン、一九八七］。

歴史的に見て、米国は「ユニテラリズム（単独行動主義）」と「不干渉主義」の極端から極端へと揺れ動く国、という考え方がある。二〇〇三年のイラク戦争もそうだが、ペリー艦隊の来航は米国の単独行動主義が純然たる形であらわれたものであった。これについて、吉崎達彦はこう述べる。

「……こうした単独行動主義が純然たる形で現れたのが対日外交である。一九世紀の米国の外交はほとんどないに等しいのだが、第一三代フィルモア大統領がペリー艦隊を日本に派遣したわけだ。このフィルモア大統領というのはペリーを派遣したこと以外には目覚しい実績がほとんどない大統領なのだが、今から考えると対日外交は単独行動主義の最たる例であった。……ペリーの黒船艦隊は東京湾奥深くまで入り込み、威嚇射撃してみせたり、陸戦隊を上陸させてみたりといった具合に、さんざん脅かしてみせたわけだ。そうすると、前任者が失敗した交渉が四日間で成功し、大統領の書状を徳川将軍がしっかり受け取ったのだ。日米のファースト・コンタクトがこのようなものであったことは、その後の歴史を考えれば、なんとも興味深いではないか。……ところが、その間の米国は南北戦争による国内の大混乱ですっかり日本のことなど忘れてしまい、それどころかフィルモア大統領が選挙で敗北してしまい、民主党から出た次の第一四代ピアス大統領は全く対日外交に関心を示さず、歴史から消えてしまうのだ。こうして見ると日本は米国のユニテラリズム外交のはっきりした「被害者」であり、また見方を変えれば「受益者」でもあったということだ。」〔吉崎達彦、二〇〇三〕

「世論」とは、虚構のなかに真実の断片が混入しているものである。「世論」には、自覚する個人(市民)が平等に政治的な見解を表出することで市民個人の集合体としての国家の政策形成に関与するという、予定調和の仮想がセットされている。

もとより新聞は人々が手の届かない外部世界の情報やニュースに接触する手段である。さらには評論や意見を述べて市民社会の世論形成に寄与する。世論は、事実やニュースの単純化とイメージを作る想像力と信じる意志——という三位一体によって形成され、例えそれが再構成された虚構に近いものであっても、読者大衆の感情に直接訴えることで、現実の社会環境に作用する。

もしも世論が偏ると外国との摩擦や偏見を助長し、戦争や紛争の元になるのである。太平洋戦争下の日本の新聞もその典型だが、世界の歴史を振り返れば、世論が戦争を煽った例は枚挙に暇がない。

幕末日本の世論

前述したアメリカの世論の動向と対比して、幕末の日本にはどのような世論が存在していたのだろうか。ペリー提督の諸要求に対応した日本側の幕府指揮官は、幕閣の首班だった阿部正弘である。阿部は「包容力と柔軟性に富む人物で、名宰相とも評価されてはいるが、対外政策については、はじめ鎖国説をとり、開国政策へ転換する展望をもつことができなかったようである」と石井孝は述べる［石井、前掲書］。

要するに幕府自身、国際問題には定見をもっていなかったのである。江戸湾に侵入したペリー艦隊の大砲の放列と威嚇にショックを受けた阿部は、腹心の臣下や仏教や神道関係者たちから意見を聞いている。困窮した阿部は、まず自分に近い者や聖職者たちの意見を求めた。

続いて全国諸大名へのアンケートも行われた。約五〇人の大名から返事が届いたといわれる。うち三五人が日本の港を海外貿易のために開港するよう求めた。一五人の大名は態度を鮮明にせず、交渉による解決を求めた。二人の大名が鎖国政策を停止するように訴えた。

ペリー艦隊を追い払うために軍事行動もやむなし、と答えたのは、約五〇人のなかの八人の大名にすぎなかった。その急先鋒が越前藩主・松平慶永だった［Tamarin, 1970］。一方、開国派の急先鋒が、のちに安政の大獄を生み、吉田松陰らの尊皇攘夷派を粛清していった彦根藩主・井伊直弼であったことは、歴史の皮肉である。

海外政策の考えを広く諸大名にアンケートして意見を求めたことは、江戸幕府開闢以来の初体験となり、幕末世論の契機を作ることになったと、アルフレッド・タマリンは指摘している［Tamarin, 前掲書］。

こうした中で、「ぶらかし」という方法が最も好ましい、ということになった。検討中として答えを明確に出さずに、五年も一〇年もすれば相手は根負けして引き上げるであろう、という政策である。いかにも日本的なやり方だが、「オランダ人に与えた品物を半分わけて、米国と交渉したらよかろう」という意見もあった［石井、前掲書］。

しかしこの「ぶらかし」の「妙計」も、強硬なペリーには通用しなかった。江戸幕府は屈して、「日米和親条約」を締結することになった。

いうまでもなく、幕末・江戸の日本には、米国のような新聞やジャーナリズムは存在しなかった。政治の出来事や海外ニュースを報道するようなことは厳しく禁止されていた。海外ニュースの流布は、せいぜい幕府の中枢の人物が回覧する程度のものに限られていた。国民がニュースを知る手段は、瓦版や川柳、狂歌しかなかった。

すなわち、米国型の新聞が作る世論は幕末の日本には存在しなかったのである。アメリカには国民にニュースを伝える新聞があることを、福沢諭吉をはじめとするアメリカに派遣された幕府使節の若者たちが知ったのだ。

日米和親条約を締結したペリーが日本の将軍へのみやげとして寄贈した品物のなかに、汽車や自動車のミニチュア、電信機などの文明の利器と並んで新聞があった。ペリーは大艦隊の軍事力を鎖国日本に見せつけただけでなく、新聞がもたらす真実のニュースの重要性を日本人に知らせたのであった。

（註　この論考は、『現代社会研究』（京都女子大学現代社会学部紀要、七号、二〇〇四年）に発表した「米国世論に現れた日本「Misanthropic　Orson」（人間嫌いの小熊）——ペリー日本遠征をめぐる米国ジャーナリズムの論争」に修正、加筆したものである。）

第一章　新聞記者の原風景——崩壊するジャーナリスト像

失望する若い記者

インターネット上に記者や社員が個人のブログを公開することは、女子アナなどの例外を除き、大多数の新聞社やテレビ局で禁じられているという。上司の許可があればウェブ公開が原則としてOKとなるアメリカの新聞社（ニューヨーク・タイムズなど）とは大きな違いがある。日本の場合、記者がブログを開設することは就業規則に違反するという法的な根拠ではなく、「愛社精神が足りない。そんな暇があるなら、特ダネの一つも取ってこい」という企業風土があるのだ［「記者とウェブログ」「ジャーナリズム考現学」所収、http://halberstam.bologtrib.org/, 二〇〇四年一二月一八日確認］。

ウェブで個人が自由にホームページ（HP）を作れば、会社への批判やスキャンダル情報が噴き出す可能性がある。その意味で個人のHPに対する会社の警戒心は強いのだろう。

ある全国紙で若い女性記者が辞めた。九〇年代の半ばの話である。その理由は新聞への失望だ。いまの新聞はおかしいと上司に話すと、そんなことをいう前にネタをとってこい、といわれたという。

毎日新聞記者北村肇（当時）は、新聞社を去る新人記者のこんなエピソードを紹介しながら、「新聞人の多くは、どれほど新聞が読者から遊離しているか、実感できていない。私自身、入社以来、長い間、読者本意の新聞について考えてもみなかった。そして労働組合に関わったり市民運動にタッチするうちに、新聞の独善性に気付き、愕然とした」と述べている［北村肇、一九九六］。

入社したばかりの記者は、新聞のニュース作りの方法に疑問を抱く。夜討ち朝駆けの取材で身体を酷使し、神経をすり減らす。記者クラブで発表ネタばかり書かされる。大切だと思う企画がなかなかやらせてもらえない。読者のニーズにこたえていない、と思う。何のために新聞記者になったのか。しかも世間では新聞社の仕事は三K（きつい、汚い、危険）職場といわれるようになった。

七〇年代には大学生の就職人気ランキングのトップテンの中に入っていた大新聞社が、九〇年代後半になると、テレビ、広告、出版人気のはるか後塵を拝している。

新聞記者の仕事が花形だった時代に、それなりに仕事をこなしてきた先輩記者たちは社の幹部になったが、若者の新聞離れを止めることができないでいる。北村が述懐するように、あるとき「新聞の独善に気づいて愕然とする」新聞人がたくさんいるのではないか。

政治や教育が機能不全をおこし、行政官僚機構や大会社が腐敗して国民から遊離し、暴走する。社会の病根をえぐり出して世論に訴え、傷んだ民主主義を健全なシステムに引き戻す役割を担うのがジャーナリズムである。そのジャーナリズムまでもが同じように病んでいる、となると、もはや日本の未来には救いがなくなる。

現代の新聞の病いを考えるうえで面白い資料がある。日本新聞協会は、一九七三年と九三年に「新聞記者の意識調査」というアンケート調査を行っている。二〇年の間隔を経て行われたこの調査は、時代を経た新聞記者の意識の変容を如実にあらわしている。

高度成長経済でピークに上り詰めた後、バブルの時代を経て平成不況に至った日本経済の軌跡のなかで、メディア産業はどのような変貌をとげたのか。とりわけメディア産業の中心的存在だった巨大新聞社は、ニューメディアという総合情報産業をめざして、大規模投資を行った。

その結果の企業的変質が、どのように記者の意識に反映しているか。こうした問題をこのふたつの記者意識調査から分析することができる。第一線のジャーナリストに対して、職業意識、社会意識、生活意識を総合的に調査したものは、世界でも珍しい。この調査資料は、『新聞研究』(日本新聞協会発行、一九七三年一〇月号)と同(一九九四年五、六月号)に掲載されている。また、朝日新聞労働組合が一九七八年に実施した「記者アンケート調査」があるので、この資料も同時に参照した。

一九九三年の調査結果と、二〇年前のものをくらべると記者のプライドや記者意識が顕著に変化していることがわかる。よくいわれることだが、記者のサラリーマン化が調査結果にはっきりとあらわれているのである。直後に石油ショックを迎えた一九七三年の調査の時は、一九七〇年の大阪万国博覧会の余韻が残り、輸出圧力に加速された日本経済は、司馬遼太郎の小説『坂の上の雲』さながらに、「坂の上の雲」を目指す繁栄の途上にあった。

人々は汗にまみれて働くことで豊かな生活の展望が確実に開けると信じていた。「およげ! たいやきくん」の歌が新興のマンション団地の商店街に流れ、ミニスカートの若い女性のスカートをめくりあげて走り去るオイルCMは、あのガソリン臭い時代をまことにうまく表現していた。このころ多くの日本人は小さな幸せの夢を見ていた。

一九七三年に起こった主な世界史的事件は、ベトナム戦争終結、円の変動相場制移行（このときの中心相場はまだ一ドル二七一円二〇銭だった）、ニクソン米国大統領のウォーターゲート事件の発覚と辞任、金大中氏の拉致事件、第四次中東戦争と石油危機などである。ベトナム戦争でアメリカが敗北し、米ソ冷戦の雪解け（デタント）が模索され、世界史が大きく転換して新たな舵を切る時期であった。日本は高度経済成長を謳歌しながらも、日本航空よど号ハイジャック事件や三島由紀夫自決事件などの思想的事件が相次ぎ、大学紛争の後遺症や水俣病や阿賀野川の水銀中毒事件などの公害問題が噴出し始めており、反面では暗い世相でもあった。

強まったミーイズム

当時の新聞記者は、仕事の社会的意義を自覚し、病む社会に対するジャーナリストの使命感をそれなりにもっていたことが、七三年アンケート結果からわかる。

ところがそれから二〇年後の九三年調査では、そうしたジャーナリストの使命感は衰退している。かわって、ミーイズムや会社員意識が強まっている。新聞社そのものも巨大企業化していった。新聞社は総合情報産業をめざして全国のテレビ局や広告産業を系列化して情報産業グループを形成し、日本の巨大企業群と競合するかたちで、ニューメディアや大規模事業開発というビジネス戦略に乗り出していた。

一九九三年には日本経済の土地神話とバブル経済の崩壊、平成不況が同時に進行し、企業のリストラ圧力が高まっていた。ベルリンの壁の崩壊と米ソ冷戦終了後の新たな世界新秩序が模索される時期である。このような景気縮小への不安を反映してか、一九七三年時にくらべ、記者の仕事への意欲は減退している。そのかわりに強い安定志向が生まれている。

危ない特ダネを狙うよりは、そつなく仕事をこなすことが大事だというサラリーマン意識が新聞記者の意識をとらえているように見える。

もう少し調査内容に立ち入ってみよう。一九七三年の調査は、日本新聞協会加盟社四八社の全記者一万三千余人から、ランダムサンプリングによって、一九〇〇人を抽出、調査票を送って実施したものだ。九三年調査は、五一社一万五千人から二千八百人を抽出している。
一、「新聞記者の自己イメージ」について。新聞記者の職業イメージに関するアンケートでは、「自由」(三七・五%)、「個性を発揮できる」(三一・六%)、「社会の木鐸」(二一・七%)、「時代の先端をゆく」(五・九%)で、プラスの自己イメージを持つ者が、八割近くに達している。また記者の仕事を選んだことに満足するという人が、六六%いる。
これに対して九三年調査では、「自由」については変化がなかったが、「時代の先端をゆく」が二八・一%に増加、しかし「個性を発揮できる」は二二・八%と約一〇%下回った。ほかに、前回では一%そこそこにすぎなかった「エリート意識が強い」が二八・四%に増加している。新聞記者が時代

新聞記者意識の変遷

表 1-1　新聞記者の自己イメージ

(%)

設問項目	1973年	1993年
カッコいい	0.4	＊
自由である	27.5	26.7
個性を発揮できる	31.6	22.8
社会の木鐸である	11.7	＊
時代の先端をゆく	5.9	28.1
ヤクザな商売（仕事）である	6.8	38.2
エリート意識が強い	1.9	28.4
清貧に甘んじる	1.5	＊
遊び好きである	0.9	＊
普通のサラリーマンと同じ	10.7	5.2
社会の役に立つ	＊	29.2
多忙だ	＊	80.2
好奇心が旺盛である	＊	52.4
無回答	1.2	0.3

ただし1973年調査については３つ選んだうちの第１順位。

表 1-2　仕事の「役立ち度」

(%)

設問項目	1973年	1993年
非常に役立っている	13.6	＊
役立っている	43.5	24.3
すこし役立っている	32.5	51.8
どちらでもない	4.8	16.1
あまり役立っていない	3.4	6.3
役立っていない	0.6	1.4
全く役立っていない	0.8	＊

表 1-3　仕事の「やりがい度」

(%)

設問項目	1973年	1993年
強く感じている	29.1	＊
感じている	＊	26.1
まあまあ感じている	54.4	48.1
どちらともいえない	7.6	15.2
あまり感じていない	6.3	8.4
全く感じていない	2.1	2.1

表 1-4　ボツ記事への対応

(%)

設問項目	1973年	1993年
あきらめる	4.4	12.9
他社に流したり週刊誌等に匿名で書く	7.4	8.7
政党や関係機関に流す	0.7	2.0
上役（幹部）に談判	57.5	48.5
部会で追及	22.4	19.8
会社をやめて書く	2.6	2.2
再稿する	＊	1.5
切り口を変えて再稿する	＊	1.2
その他	＊	1.6
無回答	3.7	5.9

出典：『新聞研究』（日本新聞協会発行，1973年10月号および1994年５・６月号）より作成。

うかがえる。

の病理に挑戦するジャーナリスト意識よりも、大企業社員というブランド意識にかわってきたことが

二、「仕事の役立ち度」はどうか。七三年調査では、八五％以上が「自分の仕事が社会の役に立っている」と答えている。さらに、家族や恋人と約束があっても急な仕事ができたら「仕事を選ぶ」と答えた人が九割以上で、この数字は、「他企業にくらべると圧倒的に多く、この辺に、ジャーナリストの特異性がある」と新聞協会は分析している〔『新聞研究』一九七三年一〇月号〕。

しかし九三年調査では、「社会の役に立っている」と答えた人は、七四％弱に下落している。さらに七三年調査の項目にあった、「やりがいを強く感じている」という問い（七三年には約三〇％）はなくなり、「急な仕事ができたとき、（デートなどのプライベートな約束をキャンセルして）仕事を選ぶか」という設問も、九三年には消えている。

これらの質問は記者魂（プロ意識）をためす、とされたものだが、九三年にはこのハードルは設定されていない。

三、「職場の人間関係」については、七三年調査では、七割以上が「仲間との一体感」を感じており、職場への帰属意識は強い。「編集方針、経営方針に不満」とする者は、一七％前後と少なかった。不満内容としては、「時間が不規則、収入が少ない、専門知識が得られない」が圧倒的に多いが、全体としては、「仕事への満足感があり、社会的にも認められている」という結果が出ている。

これに対して九三年調査では、「仲間との一体感」という設問はなくなっている。かわって「組織

の中の一員として、会社への不満」を問いかける質問では、「労働環境がよくない」の四五・七%、に続き、「教育研修施策が貧弱」「福利厚生施設が貧弱」「管理強化が目立つ」「人事が適正ではない」「新聞の厳しい環境に対する危機意識が幹部に希薄」という設問が並ぶ。

新聞記者の八割以上が多忙で時間的余裕がないと感じているのは、二〇年前と同じだが、ジャーナリストとしての仕事の自覚、やる気（モラール）に関しては、二〇年前に比べ後退している。この調査から一〇年以上を経過した二〇〇五年に起こったNHK記者の放火事件は、記者意識の混乱と衰弱をさらに拡大して見せた。

タブーは増えたのか

四、「書けないこと」については、七三年時点では、菊（皇室）、桜（自衛隊）、鶴（宗教団体）というタブーに関して、「書きにくい」と感じたかどうかを問うている。これらの問題を取材したり記事にした経験のない記者もたくさんいるので、回答実数は低いものの、取材でこれに直面して「扱いにくい」と感じた記者が、皇室や宗教団体に関して、三割近くいる。

また差別問題では、四五%が書きにくいという「抵抗感」を持っている。防衛問題については外報部員の三二%が、特定の国（共産圏の国）については外報部員の七二%が「書きにくい」という体験をもっていた。もっと具体的にいえば、北朝鮮や中国など共産圏の国の問題が書きにくい、ということであろう。実際、北朝鮮問題が書きにくく長らくタブー視されていたために、拉致問題の情報開示が甚だしく遅れたわけだが、この設問のデータはこれを物語っている。

例えば日米安保報道に関して、日本のジャーナリズムは実態からかけ離れた錯覚、誤解、無知をもとにしてきた、と小川和久はいう。このような情報の不透明さは、「日本の民主主義を機能不全にしている」と指摘するのだ［小川和久、二〇〇四］。

このほか、同業他社のことが書きにくいと感じた記者は三割いる。同業他社の病理をかばい身内をかばう意識が、新聞社や巨大メディア会社の不祥事を相互に隠す体質を作り上げているのである。

近年の日本経済新聞の株式インサイダー取引疑惑や会長をめぐるスキャンダル、プロ野球と読売新聞の力関係、相次ぐNHKの金銭疑惑問題と与党寄り元会長の独裁体制、日本テレビの株式名義記載問題、従軍慰安婦番組改ざんと政治圧力をめぐるNHKと朝日新聞の喧嘩などが、読者、視聴者の巨大メディアに対する不信感を加速させる根拠をいっそう広げているのではないか。

一九九三年調査では、差別問題が二七・一％、他社の問題が二三・五％、特定企業の内部事情二〇・五％、政治家・経済人のスキャンダル一九・二％、性の問題、特定政党の問題などが、タブー視されていることがわかる。差別問題が最も書きにくいという結果は、七三年と同様に存在している。しかし一九七三年時点で設定された菊、桜、鶴というアイテムはなくなっている。タブーが消滅したことを意味するのだろうか。あるいは、タブーがさらに深化したためなのだろうか。

一九九三年には、数字で見る限り、記者たちが書きにくいと感じているテーマは少なくなっている。しかし、一九七三年時点のタブーが二〇年後に消滅したわけではない。時代の趨勢と共にタブーが巧妙に制度化、システム化した結果、扱い方のマニュアルが整ったと見るほうが妥当ではないだろうか。新聞社やテレビ局が使う「差別用語の言い替え集」は、こうしたタブー変換のマニュアル化を物語る。

確かにこのアンケート結果だけ見ると、記者の書く自由は大幅に増加しているように見える。だが、一九九三年以降、政治資金や族議員の権益をめぐる政治家のスキャンダルの続発、官庁や行政の官僚機構の腐敗、汚職、警察の不祥事、北朝鮮拉致問題の顕在化、危機管理の不在、オウムや新興宗教の反社会的事件、道路公団の腐敗、建築構造計算書偽造事件、ライブドア事件等々が噴出してきたことを考えると、日常のジャーナリズムが書けないことが増えた結果ではないか。

朝日新聞論説委員（当時）・鈴木則夫は、「書けない」タブーは、「書かない」タブーへ変化したと見る。鈴木は、記者が「書かない」方向へ追い込まれている要因を次の三つに分ける。(1)特定のテーマはもともと書きにくい。ハードルが高い。取材が難しい。(2)新聞社の商業主義、効率主義などからくる抑制、部数拡大を優先するには大方の読者が受け入れる意見のほうが書きやすい。やっかいで複雑なテーマより、おもしろくて、実用的な話のほうが売れる。(3)時間と費用をかけてじっくり掘り起こす取材をしている暇がない。社員としての組織内上昇志向も強まる傾向にある［『新聞研究』一九九四年五・六月号］。

書けないタブーの拡大は、米誌『フォーブス』記者ベンジャミン・フルフォードによると、日本のメディア界に蔓延する「事なかれ主義」の結果だ。記者たちは、「面倒が起きるか、起きないか」の判断基準でニュースを選択する結果、「タブーがもはや『差別』ではなく、『利権』に移ったことを意味している」と指摘する。フルフォードは、「『利権』に巣くうほんの少数の勢力のおかげで、残りの大部分の差別を受ける人々の苦しみがなくならない」といい、メディアによって暴かれることのないタブーが、利権の構造を隠している、という。差別の本質は不変のまま温存された挙句、タブーをめぐる利権の構造が肥大化したというのである〔フルフォード、二〇〇四〕

五、記事への圧力。一九七三年には「記事に対して圧力があったらどうするか」の設問に対して、「国家の機密にふれても記事にする」という答えが七割もあった。「記事にしない」と答えた人は一割に満たない。

ところが一九九三年調査ではこの設問も消えている。一九七二年、沖縄返還の密約にかかわる日米機密文書を入手した事件で有罪判決を受けた毎日新聞・西山記者事件の苦い教訓が、あるのかもしれない。これに近い設問は「原稿がボツになったらどうするか」というものだ。答えは、「幹部に談判する」（四八・五％）が最も多く、あとは「部会で問題にする」「あきらめる」の順序である。

一九七三年の設問は、新聞社と権力側とのトラブルや闘いを想定しているが、一九九三年調査はそうしたトラブルを内部問題としてとらえ処理しようとしている。外部や取材先とのトラブルを起こしてまで特ダネを取る必要はないという「事なかれ主義」に変化した記者たちの意識がうかがえる。ジャーナリストが優等生に変質してきたことを物語る。新聞社という大企業で出世レースに挑む記者たちは、あえて外とも内とも闘わないようになったのである。

六、「将来、管理職を選ぶか記者を選ぶか」。出世よりは生涯記者を選ぶという生き方が新聞界にはあった。新聞社を辞めても、「新聞記者」という肩書きで執筆活動をしているジャーナリストたちがたくさんいる。

一九七三年調査では、管理職をめざす、あるいは生涯記者でいいという回答がそれぞれ三割ずつあった。管理職より「生涯記者」という人は、外報部、学芸部、政治部、経済部などの記事執筆部門に多く、管理職という答えは、整理部、校閲部などの内勤職場に多かった。

しかし一九九三年調査では、バブルの崩壊と平成不況の進行のなかで、新聞の総発行部数は減少傾向をたどり、広告減、売上高の前年割れなどの経営基盤の悪化が顕著になって、記者のリストラ圧力への不安感が高まりつつあった時期だ。

また、若者たちの活字離れ、新聞離れが進行しており、「新聞の影響力の低下」を六〇％の回答者が指摘している。記者たちの間で生活安定志向が強まり、ペンを置いて早く管理職を目指そうとする傾向が強まった。

一九九〇年に記者希望者の面接担当をしたことがあるが、新聞社で何を目指すかという質問に、「編集局長」か「役員」と答えた学生が何人かいた。全般に、ジャーナリストとして何をしたいのか、という答えが希薄だったように感じた。新聞社と併願する他企業名には銀行や商社、航空会社などの大企業が並んでいた。管理職よりは、海外特派員とか社会部記者、政治部記者、論説委員を目指すというのが、かつての新聞記者志望者たちが抱く将来イメージだった。

七、「どのような新聞批判が当たっているか」。一九七三年には「重要な事実を書かない」一六％、

「事実と主観報道が混在」一五・三％、「ニュースが表面的」一七・三％、「発表ものが多すぎる」二三・九％、である。これが一九九三年には、「発表ものが多すぎる」六九・七％、「画一的、横並び記事が多い」六八・五％、「報道が全体に一過性だ」六六・八％となっている。

一九七三年にはトップだった「重要な事実を書かない」という設問がなくなったかわりに、「発表ものが多すぎる」「報道が表面的」という答えが、前回よりも増えている。（アンケートでは選択肢のチョイスが複数にしてある場合、パーセンテージの合計は必ずしも一〇〇にならない）。

記者クラブへの依存が深まる

記者クラブ依存体質が一九七三年のときよりさらに強化されている。記者クラブ問題は、第三章でも詳述するが、日本型メディアシステムのアキレス腱といわれる重大な問題だ。その弊害は新聞社内部でもたえず指摘され、内外から強く改革が叫ばれている。にもかかわらず改革の動きは遅々として実効性を伴っていない。

記者クラブ依存体質が近年になって逆に強化されているのはなぜか？　さきのタブーの問題と同様、「新聞が事実を書かない」という設問そのものが消滅している理由を、さらに深く分析する必要があろう。

八、一九七三年調査で「どんな条件になったら社をやめたくなるか」の問いでは、「編集部門以外のところへ配属されたらやめる」と答えた人が、四五％いた。また「権力者やスポンサーの意向に届することがあったら」という回答が三七%で、「給料が上がらなかったら」の三〇・五%を上回っている。

　これを外国のジャーナリストの例などと比較して、加藤周一は「日本の新聞記者は社をやめない」と指摘している〔前掲『新聞研究』一九七三年一〇月号〕。確かに、記事を書けなくなれば、新聞社をやめるのが欧米のジャーナリストだ。

　一九九三年の調査では、「転職を考えているか」という質問に対して、「転職希望者」一四・八%、「転職を考えたことがある」三四・四%で、合計で半数近くにのぼった。これは、新聞の将来に自信がもてない層とだぶっている。約半数もの記者たちが、自分の未来を考える余地がなくなったと感じているとすれば、重大なことだ。活字離れという社会の趨勢と、記者の新聞社離れという、二つの〝敵〟の挟撃にあっているのが、一九九〇年代以降の新聞社の姿であろう。

九、「記者クラブ制度」について、一九九三年調査では、過半数がそのマイナス部分を指摘しながら廃止については難色を示し、現状維持がよいとする。一九七八年の朝日新聞労働組合の記者アンケートでも、記者クラブの問題点は多くが指摘するものの、いざ廃止かというと、半数近くは現状維持が良いと答えている。朝日新聞労組アンケートも、近似的な結果を示している。

　一九七三年の調査時点では、記者クラブについての設問はない。記者クラブは自明の制度と記者たちがとらえていたからであろう。七のところでも触れたが、記者クラブの閉鎖性は国際問題に発展し、最近では記者クラブ廃止論が優勢になっている。記者クラブを取材拠点として利用し、その恩恵を受けている記者や新聞社は、痛し痒しという立場にある。また取材先の官庁や企業も記者クラブで広報体制を確立してそのメリットにあずかっている。記者クラブ問題に関しては、労使を問わず、現代の新聞記者の保守的な体質が現れている。第三章で述べる記者クラブへの内外の厳しい批判と、記者意識のズレを比較していただきたい。

一〇、新聞の機械化、ワープロ化、コンピューター化については、過半数が「総合的にはプラスの影響が大きい」と肯定している。しかし、テクノストレスの増加、文章力の低下、記事の画一化などソフト部分への悪影響を指摘する声がある。とはいえ新聞社のコンピューター技術の進展は既定の事実となっている。

世代を分けた記者意識の中身

世代を分けた二つの記者意識調査からどのようなことがいえるか。新聞社側の視点に立つ分析ではなく、別の視点からこのアンケート結果を見るとどうなるだろうか。

東大教授（当時）稲葉三千男は、「六〇年代後半からの新聞社の組織上の問題、編集上のいろいろな動き、変化と絡み合わせて過渡期ということの中身を、組織の編成とジャーナリストの個々人の対応という二つの位相に分けてみると、個々人の意識の中では悪戦苦闘している姿がはっきり出ている。しかし、新聞社の組織、機構のありかたとしては、そういうものを組み込むようなかたちでの変化、構成のしかたができない。機械体系と理念としてのジャーナリズムがせめぎあいをする。いわば機械のレベルで組織の編成を考えるような『近代化』が進行しすぎていて、個々のジャーナリストの意識の中での模索は、個々人の中に内向してしまっている」と指摘している〔前掲『新聞研究』一九七三年一〇月号〕。

また朝日新聞記者（当時）平松斉は「目標喪失の時代」といっている。平松は、公共の利益型の「社会の木鐸」意識は希薄化したが、「趣味」を大切にするという個人主義的な意識が増大しており、このことは「私性の中に立脚点を求めようとする」変化と説明する〔前掲『新聞研究』一九七三年一〇月号〕。

〝社会の木鐸〟という明治時代の政論新聞のような古い記者意識を〝錦のみ旗〟にして、破滅的で私生活のない記者生活を送ってきた先輩記者の意識の古さからの脱却、ということである。一年間で三日しか家に帰らなかった。子供が父親の顔を忘れていた——などという武勇伝まがいの破滅型の特ダネ記者のエピソードが、まだ生きている時代だった。休日はきちんと休む、勤務時間が終わったらさっさと帰る、麻雀は適当につきあう、家族を大切にする、などの普通の市民生活の意識や行動は、古い考えを好む支局長やデスクの怒りを買ったものである。

平松の主張は、古い新聞記者意識を清算し、私生活や個人を立脚点にして、ジャーナリズムと公共性の意味を新たに構築できないか、ということである。その意味でいうと、一九七三年の記者意識調査は、ジャーナリスト像の新旧意識をわける転換期でもあった。

この時期について田中義久は、「六〇年代後半のひとつの特色は、マスメディア産業の発展の中で、

表 1-5　73年，93年調査結果比較

	73年	93年（冷戦終結）
記者意識	タテマエ意識の残存 天職意識が強い 公益重視で仕事	（55年体制的）タテマエ意識の衰退 転職希望の増大 自己利益重視で仕事
経営環境	総合情報産業への胎動	バブル崩壊と経営危機

（筆者作成）

新聞がやはり「情報化社会」の有力な担い手として変身した、あるいは変身しつつある」〔前掲『新聞研究』一九七三年一〇月号〕と分析している。

新しいジャーナリズム構築への期待が熱っぽく語られた時期でもあったのだが、その後の新聞産業の発展は、九三年の調査が物語る地点へとゆきついた。

つまり日本のジャーナリズムは、平松がいうような「期待される方向」へと進まなかったのである。それは情報産業化へ向けた変容のプロセスであり、一九七三年時点のアンケートで記者たちが渇望した新しいジャーナリズム構築の方向ではなかった。

この二つの調査時期をはさんで、約二〇年の間に日本の新聞界が経験したことは、産業レベルでは小規模な新聞事業が、巨大企業と肩を並べようとする総合情報産業化への道を歩み始めたことであった。一九九三年時点のアンケート結果を見ると、記者意識の変化と新聞経営が目指した現実が符合していることがわかる。

冷戦崩壊とジャーナリストの価値観の崩壊

ここでは一九七三年時点で見られる記者意識と経営理念のズレに着目した

い。七三年時点では、八五％以上の記者（別解釈のデータによっては九割以上）に見られたジャーナリストの仕事の社会的公益性重視の考え方が、一九九三年では極めて減退していることがデータで裏付けられている。一九九三年時点では公益性意識を問う設問そのものもなくなってしまっているのだ。この二〇年間で新聞産業で働く記者たちのジャーナリスト意識は大きな変容をとげたのである。

この間に米ソ冷戦構造の崩壊という世界的価値観の変化があった。進歩派、保守派、ないしは親米、親ソという二者択一の「応援団方式」で記者はつとまらなくなったということである。米ソ冷戦崩壊は日本では自民党と社会党がリードした五五年体制の崩壊に結びついた。

重要なことは、そうした政治的枠組みと図式が壊れたあとのジャーナリズムのもつ公益性や価値観のゆくえである。公益性や価値観の再構築や理念がないままに、現在のマスメディアは大規模な社会への影響力をバックにした権力装置として大発展をとげ、立法、行政、司法に比肩する「第四の権力」といわれるようになった。昔のような〝社会の木鐸〟ではなく、社会的、政治的な影響力ばかりが異様に肥大した「化け物」に変貌したというべきだ。昔、軍隊、いまマスコミ、というが、容易に制御できないという点ではまさにそのとおりであろう。

情報化社会の脱工業化社会では、大量生産は時代遅れの生産形態とされる。情報産業の非物質的無形資産が重要な資源になる。ここでは少量多種生産が先端的な生産形態となる。メディアも多様化、多品種化してゆく。先端のニュースや情報を扱いながら、組織やシステムが旧式の工業社会のサンプルのような古いシステムをもつ大テレビ局や大新聞社が経営不振におちいるのは、時代の趨勢なのである。

日本システム全体が、古い談合体質や権益の隠蔽体質をひきずり、政治や官僚機構は遺物のようなシステムをひきずっている。「構造改革」とはこうした古い社会システムの改革のことだが、世界は知識情報化社会と呼ばれる情報革命の渦中にある。ニュースと情報は、コンピューター技術とハイテクを駆使したメディアによって瞬時に世界に配信され、世界中を駆け巡るのである。

アルビン・トフラーがいうように、「政治の新しい方向やペースを定めるのは、選挙によって選ばれるわけではなく、責任もない勢力としてのメディアの役割になってきている」〔アルビン・トフラー、一九九三〕。

情報化社会の進展に伴って、マスメディアの第四権力論が生まれたわけだが、日本のメディア・システムは、古い政治の仕組みや官僚機構との密着度が高く、トフラーがいうような高度知識社会に対応する要件を十分に備えてはいない。メディア自身が支配力を強めることではなく、立法、行政、司法の三権をいかにチェックする機能を構築するか、が重要なのである。米国のマスメディアは「ウオッチドッグ」（番犬）といわれるが、日本ではしばしば、マスコミ＝権力装置と誤解されてしまっている。メディアが権力装置を目指すと、自ら権力と同化する道を歩んでしまう。

二〇〇四年に噴出したＮＨＫをめぐる腐敗と数々のスキャンダルは象徴的にこれを物語る。巨大な公共放送であるＮＨＫの組織内部に与党寄りで非民主的な独裁体制が巣くっていたことが暴露された。金銭スキャンダルにまみれた腐敗は報道機関にあるまじきもので、世論の広範な非難を浴びたことは記憶に新しい。

ことはNHKだけの問題ではない。大新聞を含め日本の巨大メディアの病根と腐敗が、金銭スキャンダルや誤報などを通して次々に表に現れてきている。こういう現実を前に、ジャーナリズムのあり方を真摯に考える記者たちは、アイデンティティを喪失してうろたえるしかない。

かつては米ソ冷戦構造や日本政治の自民、社会両党がリードした五五年体制への心情的なコミットメントが記者意識を規定していた。進歩か保守か、自民党か社会・共産党か、米国の応援団かソ連(中国)の応援団かの二者択一の立場を踏めば、それが記者の存在証明になった。新聞社自身もそうした立場に加担することで、読者ニーズに応えることができた。しかしいまではそうした単純な二者択一の立場はあり得ず、心情的な自己慰めのようなものにすぎなくなっている。何が進歩的で何が保守的なのかという基準は、しごく曖昧になったのである。

こうした中で、二〇〇一年に発足した小泉内閣が唱える「構造改革」というテーマが浮上した。「構造改革」の語彙には、政財官の癒着を絶つ、族議員の権益をなくす、情報の公開と効率的な行政をめざす、といったニュアンスが含まれている。記者クラブ問題にしても、構造改革の対象として巨大メディア自身による自己改革が求められているということなのだ。

責任の所在は不明確ながら、メディアの役割を高く評価するトフラーのメディア権力論に照らしていうと、現在の日本のメディアには、「政治の新しい方向やペースを決めるだけの力量」は期待できない。しかしながら、「小泉ワイドショー内閣」論に見られるように、小泉政権の誕生にあたって、テレビの影響力は決定的だった［柴山哲也「小泉劇場と『ワイドショー内閣』」『論座』二〇〇一年八月号］。となると、時代を先導するジャーナリズム不在なまま、われわれはメディアの情報洪水の嵐に巻き込まれていることになる。日本のメディアは五五年体制的な左右の立場から国家の危機を声高に訴えるが、公共性のある処方箋や有効な世論を導くことはできないでいる。憲法や安全保障などの重要案件をめぐって国論が白か黒かに分裂する不幸な結果を生み出している。

劇作家・山崎正和は、冷戦時代の「赤白《あかしろ》ジャーナリズム」が消滅し、現在は価値観の二者択一を迫る「黒白ジャーナリズム」が跋扈している、という。またそれに対する反動として、スキャンダルを喜ぶ「面白ジャーナリズム」がはびこるのである［山崎正和「黒白ジャーナリズムと面白ジャーナリズム」『文藝春秋』一九九六年六月号］。

新聞の公共性とジャーナリストの仕事

かつてワシントンの軍縮会議で朝日新聞の緒方竹虎は特派員として日米軍縮交渉の行方を報道したが、そのとき米国案に賛成する日本の記者の「平和主義とリベラリズム」が米国のジャーナリストの目には奇異に映ったことを、帰国後の演説会で報告している［『朝日新聞の九〇年』、一九六九］。

大正末のワシントン軍縮会議のころ、日本の新聞の論調は政府の硬い姿勢と違って、リベラルな余地を残していたことを物語るエピソードだが、満州事変をへたその後の新聞が急速な翼賛体制に呑み込まれて、軍部に従属する戦争報道を積極的に行ったことを考えれば、当時の日本のジャーナリズムの「平和主義とリベラリズム」の根がいかに浅薄だったかがわかる。

実際、このワシントン軍縮会議の報道を行った緒方はのちに、東條内閣の情報局総裁になって新聞の戦争協力に加担することになった。

先の記者意識調査に話を戻すと、総合情報産業を目指す巨大企業に脱皮させようと経営陣が模索していた時期に、「ジャーナリズムの公共性」の追求は、個人の記者たちの自覚的意思にゆだねられていたことが、一九七三年の調査で明らかになってくる。

一九六〇年代の大学紛争と全共闘運動が収束した後、一九七〇年代から始まった反公害の一連の報道とキャンペーンは、個人の記者の自覚的な公共性の観念に支えられていた。現場記者たちによる公害報道の加熱は新聞社の上層部の警戒感を促したが、公害問題の取材と紙面での展開を押さえることはできなかった。

「日本経済発展のためには公害はやむを得ない」という記事があってもよいではないか、という新聞社幹部の発言が社内で問題化して、現場記者の追及を受けることもあった。

当時の反公害の記事は必ずしも新聞社が社論としてサポートしたものではない。水俣病や阿賀野川の水銀汚染などの公害病の拡大が現場記者たちの問題意識に火をつけて、積極的な環境汚染問題に取り組ませたのである。

当時、大津支局に勤務していた私は、毎日の決まった仕事を片付けると、琵琶湖周辺の汚染や工場廃水、環境汚染の取材に余った時間を費やしていたものだ。無脳児、つまり脳がない奇形児が多発するという情報をつかんで、事実と因果関係を調べるために休日も返上して取材漬けになったことがある。

日本が先進国の中では環境汚染や公害問題に比較的短期間で対応し、公害防止技術の開発が進んだ背景には、新聞社の利害から離れた記者たちの、時間を惜しまずに汗を流し続けた個人的な努力があることを忘れてはならないだろう。一九七〇年代、そうした記者たちの隠れた個人の努力のなかにジャーナリストの〝公共性〟が辛うじて担保されていたというべきである。

ところが、一九九三年の調査では、漠然と「社会の役に立っている」と答える記者は約七〇％いるものの、ミーイズムが強まり、「公益」を追求する記者のジャーナリスト精神が衰えを見せている。この時点では、前回に比較して、「ジャーナリストとはいかなる存在なのか」という問題が深く追求されてはいない。一九七三年には公益性について明確だったジャーナリスト意識が、一九九三年には漠然としたものに変容している。

新聞記者やジャーナリストが社会的な活動をするにあたって、本来追求すべき「公共性」とは何か。一人ひとりの記者たちは手探りで自分流儀の〝公共性〟を発見しようとつとめてきている。しかしそれには普遍的な価値基準は示されていない。記者は公務員ではないから、仕事を遂行するための法的な特権はない。もちろん、警察、検察のような強制取材もできない。しかし記者が取材活動にあたって、取材上の権利を社会から与えられるのは、報道の客観性や公益性、情報の素早い伝達、国民の知る権利の代行者の役割を期待されているからである。

記者証を見せれば、通常では入れない場所にも、会えない人物にもインタビューすることができる。ジャーナリストが公共性にかなうと判断して書いた新聞記事や報道内容に対して、読者は対価を払って新聞を購入して読むのである。読者は新聞記者を納税者代表と考え、ハイレベルで税金の使途を検証する能力を備えたものと、考えているからだ。新聞の公共性とはそういう意味である。

もしも新聞経営者や記者がジャーナリズムの精神を喪失して経済的利害をだけ追求するようになると、当然ながら、ジャーナリズムとしての付加価値の高い新聞を提供できなくなる。利潤や利益だけの追求は、会社のリストラ圧力を生み、人員や取材コスト削減と深くかかわる。こうなると、水増し記事、流行を追うだけの安直な記事や企画が幅をきかすようになる。口当たりがよくて軽い記事のほうが広告スポンサーにも受ける。

掘り下げたニュースや情報が紙面から消えて、売るに値する新聞とはいえないような中身のない新聞が、読者のもとへ配達されることになってしまう。

ジャーナリズムの役割とは、民主主義を深化させ、成熟させるものである。しかしながら小川和久は、「日本の民主主義とジャーナリズムの関係がどれほど形骸化したものであるか」と指摘する。日本の多くのジャーナリストは、事実の検証どころか、官僚たちのはるか後塵を拝しているというのだ［小川和久、二〇〇四］。

販売のゼロサム・ゲーム

ここ二〇年間、戸別配達システムによる販売網の中で、ゼロサム・ゲームのような過激な販売競争を続けてきた新聞産業の展開は、ジャーナリズムの危機の一端を露呈してきた。一九九三年の記者意識調査はこのことを物語っているのである。

ジャーナリズムにおける公共性の追求は、新聞産業の経営基盤の確立とどのように矛盾し相反したのか。二つの新聞記者の意識調査は、日常の紙面からは窺い知ることのできない、経営（産業的発展）の追求とジャーナリズムの公共性追求が真っ向から相反するものであったという結論を導き出している。

また新聞は、その公共性、公器性のゆえに、様々な規制と法的保護の対象になってきたのだが、このことは、逆に隠れた営利主義を生み出す結果となり、内容の公益性を損なう原因になっている。長年、新聞社は製造業の範疇にありながら監督官庁を持たず、再販価格維持制度や株式の持ち合い制度などの法的保護を受けてきた。それが言論の自由を守るという名目だけの隠れ蓑になった側面がある（平成一四年の日本産業分類の改訂により、新聞は新たにできた情報産業に分類された）。日本の大新聞社は、ほかの日本の大企業と同様に護送船団方式によって守られてきた。

新聞社が死守する再販価格維持制度はジャーナリズムとしての質の競争を妨げてはいないのだろうか。また例えば、第三種郵便物規定における広告紙面の割合は全紙面の五〇％以内と決められている。これを越えるとそのメディアは広告物とみなされ、優遇措置の適用がなくなる。全国紙の各新聞社は、増ページした地方版を加えることで、辛うじて広告比率を五〇％以内に抑えてきた。しかし大都市圏では明らかに新聞広告の比率は五〇％を上回っているはずである。

新聞社の営利主義は広告収入の拡大を目指し、広告紙面を増やすための〝水増し記事〟を作るという方向性を暗黙裏に認めてきた。

マスメディアにとって、「経営」と「公共性」は矛盾対立する概念である。しかしながら新聞は公器であることを世間に訴えることで、ニュースや情報を売っている。本来、ジャーナリズムにおける経営と公共性はたてまえとしては矛盾してはならない。新聞が言論の自由を行使でき、どこからも干渉や圧力を受けないようにするには、経営の独立が大事だ。経済基盤の確立があってはじめて自由な新聞事業は成立する。政府や大企業、政党、宗教団体などの支援や資金で新聞が発行されれば、自由な言論機関としての独立性に疑問符がつき、読者の信頼は得られなくなる。

公共性と経営の適正なバランス構築、これが新聞にとって最も重要な課題なのである。しかしバブル経済を経験したわが国のマスメディアは、このバランス構築に失敗したのではないかと考えられる。経営と公共性のバランスの喪失が、今日における巨大メディアの内部腐敗の顕在化となっているのではないだろうか。外部の力によって日本の巨大メディアの存立基盤が揺らいでいるのではなく、内部からの崩壊現象をわれわれは目にしている。

品質、価格、サービス三つの側面において、日本の新聞は他社との業界内の競争に狂奔しながらも、グローバルな経済競争にさらされることはなかった。なぜなら日本の新聞産業は日本語という言語の壁に守られていただけではなく、株式の社内持ち合い制度を認められ、株の譲渡や保有が制限され、会計情報を公開する必要もなかった。さらに日本の大新聞の九〇%超は戸別配達で読者に届けられており、即日売りの商品として在庫管理のコストも不要だった。

新聞社組織と個人の記者の乖離

新聞社のM&Aを含め、外国資本を交えたグローバルな大競争にさらされたことはなく、せいぜい閉鎖的で陰湿ともいうべき業界内の足の引っ張り合いや販売店による販売競争に明け暮れたことが、新聞が視野狭窄に陥り、公共性への自覚から遠ざかっていった要因とみなすことができる。

このような日本の新聞産業について加藤周一は、「新聞記者とは何かが問題になる背景には、巨大な組織規模をもった（日本の）新聞とは一体何かということがある」と語っている〔『新聞研究』一九七三年一一月号〕。「日本の大新聞は定義しにくい。したがって、記者も一体どっちに行っていいのかわからないところがある」というのだ〔前掲『新聞研究』一九七三年一一月号〕。

巨大化を目指す組織文化の進行と公共性を考える個人記者のメンタリティが衝突している様子が、アンケート調査に表れていると加藤は見る。高度成長とともに新聞社は大会社になった。そうしたなかで記事は個人の記者が書くものと、読者も記者も思っている。

しかし、記事は本当に個人の記者が書くのだろうかというと、実はそうではない。これは今日の日本の新聞と記事の表現の問題を考えるうえで重要な点だ。すべての記事の著作権は新聞社に属していると新聞社は考えている。

欧米の新聞社は日本と比べると会社組織はそれほど大きくはない。ニューヨーク・タイムズの場合、一線で活躍する記者数は一〇〇人程度で、それぞれがメールアドレスを公開していて読者の質問に対応している。これに対して、日本の全国紙レベルの一線の取材記者数は、ニューヨーク・タイムズの約一〇倍はいるだろう。また、日本の新聞社は記者のメールアドレスを公開してはいない。

米国でも新聞の性格の違いはある。ニューヨーク・タイムズは編集重視の新聞であり、ワシントン・ポストは記者の個性を重視するといわれる。だがそれは程度の問題であり、欧米の新聞社は記者個人の意見を署名入りできちんと出している。それによって記者は明確に社会的責任を負わされる。あれはデスクが勝手に手を入れたとか、知らぬ間に表現が変わってしまったなどのいいわけはできない。(日本では『毎日新聞』が記者の署名入り記事を基本とする紙面改革を打ち出しているが、新聞界全体の流れにはなっていない)。著作権上の法的な責任を含めてアメリカでは記事は記者が書くものだということに疑問をはさむ余地はない。記事掲載の責任は新聞社と記者が同等に負っているのである。もし自分が勤める新聞社で記事が書けなくなれば、記者はほかの新聞社に移る。新聞社という店舗を記者は仕事の場として借りるのである。

しかし日本の新聞の場合は一記者の誤報であっても、新聞社が責任をとる形になっている。誤報事件や記事上のトラブルが起こると、記事を書いた記者ではなく、新聞社の広報部や幹部が謝罪したり、責任をとる風景は、私たちが通常目にしている。

記者の雇用形態を見ても、日本の新聞社は終身雇用制度を基本にしているが、米国では有能な記者ほどランクの上の新聞社にトレードされて移籍するのが普通だ。日本の新聞社は巨大化することで、組織原理を中心価値とし、デスクを中心にした集団的な記事作りの方法を定着させてきた。記事作りにおいては一線の記者よりデスクが絶対的な力をもっている。

特に事件報道ではデスク中心の記事作りは顕著で、出先の記者はデータマンのようなものである。現場の記者から電話や電子メールで届いたデータを本社のデスクが文章にしていくのである。デスクは現場を知らないので、しばしばミスリードの記事が生まれてしまう。署名記事でも同じだ。デスク中心の記事作りでは、ジャーナリストとしての個々の価値観や文章感覚を捨て去ることが、要求される。新聞記者は個性的な文章やうまい文章を書く必要はなく、チームの中で集団的な記事作りに徹するようにトレーニングされるのである。

文章を削ったり、記事の方向を決めるのはデスクだ。デスクがわかりやすく、削りやすい文章ほど良い文章とみなされる。いわゆる新聞文章の作法とされる逆三角形型の記事の書き方が厳格に求められるのである。（逆三角形文章とは、記事の要件である5W1H（いつ（when）、どこで（where）、だれが（who）、何をしたか（what）、その方法は（how）、その理由は（why））を簡潔に書き込み、重要な部分から記事を書き始めるという手法。起承転結の書き方ではなく、どこで文章が削られても記事の意味が伝わるように構成されている）。

一九七三年の記者意識調査の回答はこのような新聞記事作成のマニュアル化を証明するものだと、

加藤周一は見ている〔前掲『新聞研究』一九七三年一一月号〕。

しかし一九九〇年代に入り、テレビの影響力は新聞を凌駕し、インターネットなどの多様なメディアが出現することによって、新聞に対する社会の意識も変わった。いまや「新聞だけあればいい」と考える読者はゼロである。一九九三年のアンケートでは、「新聞は多くのメディアの一つにすぎない」ことを六五％以上の記者が認めている。その中で、「新聞が最も重要」と答える記者数は四分の一を割っている。テレビの威力に対して、多くの新聞記者は影響力の低下と無力感を感じている。

時代に遅れる新聞記者

山根一真は、情報革命下の技術革新のなかで新聞記者が新時代への対応を怠ってきたことを指摘した。〔『新聞研究』一九九四年一一・一二月号〕。一九九三年調査の時点では、ワープロ以外のコンピューター機器をほとんどの記者はまだ使っていない。しかも九割以上がパソコン通信にも未加入な状態だった。日本の新聞記者の多くは、情報革命の世の中の流れから取り残されていたのである。

一九九六年に私はハワイのシンクタンク、イースト・ウエスト・センター（東西センター）に滞在中、「日本の新聞の国際情報はなぜこんなに貧困なのか。アメリカだけではなく、近隣の韓国や北朝鮮関連の情報も少ない。日本の新聞記者はなぜインターネットをもっと活用しないのだろうか」と同僚のフェローに質問されたことがある。

当時、アメリカ政府関連の情報はすでに広範にネット上で公開されており、検索によってアジア関連の良い情報をいくらでも探し出すことができる。情報が貧困だといわれる北朝鮮問題についても、かなりの情報をインターネットから得ることができた。

「転職を考えたことがあり、いま考えている記者が半数近くもいる」ことに対して、山根は「(もともと好きで記者の仕事を選んだ人が多い。そういう人が転職したいということは)存分に仕事をする環境作りが遅れているということではないか。新聞経営者は、これから十年、相当がんばって新しい新聞作りに邁進する必要があろう」と指摘している〔前掲『新聞研究』一九九四年一一・一二月号〕。

日本新聞協会による新聞記者意識調査のほか、小規模ではあるが、成蹊大学アジア太平洋研究センターの調査データがある〔日本のジャーナリスト三九〇人が対象、一九九一年調査、服部孝章、一九九五〕。

この調査ではジャーナリズムの役割や記者の自己イメージを、

1、世論を指導する「木鐸」型、2、世論を反映する「鏡」型、3、世論形成の「フォーラム」型の三つの類型にわけている。大半が「フォーラム」型か「鏡」型と答え、古い「木鐸」型には反対している。これは新聞協会調査と同様である。

しかし、二〇%近くがなお世論を指導する新聞の役割に賛成している。これについて服部孝章は、「新聞の言論機能の歴史的衰退にもかかわらず、民主社会にふさわしい節度ある前進的な世論形成に向けて指導力を発揮することが現代新聞に依然として期待されている」と述べている〔服部孝章、前掲論文〕。

ブランド化した大企業としての新聞社の発展が新聞記者の価値観やジャーナリズムの公共性の考え

方の変容をもたらした。ジャーナリズムの原理や役割が時代と共に変化しているのではなく、メディア産業の発展と変化が、日本の新聞やジャーナリズムの中身を変質させたと考えることができる。

信濃毎日新聞記者・小林裕子はアメリカ留学体験によって、アメリカのジャーナリズムの原点に触れ、記者クラブという密室の人間関係に頼る日本の記者の取材方法に疑問をもつようになったという。記者に対する特別扱い、特権的な取材によらないで、憲法に規定された「言論の自由」に基づいて、「いかに情報を引き出すかが、記者の能力のひとつ」ということを米国で教えられたという。情報を得るのは、市民の一人である記者の権利ということだ。情報公開こそが民主主義の基本だと、小林はいう［小林裕子「アメリカで学んだジャーナリズムの精神」『新聞研究』一九九四年五月号］。「知る権利」を可能にするためには「情報公開制度」の整備が必要条件となる。リークやおこぼれの特ダネを追い求める日本の新聞の競争はいびつなものである。このいびつなニュース報道の構造をスキャンダル・ジャーナリズムや週刊誌、テレビのワイドショーが補強する。

日本の官僚組織や企業は情報の公開を拒み、情報を秘匿しようとすることが、いびつな日本型ジャーナリズムの構造を支えているのである。特権的な記者クラブに登録を認められた巨大マスコミの記者たちは、その特権を利用して権力者のリークに群がり、記者クラブは、密室内の〝情報インサイダー取引所〟と化してしまっている。

情報化とグローバリゼーションの進行のなかで、透明性の欠如と情報の非公開性が、日本のメディアと官僚組織、企業の双方をだめにし、世界に通用しないものにした。

公開された情報の多角的な検証、多様な情報ソースを組み合わせて権力の嘘や腐敗を調査することによって、隠されたファクトを発見し世間に暴いてニュースにする。こういう新聞のありかたは、知識情報化社会のメディアにとって最も重要なことである。

いわゆる「調査報道」(Investigative Reporting) であるが、情報公開制度の整備が進み透明性の高いアメリカでは、記者たちはナショナル・アーカイブス（国立公文書館）や議会図書館、資料館などにこもって公開された資料を捜すことが仕事の主要部分だ。しかし日本の記者たちは、記者クラブにたむろするが、公文書館で資料をあさる人は甚だ少ない。記者クラブの発表ものの情報処理の仕事で忙しく、資料館で資料を調査する暇などないのが現状だし、そんなところでいい情報が取れるとも思っていないのである。

日本の記者クラブシステムとは、情報収集の効率化とニュースの安定供給を求めたメディア側と情報の効率的PRを求めたニュースソース側のコスト極小化の要請に合致するシステムである。

しかし、電子メディア時代の新メディアは情報の新しい流通システムを求めている。活字メディアにインターネット、ケーブルテレビ、衛星通信などの諸メディアをどう組み合わせてゆくかで、マルチメディアによる文化多元主義時代のニュースのありかたも変化するだろう。

マーシャル・マクルーハンが予言した「地球情報村」（グローバル・ヴィレッジ）が現実化したのが現代世界である［マーシャル・マクルーハン、一九八七］。地球は狭い情報村になった。ニュースは瞬時に世界に広まる。

ニュースや情報は国境を越えてめまぐるしいスピードで動いている。ビッグニュースは瞬時にリアルタイムで世界をかけめぐる。どこか一カ所に情報をとどめておいたり、秘匿したり、嘘の情報を流して情報操作することは一時的にはできても、全体としては困難だ。いずれは真実が露呈してしまうのである。

イラク戦争開戦理由に使われた「大量破壊兵器」の存在は、虚偽だったことが間もなく判明したし、イラクのアルグレイブ刑務所における密室の捕虜虐待事件も世界中に暴露された。こうした情報革命の流れのなかで、日本のメディアや新聞がもっている旧態依然としたシステムとジャーナリズムの構造は変わらざるを得ない。

第二章　日本型新聞システムとは何か――膨らんだ大企業の自意識

新聞社はなぜ製造業だったか

人間の社会活動にとって情報、つまりニュースの重要性は昔から変わらない。知識と情報は非物質的な戦略資源だった。ニュースは政治的な道具であると同時に、経済活動に大きな影響を与える資源でもある。経済大国の日本の影響力が強かった時期、金利をめぐる大蔵省幹部の発言が世界をかけめぐると、ニューヨークの為替レートの円相場は即座に乱高下した。

かつてワーテルローのナポレオン敗戦のニュースをいち早くキャッチしたイギリスのロスチャイルド家がロンドンの株式市場で大儲けしたことは有名な話である。ロスチャイルド家は伝書鳩をとばして政府よりも早く戦況の情報をつかんだのである。このように情報の経済価値は極めて高い。

二〇〇二年に日本標準産業分類の中に、「大分類H―情報通信業」という新項目が生まれた。ここでは、「情報の伝達を行う事業所、情報の処理、提供などのサービスを行う事業所、インターネットに付随したサービスを行う事業所及び伝達することを目的として情報の加工を行う事業所」という定義が行われている。具体的には、新聞、雑誌、ラジオ、テレビ、映画などの媒体は情報の加工を行う事業所を指している。あまりにも当然のことを定義したにすぎない分類なのだが、二一世紀になって初めて新聞社やテレビ局が「情報通信業」としての認知を受けたことが、日本における情報産業の立ち遅れを意味している。

これまで、「日本標準産業分類」で新聞社は「製造業」に分類されていた。言論やニュースを扱う新聞社が「製造業」という業種に分類される日本の経済文化は、なかなか興味深いものであった。紙という資源を加工するという発想が分類のベースにあったからだ。物に還元しないと経済価値を計れない製造業の考えかたである。ちなみに、印刷だけをする会社は製造業のままだし、新聞の発送を行う会社は運送業なのだ。しかしながら、新聞社は新聞の発行と印刷、発送を三位一体とした事業所なのである。

新聞の編集部門だけを情報通信業として、その他部門を製造業と運送業に分類したままだと、新聞事業の社会的意味の全体を捉えそこなうことになりかねない。

問題は、日本の経済文化に情報ソフトの情報付加価値を評価する基準と枠組みが存在していなかったことなのである。

ニュースを伝達する新聞をほかの製造業の商品と区別すると、(1)保存がきかない、(2)輸出入がない、(3)在庫をもたない（返品がない）、(4)製造途中のものには商品価値がない、などの特徴があげられる。しかしながらこうした経済学的な商品分析がほとんど意味をなさないことは誰にでもわかることだろう。新聞の商品性はニュースや情報の高い付加価値にあり、紙そのもの価格とはほとんど無関係だからだ。

従来の日本の産業分類には、情報産業の視点が存在しなかった。官民ともに、毎日接している新聞が、実はどのような性格の商品なのかというビジョンを描きだすことが出来ないでいたのである。

製造業では世界を制覇した日本経済だが、情報産業をとらえる枠組み構築の遅れと、情報化社会を構想するビジョンの不在によって、日本の情報産業部門は著しい遅れとなって、平成不況にはね返ってきたのである。日本は製造業が基幹産業だった工業化社会では成功したが、情報化社会を推進するグローバリゼーションと情報革命の世界的趨勢に遅れをとった。

米国では、経済学者マッハルップ・マーク・U・ポラトによる情報産業分類の試みや経済学者レオンチェフの作った産業連関表の援用によって情報産業のアカデミックな研究が一九六〇年代から進んでいた。マッハルップは、一九五八年における米国のメディア産業（新聞、放送、出版、教育）がGNPの四分の一を占め、毎年二倍のスピードで成長しているという報告を行っている［F. Machlup, 1962］。

日本には情報産業の知的基盤がなかった

ダニエル・ベル、J・K・ガルブレイス、P・F・ドラッガーといった著名な米国の社会科学者、経済学者が情報社会論のパラダイムを模索し、情報産業の知的基盤が用意されてきた。日本では一九六〇年代に梅棹忠夫や林雄二郎らが日本独自の情報社会論を提起したが、これは七〇年の大阪万国博覧会のテーマとなり、高度成長期には「未来学」という形の産業的ファッションのなかに吸引された。米国のような「知識と情報」に対する基礎研究が希薄で、この遅れが、日本の情報産業の遅れにつながった。

産業分類上の特殊性のほか、日本の新聞社がほかの製造業と違う点は、再販価格維持（同一価格）や税法上の特権を認められていることである。これは言論機関である新聞社が権力の圧力を受けて言論の自由を脅かされないよう法的に保護する制度だ。

このほか日本の新聞の最大の特徴は販売上の技法にある。商業新聞が独自に編み出した戸別配達システムに支えられていることである。これによって販売収入を固定化できるので産業基盤が安定し、高い発行部数の維持が可能であり、広告収入への依存度を比較的低く抑えることができた。広告収入への依存度が相対的に低いほど、産業界や広告スポンサーからの圧力を受けにくく編集内容の独立性を保つことができる。さらに販売収入が一定に保たれるために、新聞社は景気動向にあまり左右されない安定産業と見られてきた。

ギネスブックに登場する世界一の発行部数を持つ読売新聞の約一〇〇〇万部、朝日新聞の約八〇〇万部という数字の達成は、戸別配達による販売システムなしにありえないことだった。戸別配達を支えたのが、再販価格維持制度である。

そのうえ言論の自由を保障するために、新聞社はほかの企業体のように監督官庁を持たない。つまり新聞社は政府や外部勢力の干渉を一切受けずに、自由な言論活動ができ、外部権力のどこからもチエックされない企業体なのである。戦後、言論の自由が憲法で保障された新聞社だが、企業体としての発展も約束されていた。

そういう現代の新聞産業を支えるいくつかの指標を以下にあげてみる。

日本の新聞はなぜ特殊か――部数は世界一、多様性は欠如

A、高い発行部数、だが新聞社の数は少ない

日刊紙の総発行部数約七〇〇〇万部（一二三紙）一世帯あたりの普及率一・〇七部

全国五紙約二七六〇万部（読売、朝日、日経、毎日、産経）スポーツ紙を除く日刊紙は約四六〇〇万部、地方紙約一八七〇万部

［「日刊紙の都道府県別発行部数」『日本新聞年鑑』二〇〇四／二〇〇五］

この数字を外国と比較すると、アメリカの場合一五二〇紙、総発行部数は約五七〇〇万部で、総発行部数や一人あたりの新聞普及率は日本が米国を上回るが、新聞社の数を比べると米国には日本の一〇倍以上の新聞社がある。

人口一〇〇〇人あたりの新聞普及率を比べると、世界一はノルウェーの六八四部で日本は六四六・九部で第二位である。しかしノルウェーの新聞は八五紙で総発行部数は二四五万部しかない［前掲『日本新聞年鑑』］。かつて党機関誌と宣伝が浸透していた旧ソ連では一億三七七六万部もの日刊紙が発行されていた［田村穂生・鶴木眞編、一九九五］。

表 2-1　各国の日刊新聞発行部数

国　　名	年	紙数	発行部数(千部)	千人あたり部数
日　　本	2003	105	70,399	646.9
アメリカ	2003	1,456	55,185	263.2
イギリス	2003	107	18,591	393.4
ド イ ツ	2003	372	32,571	321.9
フランス	2003	84	8,026	167.0
中　　国	2002	1,007	85,470	91.2
ノルウェー	2003	78	2,450	684.0
韓　　国	1995	62	1,770	394.0

出典：『日本新聞年鑑』('04-'05)。

アメリカと日本は世界の新聞大国であるが、その性格は異なる。米国のたいていの新聞の発行部数は五万部以下という規模だ。日本の場合は一紙あたりの発行部数が極めて高いが、新聞社の数は米国の一割程度でしかない。総発行部数に比べて新聞社数が極めて少ないのが日本の特徴である。つまりその分、新聞が中央集権的で地域性や多様性が乏しいことになる。

発行部数でいえば、読売新聞、約一〇二八万部、朝日新聞、約八三〇万部という発行部数は、ギネスブックの世界記録にもなっている。米国の高級紙であるニューヨーク・タイムズの約一一〇万部、ウォール・ストリート・ジャーナルの約一七六万部と比べても、破格の発行部数だ。

この点でいうと、日本の新聞は旧ソ連のように、新聞社数は圧倒的に少ないのに一社の発行部数が極めて大きいという特徴を示している。国民は画一的なニュースや宣伝情報を与えられてきたということになる。

B、資本金が少ない

発行部数の高さとは逆に、自己資本比率の低いことが日本の新聞社の特徴である。資本金一億円以上の社は九五社中四八社だが、一〇億円以上の社はわずかに四社。現代では資本金一〇億円の会社といえば、中小企業に属するであろう。しかし収益率はアメリカの新聞社に比べて低いので、株主配当は無視しても従業員への還元を優先することができる。

八〇年代半ば、バブル経済に煽られ広告収入が激増し、新聞産業はピークの隆盛期にあった。それでも当時の米国の経済誌『ビジネスウィーク』が特集した収益世界企業一〇〇〇社ランキング（一九八六年）表を見てみると、ニューヨーク・タイムズやワシントン・ポストなどの米国一流新聞は一〇〇〇社の中にカウントされているが、日本の新聞社やメディア産業は入っていない。一〇〇〇社ランキングにカウントされている日本企業は、銀行やメーカー、流通などの巨大企業だけである。また米国企業だけの上位五〇〇社ランキングでは、米国のメディア会社は二六社がカウントされているのに比べ、日本の上位五〇〇社のランキングでカウントされているメディア会社は一二社にすぎない。日米のランキング比較からわかることは、米国メディア企業のほうが、日本に比べてはるかに高い収益力をもっていることである。

米国の場合、一九八〇年代からすでにメディアのM&Aが盛んに行われており、ジェネラル・エレクトロニクス（GE）やウォルト・ディズニーなどの巨大情報コングロマリット（企業複合体）が、メディア産業として台頭していた。しかし日本の場合は朝日新聞や東京放送といったはっきりメディア系とわかる業種だけである。

巨大化志向だが収益率は低い矛盾

米国のメディア産業グループの収益の規模は日本よりはるかに大きいのである。しかし日本の新聞社は従業員数と発行部数が、米国の新聞社に比較してけた外れに大きい。それなのに、新聞のほかテレビ、広告、芸能、出版、映画、音楽などの日本のメディア産業全体の年間総売上は、トヨタ一社の総売上を下回る規模にすぎなかった。

収益率が低く、効率性と市場に問題をかかえながら肥大化した日本のメディア産業は、一九八〇年代に欧米を席巻したM&Aを免れてきたのである。

しかし二〇〇五年になって、ライブドアがニッポン放送株を買収し、フジテレビへの触手を伸ばしたことから、にわかにメディアのM&Aが表面化した。また楽天がTBS株の買収をすすめるなどして、日本の既成メディア業界に大きな衝撃を与えた。

米国のメディア産業が他業種をまじえた企業連携でコングロマリット化したシステムをとっていたのに対し、日本の場合、単独のメディア会社の系列化によって孤立した経済活動を行ってきた。新聞をはじめ、日本のメディア企業が法的な庇護や日本的なカルチャーによって守られていたにせよ、経済的には脆弱な構造をもっていたのである。

広告産業の分野でも、「GNP比にして米国の四分の一程度のサイズしかもたなかった日本の広告産業は、中南米の発展途上国なみの水準にあり、通信、放送事業に対する国の規制が日本のメディア産業全体の拡大を抑制している」と米国のメディア研究者が指摘している。さらには「新聞社がテレビ局を自社の子会社として系列化し、人事やニュース配信システムなどの影響力を行使して支配していることが、テレビ産業全体の拡大展開を押さえ、広告産業の拡大発展を阻害する要因にもなっている」というのである［Westney, 1996］。従来の電通、博報堂の寡占に対して、中国やシンガポール、韓国など東アジアの広告市場に進出したADKが電博のシェアを追い上げており、名実ともに日本のメディア産業は再編成時代にさしかかった。日本のメディア産業はいまの三、四倍、三〇兆円規模以上の市場を創出する可能性をもっているのである。

こうしたなかで、新聞離れが加速し、新聞が今の宅配制度と発行部数を維持できるかが、新聞界の大きな関心事になってきている。

現代の多メディア化時代に、活字の新聞は生き残れるかという命題と、既存の巨大新聞社が生き残れるか、という命題は明らかに異なるが、異質なふたつの問題がしばしば混同して語られていることがある。これも日本的な特徴である。

前出のE・ウェストネーは、米国の新聞社は利益志向型で、日本の新聞社は成長志向型と分析している。アメリカの新聞社は短期的な利益と利潤を追求するが、日本の新聞社は短期的な利益を犠牲にしても長期的な投資を行い、組織とマーケットの巨大化をはかるという。「利潤追求型」のアメリカの新聞に対して、日本の新聞は「成長志向型」、である［Westney，前掲書］。

米国の場合、新聞社に限らず株式会社は株主重視だから、利益をより多く株主に配当する義務があるので、短期的な利益獲得を目指す利潤志向型になりやすい。しかし日本では、株主を重視しない企業文化があり、新聞社では株は非公開で社内で持ち合っている関係上、配当の魅力で株主を引きつける必要は全くない。したがって利益の内部留保を蓄積して、経費や取材費や社員の給与やボーナスアップへと全利益を還元することができ、長期的な成長のビジョンのもとに、巨大な設備投資が可能となる。収益率が低くても、横綱のような体力を維持できた日本の新聞社の秘訣はこうした閉鎖的な経営体質にあったのである。

しかも日本の新聞産業の特徴は、他の大企業同様の「護送船団方式」だった。政府は、言論の自由を掲げる新聞社に干渉しないだけではなく、手厚い法的な保護や支援によって新聞社を擁護する義務があったのだ。

手厚く守られた新聞

前述したように、日本の新聞社の株式は、「日刊新聞の発行を目的とする株式会社及び有限会社の株式及び持ち分の譲渡の制限等に関する法律」（一九五一年法律二一二号、一九六六年改正）という商法特例法によって守られている。この法律の趣旨は、自社の株式・持ち分の譲渡・保有を、借款の定めによって自社関係者にのみ限定し、社員同士が株を持ち合う制度によって株式を非公開にしておくことができる、というものだ。

もともと新聞社は個人事業として出発した。新聞社は会社の「社」ではなく、結社の「社」だといわれるゆえんである。資本金が少なく、経営基盤も脆弱だったことから、編集方針が外部の資本によって侵害されることを防ぐための商法特例法である。新聞社の株式増資はほとんど行われないから、株の新規発行もなく、外部の人間だけではなく、新聞社の社員であっても自社の株式を入手することは困難なのだ。多くの場合、株を保有する先輩が密かに持ち株を信頼する後輩に禅譲するなどして社内の持ち株力学は動いていく。

新聞社のオーナーと経営陣が対立し、社内株比率がどちらかの勢力に動いて過半数を制すると、新聞社の人事や経営方針が一八〇度変わることになりかねない。従って、たとえ持ち株一〇株であっても株主としての発言力をもつことができることになる。

「言論の自由」の憲法によって守られた新聞社は、外部の政治的、経済的干渉からは免れており、編集の独立はできるが、株式発行による外部からの資金調達ができない。従って設備投資などの巨額の資金調達は銀行融資に頼るしかない。長年にわたる新聞社とメインバンクの蜜月関係はここから発生してきた。

八〇年代に各新聞社は競ってニューメディア開発の大規模新事業に乗り出した。他の巨大産業と提携してサテライト事業などの展開も企図されたが、そのような大規模設備投資の場合には、借入金が著しく増大し、金利支払いや原価償却費が増加する。そもそも経営基盤の脆弱な新聞社の大規模投資は新聞本体の経営を圧迫することになりかねない。新聞本体を総合情報産業の一部と位置づけて、ニューメディアやマルチメディア事業へと新聞産業は飛躍しようと試みたが、逆にバブル経済時代に行ったニューメディア事業への巨大投資のツケと失敗が、平成不況下の新聞経営を圧迫することになった。

「マルチメディア事業は救世主に見えた。だが、予想は狂って、いまだお荷物のままである。しかも、その実態は明らかでない」と朝日新聞で経営陣の一翼を担った経験のある中馬清福は指摘する［中馬清福、二〇〇三］。八〇年代、日本の新聞社はニューメディア事業に総額で八〇〇〇億円の投資を行ったといわれる。

主要新聞のほとんどが株式を上場している米国と日本の新聞経営の環境が著しく異なる点は、日本の新聞が受けている法的な庇護の側面である。また大新聞社が、かつて国有地の払い下げを受けて新社屋建設にあてたなどの経緯も、きちんとした情報公開と説明がなされてはいない。米国では言論機関の寡占は禁じられているが法的な保護はない。米国の新聞は自由競争市場でしのぎを削っている。

日本の新聞の株式社内持ち合い制度や再版価格維持制度、事業税軽減措置（九七年に全廃）などの特典が、新聞の自由を守るうえでどのような機能と役割を果たしたか、さらには社内で株を持ち合う過小自己資本体制が新聞の発展の障壁になっているのではないか。これらのテーマは今後の日本の新聞のあり方を考えるための論点になってゆくだろう。

社説では規制緩和や市場の自由化を主張しながら、新聞社の体質そのものが、たくさんの規制と国家による保護のなかにどっぷりとつかっているのが現状といえる。戦後日本の新聞は言論の自由の旗のもとで国や政府や銀行に甘やかされて育った、といわれても仕方がない。

C、減少カーブの新聞産業の総売上高

日本新聞協会加盟の日刊紙、スポーツ紙一〇一社合わせての総売上高は、一九九三年の時点で二兆四一七四億円だった。一九九三年度の収入で見ると、購読料（販売収入）と広告収入が二本柱で、販売一兆二一一〇億円、広告八〇七九億円で、販売収入は石油ショック後の一九七五年時並みに広告収入を上回った。広告収入の落ち込みで、一九九一年以降、三年連続の二ケタ減率が続いており、バブル崩壊後の新聞産業の不振がうかがえる。広告収入は、一九九一年二・〇％、九二年九・四％、九三年八・八％の連続減である。

バブル経済時の一九八七年から九一年にかけては総発行部数は四・四％、広告量は三四％の伸びを見せたから、平成不況による広告の落ち込みは新聞産業の基盤を揺るがしてきた。

一九八二年には全広告費の三〇％を占めていた新聞広告は、暫時、低減カーブを描き、二〇〇二年には、一八・八％まで落ち込んだ［中馬清福、前掲書］。この二〇年間で広告収入比率は半減したのである。

一九九四年から二〇〇三年度までの新聞社総売上高の推移を見ると、多少の凹凸はあるものの、減少カーブを描いている。特に二〇〇三年度は、一〇年前に比べて、約六〇〇億円の減収になっている

表 2-2　新聞社総売上高推計調査

単位＝億円，(　) 内＝構成比率，△印＝減

	総売上高	販売収入	広告収入	その他収入
94年（99社）	23,977 (100.0)	12,555 (52.4)	8,112 (33.8)	3,310 (13.8)
前年比（%）	2.9	5.1	0.3	1.5
95年（99社）	24,256 (100.0)	12,732 (52.5)	8,409 (34.7)	3,116 (12.9)
前年比（%）	1.2	1.4	3.7	△5.9
96年（98社）	25,029 (100.0)	12,864 (51.4)	8,965 (35.8)	3,200 (12.8)
前年比（%）	3.2	1.0	6.6	2.7
97年（98社）	25,293 (100.0)	12,903 (51.0)	9,127 (36.1)	3,264 (12.9)
前年比（%）	1.1	0.3	1.8	2.0
98年（97社）	24,848 (100.0)	12,927 (52.0)	8,584 (34.6)	3,337 (13.4)
前年比（%）	△1.8	0.2	△5.9	2.3
99年（96社）	24,688 (100.0)	12,876 (52.2)	8,448 (34.2)	3,365 (13.6)
前年比（%）	△0.6	△0.4	△1.6	0.8
2000年（96社）	25,223 (100.0)	12,839 (50.9)	9,012 (35.7)	3,372 (13.4)
前年比（%）	2.2	△0.3	6.7	0.2
2001年（98社）	24,890 (100.0)	12,858 (51.7)	8,687 (34.9)	3,345 (13.4)
前年比（%）	△1.3	0.2	△3.6	△0.8
2002年（99社） (最終推計)	23,873 (100.0)	12,796 (53.6)	7,823 (32.8)	3,254 (13.6)
前年比（%）	△4.1	△0.5	△9.9	△2.7

経理委員会の決定により，調査期間を暦年から年度に変更したため，2002年度の前年比は計算出来ない。

	総売上高	販売収入	広告収入	その他収入
2002年度（99社）	23,721 (100.0)	12,747 (53.7)	7,709 (32.5)	3,265 (13.8)
2003年度（98社）	23,576 (100.0)	12,640 (53.6)	7,544 (32.0)	3,392 (14.4)
前年比（%）	△0.6	△0.8	△2.1	3.9

(注)「総売上高」は，販売収入，広告収入，その他収入（出版・受託印刷・事業収入等の営業収入，営業外収益，特別利益）の合計額で，新聞社の「総収入」に相当する。
日本新聞協会経営業務部に決算書が到着した社をベースに総売上高を推計しており，決算書類が協会に提出されていない社については，同規模社の平均的な数値などから推計した。

出典：『日本新聞年鑑』（'04-'05)。

［前掲『日本新聞年鑑』二〇〇四／二〇〇五］。

こうした隙間に、娯楽本位の情報コングロマリットを指向する世界のメディア王マードックが日本のメディア市場をターゲットに進出をはかってきたことがあった。テレビ朝日の株式を一時的に買収したが、すぐに朝日新聞社へ売却した。マードックは必ずしも日本市場から撤退したわけではなく、中国を含む東アジアのメディア市場を虎視眈々と狙う戦略の前哨戦と見ることもできる。

D、収益は上がらなくても金がかかる

発行部数が四〇万部以上の新聞社の支出で一番大きなものは経費の三八・〇％、ついで人件費の三六・〇％である。これに用紙費、資材費を加えると新聞発行には莫大な経常費がかかることがわかる。新聞が労働集約型産業といわれるゆえんだ。部数八〇万部以上の新聞社になるとさらに経費の割合が五八・〇％にアップしてしまう［日本新聞協会の二〇〇四年度「新聞事業の経常動向」集計『日本新聞年鑑』二〇〇四／二〇〇五］。たとえ売り上げが減少しても支出にかかる固定費八〇％以上が恒常的な経費を占めているのだ。このなかでも人件費と販売網維持経費の割合が高い。

また前述したように、八六年以降、新聞各社が取り組んだニューメディア事業の設備投資や、制作工程のコンピューターシステム化、印刷工場の地方分散建設などの巨大投資により、原価償却にかかる固定費が大幅に増加して好不況の波に影響されやすい企業体質になった。平成不況の影響をまともにかぶってしまったのである。

E、戸別配達網は維持できるか

一九九三年の全国新聞販売店は二万三四一六件、従業員数四七万六九八二人だったが、兼売店の増加で絶対数は減少傾向にある。このうちの外国人従業員は〇・六%だが日本人の労働力が不足しているので外国人への依存度はいっそう高まると見られる。新聞全盛期の八〇年代の販売店では労務問題が深刻化しており、五七%の販売店で週休の実施ができていないという報告があった［一九八九年日本新聞協会調査結果］。

公正取引委員会からしばしば勧告を受ける販売競争のゆがみの側面だけではなく、労働力確保の面からも戸別配達の危機がある。もしも戸別配達システムが崩壊するようなことがあれば、日本の新聞が現在のような世界一の発行部数を誇ることは不可能になる。日本の新聞の生命線は、記事の質や編集の競争ではなく、戸別配達の維持ができるかどうか、にかかっている。

なぜなら現在の日本の新聞販売の九二%は戸別配達によるのであり、スタンド売りは約七%にすぎない。日本の商業新聞社が独自に作り出した戸別配達網は日本型の近隣組織との関連で太平洋戦争前から発達してきた。一地域一店をメドに販売店舗を作り、本社と販売店の一体感を強めながら、独占的な配達システムを維持してきたのである。

明治時代、専売店システムをいち早く確立したのは大阪系の新聞で、大阪朝日、大阪毎日が抜きんでたノウハウをもっていた。なぜ大阪系の新聞社は販売店網構築に精力を使ったのであろうか。この問題は第四章の明治以降の日本新聞発達史の中で詳しく述べる。

政論新聞が新聞の原型を作った東京の新聞には営業軽視の風潮があったが、大阪系は経営基盤を重視し、関東大震災などのエポック・メーキングな事件を経て、今日のような販売店システムを全国に展開させ確立していった。

紙面ではなく〝販売店力〟で売る新聞

全国に網羅された新聞販売店網が、今日の新聞大国を築いたのであるが、非合理的な要素が多い販売店経営が現代の新聞の質を衰退させる原因にもなっている。新聞の競争が必ずしも紙面の競争ではなく、苛烈な販売拡張によって行われるからである。よくいわれるように、「インテリが作ってやくざが売る」などの陰口は、新聞販売にまつわる新聞社のアキレス腱なのである〔『新聞の病気』(別冊宝島)二三七号、宝島社、一九九五〕。

販売店集団は、編集、営業など本社の意志決定に対して外部から非公式な影響力を行使しうる立場にある。販売店集団は新聞社にとって手強い〝圧力団体〟として存在している。また販売促進をめぐる前近代的な押し紙制度、景品、無代紙配布などは、公取委の勧告を招き、社説の論調や新聞経営の足を引っ張ることがある。こうした前近代的な新聞販売店システムの存在は、日本の新聞とジャーナリズムのありかたを考える上で、無視できない。

さらに、かつての新聞販売店の労働力は「新聞少年」によって支えられていた。苦学する若い学生が新聞の戸別配達の主役なのであった。しかし少子化傾向と社会の豊かさが進行するなかで、新聞少年を中心とする若い労働力は激減し、「大人」と呼ばれる新聞配達員が新しい労働力にとって変わった。

通常、早朝からのきつい新聞配達は労働条件として好まれない。賃金も高くはなく、新聞社は販売店要員の確保に大きなエネルギーを傾けざるを得ない。各社の新聞販売店を転々とする配達員も少なくはない。

こうした中で、奈良の新聞配達員による幼児誘拐殺人事件など、新聞販売店員による犯罪が増加している。新聞配達員は各家庭に新聞を届けており、社会のセキュリティの面からも販売店員の質の確保は重大な課題なのである。

F、再販制度は言論の自由を守ってきたのか

新聞や出版物は再販売価格維持契約の適用除外を受けているので、全国一律に定価販売が保証されている。かわりに差別定価（異なる値段をつける）や押し紙（販売店に販売部数以上の紙を押しつける）は禁止されている。しかし前述したように、定価割引や押し紙の不公正取引問題がたえず指摘されている。

新聞販売の正常化を促進するために公正取引委員会は再販制度の見直しを勧告しており、政府も廃止方針を打ち出している。再販制度が廃止されると、戸別配達の比率は減少し、スタンド売りが増えて紙面の競争原理が働くようになる。競争にさらされた新聞の内容は多様化する。

しかし日本の大新聞の生命線は戸別配達の維持だから、新聞業界側は、再販制度の廃止が新聞のダ

ンピング競争や弱肉強食によって紙面の質の低下をもたらし、スキャンダル中心のセンセーショナリズムに陥り、ひいては言論の質が低下して、読者の知る権利に答える新聞発行は不可能になる――などの理由で反対している。

しかしこれまでの新聞の歴史が示すように、主要全国各紙の新聞価格の一斉同調値上げ、なかなか改善されない販売方法の不明朗さ、紙面の画一性と横並び、記者クラブ発表ネタのオンパレード、不正確な記事、誤報や人権侵害など、新聞に対する読者の不満は累積している。たとえ再販価格維持が崩れたとしても、メディアの大競争時代を渇望する読者は多いのである。

日本新聞協会によれば、一九六五年からの約三〇年間で新聞販売店は約二〇〇〇件増え、従業員は一三万人増加した。しかしこの間の日本の世帯数の増加と新聞の部数増はともに一・七％止まりである。つまりいまの新聞のマーケットは完全に飽和状態に達している。よほどの変化と工夫を凝らして新しいマーケットを拡大しない限り、新聞は坂を転がり落ちる衰退産業に変わりない。

ゼロサム・ゲームの果てに

以上で見てきたいくつかの指標は日本の新聞の特殊性を表している。現在はネガティブな指標に見えているが、裏を返せば、これらの指標こそ世界一の巨大発行部数を維持し、日本を米国と並ぶ新聞大国の地位に押し上げ、読者や国民に多大な影響力を振るってきた日本の大新聞を支えたプラスの要件なのであった。

社会の情報化が進み、テレビのほかにインターネット、携帯電話などの情報ツールが飛躍的に発展したいま、これまで活字メディアのメリットだったものがデメリットに転換したということだ。新聞にかわる多様なメディアと情報機器の発達にくわえ、衛星テレビやインターネットなどの新しいメディア技術によって、「情報革命」の時代を迎えた。読者、視聴者は多様化し、個別なニーズに合ったニュースや情報を求めるようになった。

新聞が書いているニュースの多くは、どこからでも入手できる情報にすぎなくなっている。もはやニュースではなく、誰でも知っている旧聞にすぎない情報が堂々と新聞の一面に出る。速報性や多様性で、新聞はテレビに負け、テレビはインターネットに負ける。個別的なメディアの命運がどうということではなく、各メディアの特性が融合するマルチメディアの時代は間違いなくやってきている。

新聞は既知のニュースや情報を確認するためだけのメディアの地位に転落している。活字メディアである新聞の機能や役割に対する認識を大きく転換しないと、新聞はこの世から退場することを余儀なくされるだろう。特に日本の大新聞は、大きな試練と挑戦にさらされている。

若者の活字離れ、新聞離れは世界的な現象であるが、わが国で新聞離れという場合には、既成の新聞から読者が離れるという意味合いが含まれている。大学の授業で「新聞離れと活字離れ」の調査をすると、活字や書物を読むことは好きだが、新聞は面白くないので読まない、という学生がたくさんいる。

新聞とは、自認するような「公器」としての言論機関なのか、表向きは社説の立場にあるような公器を装ってはいるが、内実はビジネスを優先する経営体なのか、どちらに比重を置いて会社が運営されているのか、方向性が判然としない。新聞社が何を目指しているのか、建前と本音の乖離が垣間見えて、立場がはっきりしていない。

自らの新聞王国を築くと豪語する世界のメディア王マードックのように、新聞も含めメディア産業全体を利潤追求の手段だと位置づける新聞経営論は、日本の新聞界にはまだ少ない。M&Aにさらされてきた欧米の新聞社に比べて、おおむねジャーナリスト出身者で占められる日本の新聞経営者には、新聞を公器と考える傾向は強い。

買収されたテレビ朝日株の買い戻しの交渉をマードックと行った朝日新聞社長・松下宗之（当時）は、新聞人としてあのようなビジネス本位の人物は見たことがない、という趣旨の感想を朝日新聞社報に書いた。ジャーナリストを自認する松下には、ジャーナリズムよりも利潤やビジネス優先を貫くマードックの考え方が理解できなかったのであろう。

日本の新聞社の幹部で、M&Aを繰り返しながら企業グループを肥大させるマードックの方法論に賛同する人はいないだろう。八〇年代のニューメディア事業に際して、「総合情報産業をめざす」として打ち出された朝日新聞の将来ビジョンにしても、マードックのように徹底した功利主義のビジネス戦略に裏打ちされてはいない。本体の新聞は反権力の位置にいて、正しい世論を導くためのジャーナリズムだと、考えているのである。

ジャーナリズムとしての新聞の位置はどのようなものかということが、メディア情報産業の枠組みのなかできちんと位置づけられていない。公器でありながら巨大情報ビジネスも追求すると言う矛盾が解決されないまま、新聞事業のアイデンティティの混乱を招き、世間でもさまざまな矛盾した新聞解釈を生む結果になった。

日本の新聞は法的、制度的に保護された諸条件のもとで、一〇〇%に近い識字率に支えられた国民の教育レベルの高さ、日本語・日本文化などの対外障壁をもつ社会環境に守られ、きわめて効率的な新聞経営を行うことができた。

しかし前述した日本新聞協会による二度の「全国記者アンケート調査」が示すように、全国紙、地方紙を問わず、日本の新聞経営が最も順調に巨大化したと考えられる一九七〇～九〇年代の二〇年間に、現場で働く記者たちの悩みが著しく深まっていった様子がうかがえる。多くの記者たちは、この二〇年間に新聞のジャーナリズム性が衰退したと考えているのである。

従来は有利な条件と考えられていた法的な措置や保護が、現代の情報革命に即応した新聞の変革の動きを阻害する要因として働くようになった。

すでに述べたように、戸別配達制度や大部数を維持するために高いコストがかかる。販売収入の約半分は販売手数料として販売店に支払われ、部数拡大のために販売店にテコいれする費用も莫大だ。一部拡大すると月額新聞代を上回るほどの手数料を支払い景品までつける。あるいは押し紙によって部数を実際より多くカウントする。一部の押し紙のために販売店に支援金を出すなど、戸別配達網維持が非合理的な新聞経営の温床になり、新聞産業の近代化を遅らせる原因になった。

販売店に頼る現代の新聞経営はゼロサム・ゲームのモデルのような世界である。市場は飽和状態だから、拡販のためには他社のシェアを奪うしかない。

私は七〇年代に関西のある地方支局勤務をしたことがあるが、農村の有力者を〝買収〟して村ごとA紙からB紙に新聞を変えさせるなどの腕力による新聞販売戦略の現場を目撃したことがある。取材先の老人が、訪ねた私の目から新聞を隠すようになったので、わかったのである。地方の村や町の有力者を抱きこんで、町村ぐるみで新聞のマーケットを奪う手法であった。老夫婦が多い村社会では日頃世話になる有力者の意向を入れて、村八分に合わないために、購読紙をA紙からB紙に変えたのである。

飽和市場における新聞の部数拡大には必要以上の販売促進経費がかかるし、戸別訪問による執拗な勧誘は読者の不快感を醸成する。販売と編集は業務上は無関係なのだが、販売方法が新聞記事に対する不信感を生み、新聞全体の信頼度を低下させることにもつながってゆく。

ゼロサム・ゲームの販売過当競争の不毛性が、新聞産業全体の衰退を招いていることに新聞社は気がついてはいるのだろうが、有効に改革に着手できないでいる。というより新聞の販売は新聞社にとってのアキレス腱でもある。戸別配達制度は日本の新聞が長い歴史をかけて作り上げた卓越した新聞販売法であり、今日の巨大発行部数をもたらした。世界的に評価されてきたこの戸別配達制度が、逆に新聞社の首をしめかねない短所として立ちふさがるようになった。

新聞社が大きなリスクをおかして販売部数の拡大をめざしてきた理由は、販売収入の増加を目的とする以上に広告料金アップを狙ったからである。六〇年代から七〇年代の消費社会の拡大期に新聞の広告料金は大きくアップした。米国のように新聞社の収入源の七、八割が広告収入というほどではないが、五割を大きく上回った時期もあり、新聞やテレビの広告収入は消費経済の拡大と共に急成長した。

広告収入依存度の高まりは、広告を載せるための紙面の必要から増ページを繰り返すこととなり、全国紙は四〇ページ体制へと紙面を倍増した。このような紙面増と反比例して水増し記事は増え、記事内容の質的低下を招くことになる。いわば紙面の質の「逆淘汰」が起こるのである。すなわち、「安いコストで供給できる品質の低い供給者は有利な立場に立ち、質の高い供給者は不利な立場にある」［野口悠紀雄、一九七四年］。わざと紙面の質を下げてコストを低下させる戦略もありうる。こうした新聞の「倫理的危機」（Moral Hazard）も他人事ではなかった。

巨大企業への脱皮

記者アンケートで、記者たちが新聞からジャーナリズム性が衰弱したと感じていた高度成長期の六〇年から七五年までに、新聞の総売上は五年ごとに倍増している。七三年の石油ショックごろから成長は鈍るが、バブル経済に乗った八〇年代後半には毎年一〇〇〇億円程度の増加があった。

しかし上述したようにバブルが崩壊した平成不況期に入ると成長の鈍化がはなはだしい。新聞一社の売り上げは大手新聞社で四〇〇〇億円程度だが、これは資本金一〇億以上の日本の産業平均の売上五三〇〇億円と比べると大幅に下回っている。

二〇〇五年の総従業員数は約四万九〇〇〇人、販売店の従業員を合わせると約五〇万人の人間で構成される大きな新聞業界ではあるが、一人当たりの稼ぎ高が小さく、収益率の低い産業であることがわかる。収益率の低い労働集約型産業、つまりたくさん働いてもあまり儲からない。しかしその見返りとして、言論機関としての社会的な権威と法の保護を受けているのである。

新聞は言論機関としての成り立ちや扱う商品の中身からしても、他の製造業にくらべて異なった性格をもっている。それがジャーナリズムの機能である。高度成長の六〇年以降、日本経済の発展のなかでマスコミ産業の規模もまた飛躍的に増大したことは、すでに述べた。

販売、広告の比率は五〇％ずつが安定した状態とされているが、一九六〇年初期は販売収入が主体だった。しかし、それ以後の高度成長時代を通じて、一九六五年から広告収入が五〇％を超え、一九七〇年には販売収入比率が三二・三％となり、一九七〇年代半ばに広告収入のピークを迎えた。広告料金をアップさせるために部数拡大の必要が生まれ、そのための広告獲得の経営戦略が求められた。この時代には総売り上げが五年で倍増するかたちで、かつてない膨張をとげていったのである。広告料と新聞購読料の段階的なアップが並行して進み、新聞業界もまた一九八〇年代中期のバブル経済に呑み込まれた。

広告収入がピークを迎えたころから、新聞産業の構造的転換が始まった。これは前述の「記者アンケート調査」結果からも読みとることができる。A社では七〇年代から〝重ね刷り〟という大増ページが実施され、地方版二ページ体制のほか第二社会面、経済面、家庭面、国際面などの拡充が行われた。このとき数百人の記者が定期採用の別枠として新卒、経験者も合わせて雇用された。A社以外の一部全国紙もこれにならったので、業界で記者の引き抜き合戦が行われたりしたが、雇用条件の良い新聞社に多数の記者が中途採用された。

このときの大量の中途採用によって新聞業界の終身雇用制度の一角が、日本企業の中では早い段階で崩れることになったのであった。その後、日本の他の業種に比べると新聞やメディア業界では人材の移動が多くなったにもかかわらず、新聞社における年功序列の制度はそれほど変化しなかったため、平成不況下における九〇年代のリストラ圧力に直面したのである。一九九五年から二〇〇五年までの一〇年間で、新聞社の総従業員数は、一万人以上減少している。

増ページと広告収入拡大競争にはいった七〇年以降、新聞業界の販売過当競争とゼロサム・ゲームの傾向はより強まった。

「朝毎戦争」から「朝読戦争」へ

一九七二年、毎日新聞で西山太吉記者事件（西山記者事件、沖縄返還時の米国との密約をめぐる外務省機密文書漏洩事件）が起こった。外務省女性職員と〝情を通じて〟日米機密外交文書を入手したことが、違法な取材行為であるとして西山記者は有罪判決を受け、記者モラルの欠如を理由に世論の糾弾を浴びた。

この事件をきっかけに毎日新聞の発行部数は激減し、経営危機に陥った。毎日の凋落のあとに日経と読売が進出したといわれる。この時期まで全国紙をリードしたのは「朝毎体制」といわれた朝日新聞と毎日新聞の部数寡頭競争だったが、徐々に「朝読体制」つまり朝日新聞と読売新聞の寡頭競争へと業界の軸足が転換することになった。

戦前、戦後の新聞の歴史を通じて、大阪朝日、大阪毎日に始まる大阪系新聞が、全国紙の競争のデッドヒートを繰り広げてきたわけであるが、ここに来て朝日VS読売という全国紙の新型の覇権競争が始まったのである。

日本が奇跡の高度成長と経済大国化を果たした七〇年代から八〇年代を通じての新聞競争は、朝日・読売二大紙の部数攻防と経済記事を目玉として発展してきた日本経済新聞の進出に特徴づけられる。日経の進出はいうまでもなく日本の経済大国化と重なっている。新聞各紙には経済のページのほかにマネー欄、投資欄などが新設され、投資相談などのコラムが生まれた。

庶民のバブル熱、投機熱に拍車をかけたのがバブル時代の新聞である。新聞は身も心もどっぷりとバブルにつかっていたというべきだろう。しかしバブルが終焉した九〇年代になると、バブルに踊った者は〝正しくない者〟であり、不良債権を作った〝戦犯〟であるという新聞論調があふれるようになるが、新聞にはバブルを煽った責任が存在している。新聞の論調の大転換は、かつて太平洋戦争を煽って国民を駆り立て、敗戦後は国民総懺悔を説いたころの新聞を髣髴とさせるところがある。

読売新聞は部数の上で朝日新聞を抜き業界トップの座に躍進した。一〇〇〇万部に及ぶ読売新聞の発行部数は世界一としてギネスブックにも登録された。東京読売、大阪読売など別会社組織だった読売新聞は、名古屋に進出して総合部数をアップさせ、全国の別会社組織を統合して読売新体制を敷き、東京本社に権限を集中させた。

さらに読売グループはジャイアンツ、東京ドーム、ディズニーランド、読売ランドなど娯楽とスポーツを擁する一大メディア・コングロマリットへと変貌した。この経営手腕を発揮したのが、読売グループの最高実力者渡辺恒雄である。

ところが、メディア戦争が激化する中で、不祥事も表面化した。二〇〇四年、渡辺が大量に保有していたという日本テレビ株の大量保有報告書が、関東財務局に未提出であるという問題が浮上した。従来、読売新聞の最高責任者が個人名義で日本テレビの大株主になることは慣習化していたといわれており、渡辺もその慣習に従ったまでと考えていたのかもしれない。

前後して、ＮＨＫ幹部職員による経費の着服や私物化、サラ金から編集協力費を受けとったとされる週刊朝日の疑惑、鶴田元会長の私生活にかかわる経費が会社から出ていたとされた日本経済新聞のスキャンダルなど、報道の本筋から逸脱した新聞社のスキャンダルが相次いで表面化してきた。

続発するメディア界のスキャンダルの表面化は、報道機関の劣化現象ではないか。すなわち旧態依然の組織を改める構造改革の対象として、言論機関も例外ではないことを示している。自分のことを棚にあげて、政治家や官庁や道路公団や特殊法人、大企業の談合や不正を暴き、人様の悪事を指弾することなどは、読者や視聴者が許容しないであろう。

近年の新聞は収入と支出のバランスをとりにくい構造にある。バブル時代の広告収入に依存する体質が景気後退期の新聞経営を圧迫している。媒体効果アピールのために部数拡大をめざすと広告が先行する紙面になり、読者からの不満が増える。

新聞が媒体効果を強めるためにはたえず設備投資を繰り返す必要があった。かつて「時間差ゼロ競争」というのがあった。紙面製作と輸送にかかる時間を極小に押さえようという試みである。速報性ではテレビにかなわないことはわかっていても、新聞各社は地方に印刷工場を建設して、時間差ゼロ競争を繰り返してきた。

印刷工場の分散建設、漢字テレタイプや輪転機の超高速化、紙面電送技術の三つが「時間差ゼロ競争」の主要アイテムだった。この競争は一九八〇年代半ばまで続いた。しかし速報性や大衆性は新聞よりテレビが勝っていることは明白だったから、テレビは新聞を抜いて広告媒体の王者になってゆく。日本の新聞は、テレビをライバルとする考え方から脱け出すのに、予想以上の時間とコストがかかったのであった。

新聞の牙城と考えられていた報道部門でも、久米宏、田原総一朗、筑紫哲也などの人気キャスターが出現して新しいスタイルの報道番組がテレビに登場すると、映像のインパクトは新聞をはるかに上回ることがわかり、視聴者への影響力も大きくなった。

大新聞が一日一〇〇〇万部発行されていても、記事を書く記者や編集者の顔は見えない。新聞の活字は木で鼻をくくったように素っ気ない印象を与える。テレビキャスターは毎日同じ時間にテレビ画面に映り、直接視聴者に語りかけて親密感や信頼感を醸成してゆける。このようなテレビメディアの親密性は、新聞が逆立ちしてもかなわない利点だ。テレビの報道番組がキャスターのパーソナリティや画面の顔と共に、新聞を上回る視聴者を獲得していくのは当然なのである。

もし新聞がテレビとの競争の空しさにもっと早く気づき、隠れた読者ニーズを掘り起こし、テレビとは競合しない紙面の質と中身の競争に金と精力を費やしていたならば、もっと多様で質の高い新聞になっていたのではないだろうか。少なくとも、平成不況の進行に合わせるようにして起こった活字離れ、新聞離れは多少でも食い止められたのではないか。

ハード面の近代化に遅れる記事面

一九八〇年代の新聞社では編集から印刷にいたる新聞紙面製作工程面で、さまざまな変化が起こっている。CTS（コールド・タイプ・システム）というコンピューター制御システムの誕生は、従来のHCT（ホット・タイプ・システム）といわれた鉛版の手仕事による印刷からコンピューターシステムへの変化である。

原稿をもとに工場で活字を拾い、整理部員の指揮で紙面を組み、鉛版を作り、紙型をとり、それを輪転機にかけて刷り上げるという従来の工程にかわって、出稿部からセンターに送稿された原稿をコンピューター画面に出して組んでいく。工場の製作作業はコンピューター室の製作作業へと移行した。

それまで原稿用紙に一行ずつ鉛筆で原稿を書いていた記者は原稿用紙を捨てて、ワープロのキーをたたくようになった。出稿された原稿は全社のホストコンピューターのなかにプールされる。出稿部から送られてきたモニター原稿を見て、整理部はその原稿を使うために、プールされている原稿の中から選択し、コンピューターの画面上に呼び出して編集してゆく。編集が完成した紙面は印刷工程にかける前にフィルム化される。これをオフセット印刷機にかけ高速輪転機で大量の新聞を一機に刷り出すのである。

コンピューターシステムのメリットはスピード化と人員削減であるが、大規模投資を必要とするため、設備投資にかけた費用が回収しにくいという難点がある。もともと新聞産業は労働集約型で、利益率が低い。機械化にはコスト削減という大目標があるため、新聞製作工程のコンピューター化は記者の取材方法や記事の書き方だけではなく、取材内容にまで影響する。

なぜなら、手書き原稿のときは修正が容易だったが、いったんコンピューターにプールされた原稿の修正には面倒な手続きが必要になる。いきおい記者は最初から完全原稿を書くように要求されるのである。こうなると記者は最初から安全路線をねらい、途中で修正が必要になる記事は書かないほうが無難だと考えるようになる。しかもせっかくの特ダネをコンピューターに入れたため、社内のほかの部の記者に知られて、社内で特ダネを奪われたりすることもありうるのだ。製作工程の機械化によって、難しい取材をさけ、間違いのない発表ものの原稿だけを書く記者が増えてくる。

分散印刷、オフセットカラー印刷、CTSグレードアップなどにかけた新聞界の投資額は一九八六年以降の五年間で約八〇〇〇億円といわれる。これにニューメディア関連投資などが加わって、一九九一年以降では、費用の伸びが収入の伸びを上回る状態が続いている〔岩崎千恵子、一九九六〕。ハード面の近代化に紙面の質が追いつかないという皮肉な事態が生まれ、「最新技術を使って最古のメディアを発行している」というジョークが生まれた。オールドメディアとしての新聞発行のために最新技術を駆使し、巨大投資を惜しまない新聞産業の経営のありかたが奇妙なアナクロニズムとして浮き彫りにされた。

読者からは新聞記事の画一化、横並び報道、人権と名誉の侵害、社説や新聞論調のシステム老朽化やマンネリが指摘され、非合理的で独占的な販売システムは公正取引委員会から不公正取引の警告をしばしば受けている。販売の押し紙などに見られる販売支援資金の流れは複雑で見えにくい。再販価格制度維持を声高に主張しながら、一方で販売競争を激化させる景品や無代紙、値引きサービスなどがある。新聞販売にまつわる把握しがたい経費は、新聞の原価計算を困難にし、経営近代化を遅らせている要因である。

バブル時代の新聞の情報産業化

バブル経済時代に新聞社が行った巨大投資は製作工程のコンピューター化だけではない。前述したように、「総合情報産業」の将来計画へ向けた巨大投資がある。日本のニューメディアや情報産業を促進した理論的根拠の一つに、梅棹忠夫が提唱した「情報産業論」がある〔梅棹忠夫「情報産業論」『放送朝日』一九六三年一月号〕。梅棹理論は、いわゆる未来論的指向から先端科学技術に彩られた豊かで便利な生活空間都市をイメージさせて、バラ色の未来を予測した。

未来論に乗ったマスメディアは知識産業論や情報社会論をもてはやし、一九七〇年の大阪万国博の成功を基点に勃興してきた「未来学ブーム」に依拠して、日本の情報化社会のイメージを作った。

このころから産業界にもOA化やコンピューター化が普及しはじめ、MIS（マネジメント・インフォメーション・システム）が追求されるようになった。

新聞社を先頭に、マスメディア企業は競って製作工程やデータベースのコンピューター化を進める一方、本来の業務以外のケーブルテレビや電子出版などの領域の情報産業化に大きな関心が向けられるようになった［桂敬一編、一九九五］。

すでに一九七〇年代には第一次CATVブームが起こり、以降一九八〇年代にかけて各種の施設事業やCATVのためのソフト開発、音声多重放送、文字放送実験などが開始された。一九八二年には文字多重放送実施をめぐる放送法改正が行われ、一九八七年にはNHKの衛星放送が実用化された。日本語ワープロの開発も、新聞社の漢字テレタイプの非効率を改革する手段として着手され、毎日新聞と東芝の共同事業によって実現したものである。

郵政大臣の諮問機関「ニューメディア時代における放送に関する懇談会」の設置（一九八五年）などによって、既成のマスメディアだけでなく、資本力をもつ銀行、商社、通信の大企業も参入する政府レベルでのニューメディア産業の検討が始まった。NHKがハイビジョンテレビの技術開発をリードしたのもこの時期である。

一九八五年のG7先進国首脳会議におけるプラザ合意で円高基調が作られ、日本経済が本格的なバブル期に突入した時期であった。

新聞各社は豊富な資金をメインバンクから借入して独自のニューメディア事業を展開した。すでに日経のアネックス（一九七八年）、朝日のネルソン（一九八〇年）などの新聞製作工程のコンピューター化が進み、同時にコンピューターのデータベースが構築されていた。

朝日は、ネルソン・システムからアンデス（文字・図形情報制作配信システム）を通じて、ケーブルテレビ、文字放送、キャプテン、パソコン通信など、多様な情報通信ネットワークの展開に乗り出している。さらに電子図書館や人工衛星による衛星通信事業にも進出し他の新聞社のニューメディア事業をリードした。

全国紙、地方紙約四〇社が、競ってニューメディア事業を展開した。しかしながらその後の大手新聞社のニューメディア事業の展開プロセスを見ると、日経の経済情報サービスを除けば、投資に見合った収益をあげるところまでゆかず、逆にバブル経済の崩壊によって巨額投資の損失が生まれ、新聞事業の本体を脅かすようになった。

前述したように、平成バブル不況といわれた一九九一年から九四年までの新聞の総発行部数（日本新聞協会加盟一二〇社）の伸びはわずかに一・六％（年率〇・四％）にすぎず、広告量はマイナス一〇・七％（年率マイナス三・六％）を記録した。これを広告収入に換算すると総計でマイナス二一％となり、年率七％の落ち込みということになる。つまり一五万部ほどの中堅地方紙が、毎年一社ずつ潰れている計算になる。

この間、実際には「関西」「フクニチ」などの地方紙が休刊し、「沖縄タイムズ」「琉球新報」の二つの沖縄の名門紙がそろって土曜夕刊を廃止した。ところが、平成バブル不況時の構造は従来の石油ショック時の不況とは性格を異にしている。かつての石油ショック時の不況は克服できたが、平成不況は不可逆的な新聞市場崩壊現象ととらえることができる、と岩崎千恵子は指摘している。つまり新聞業界の基本的経営基盤が解体しつつあるさなかで直面した不況なのである〔岩崎千恵子、前掲書〕。

情報革命に直面

バブル経済に随伴した新聞社のニューメディア事業が一段落したあと、これにとって代わる情報化社会とマルチメディア時代が押し寄せてきた。ニューメディア事業は大新聞社が主導する局面が多々あったが、マルチメディアのほうは世界基準のコンピューターのソフトウェア技術革新を背景にしながら、情報のグローバリゼーションや情報スーパーハイウェーなどの新情報技術の世界化による情報革命、いわゆる知識情報化革命に連動したものだ。

これはニューメディアのブームのときのような一過性の流行ではなく、世界レベルの産業構造革命に匹敵する変革と受け止められている。情報化社会の到来は、「平成の黒船」に喩えられるように、日本人の生活スタイルや価値観、社会システムや国家観、世界観の見直しと変革を促し、二一世紀を席巻する巨大な流れになろうとしている。

こうした中で、政府レベルの試算で、二〇一〇年には一二〇兆円という膨大なマルチメディア市場予測なるものがはじき出され、巨大資本の商社、銀行、通信などが続々マルチメディア産業に参画しようとした。しかし平成不況とバブル後遺症による企業のリストラ圧力や金融機関が抱えた不良債権が大きなブレーキとなり、体力をなくした日本の企業は情報化ビジネスへの離陸が遅れた。

二〇〇四年、プロ野球の近鉄買収問題で、ライブドアや楽天が名乗りをあげたとき初めて、日本社会はＩＴ産業の勃興を認識したのである。国内の競争だけではなく、アメリカを拠点とする巨大情報産業の動きやテレビ局や新聞社を巻き込んで繰り広げられるＭ＆Ａの波が、これまで無風地帯だった日本のメディア産業を揺さぶってもおかしくはない。欧米のメディア資本の多くは八〇年代からＭ＆Ａの洗礼を受けてきたのである。

情報革命に直面して古い体質の新聞社の経営の枠組みが揺らぐのは当然だ。必要なことは、大資本と競り合いながらマルチメディアの果実だけを追求する姿勢ではなく、ジャーナリズムの役割と本質をふまえた新聞の基盤を再構築する作業だ。紙の媒体にこだわることなく、オンライン新聞やブログの実験などで旧来の活字メディアの利点をどう生かすことができるか、新しいジャーナリズムのビジネス・モデルの模索を始めるべきである。

ところが、バブル時代の巨大投資の後遺症から立ち直れず、人員削減のリストラ圧力のなかで、新しいマルチメディア時代に呑み込まれようとしているのが、現代の新聞の姿であろう。新聞ジャーナリズムにとってアイデンティティの再構築がいまほど求められる時期はない。バブル時代の投資のターゲットは土地、建物、機械、設備といった〝うつわ〟の部分に集中していた。記者の質が資本のジャーナリズムでありながら、記事の中身や人材育成面を軽視してきたつけが回ってきたともいえる。

新聞はもともと資本力や利潤優先の企業パフォーマンスで勝負する企業ではない。華やかさを売る情報産業ではなく、ニュースと言論を売る地味な商売なのである。スポーツや芸能娯楽情報、スキャンダルを専門に売る新聞もあるが、これはイエロー・ペーパーとかタブロイド紙といわれて、通常のジャーナリズムとは区別されている。

新聞は言論を売る商売、というと奇異に聞こえるかもしれないが、記事や解説、論評の中身に間違いがなく、事実は確固たる取材に基づいたものであれば、読者に奉仕するものである。読者が必要とするニュースや情報を載せ、公正で偏りのない世界像を提供し、知的な刺激を与える。読者の新聞への信頼度が増してゆけば、自然にマーケットを獲得することができる。反対に新聞の中身が貧しく記事に信頼性がなければ新聞は売れなくなり、マーケットはなくなる。

歴史をひもとけば、スキャンダル新聞で巨万の富を築いた新聞王の名前にことかかないにせよ、本来の新聞の目的はスキャンダルを売って富を稼ぐことではなく、言論機関としての社会的権威と影響力を獲得することなのである。スキャンダル・ジャーナリズムで富を築いたピューリッツアーが、のちにコロンビア大学に寄付し、卓越したジャーナリストに贈られるピューリッツアー賞の基礎を作ったことはよく知られている。

〝第四の権力・新聞〟の本当の意味

現代の新聞（テレビ報道も含む）は、政財官界をはじめ大衆社会への巨大な影響力の行使によって、立法、行政、司法に並ぶ第四の権力といわれる権力になった。権力とは影響力と権威、強制力をもって大衆を支配するパワーのことである。しかし新聞のもつ権力とは、強制力を伴わないものだ。強制的に何かを指示したり命令するのではなく、三つの権力の腐敗や不正、乱用を監視しチェックする。ウォッチドッグ（番犬）、これが第四権力としての新聞の役割である。

民主主義社会とは、権力の乱用や腐敗をチェックする安全装置が多ければ多いほど、透明化が進み、成熟したものになる。立法、行政、司法が独立して相互にチェックし監視し合ってているだけでなく、新聞がこれに加われば、民主主義がいっそう深化することは確かだ。

新聞のウォッチドッグ、第四権力論が台頭したのはアメリカである。一九七一年、ベトナム戦争にかかわる国防総省の秘密報告書（ペンタゴン・ペーパー）をスクープして、アメリカがベトナム戦争を停止するきっかけを作ったニューヨーク・タイムズの快挙について、ハリソン・ソールズベリーは、その大スクープの瞬間に立ち合ったときの感慨をこう述べている。「アメリカの権力構造が変わってしまうかもしれない。……まさに機構そのものが揺さぶられているのだ。大統領が倒れるかもわからない。アメリカの憲法政治のバランスに変化が起きるかもしれない。そして、『ニューヨーク・タイムズ』ひいてはアメリカの報道機関の役割、さらには世界のほかの大国の報道機関の機能さえも変えてしまうかもしれないのだ」［ソールズベリー、一九九二］。

この文章には、新聞が立法、行政、司法につぐ第四権力であるという自覚が表れており、新聞の第四権力論は、このような社会的背景から生まれてきた。

ところが、日本のメディアの権力とは欧米ジャーナリズム論でいうウォッチドッグとしての権力とはニュアンスが異なっている。中馬清福は、「新聞人はそれに（第四権力論）あまりにも鈍感だ。その同じ権力が同じ権力を批判するなんて笑止の沙汰、つまりは内輪の喧嘩だ、つきあいきれない、というのである。私には別の見方があるが、何人もの知人がそういう」と指摘している［中馬清福、二〇〇三］。

イラク戦争で大活躍したFOXテレビのオーナーで世界のメディア王といわれるルパート・マードックは、ウォッチドッグ型のジャーナリズムとは別のビジネス・モデルを実践している。マードックは、メディアを通じて権力に接近しながら、ビジネスチャンスを拡大してきた。日本のマスコミ産業も、ビジネス拡大とシェア支配力、政治的影響力を最優先する点では、マードックの戦略に近いビジネス・モデルをもっている。

日本の新聞は、政財官の権力の源泉へ接近することで、支配権力の一翼を担うという傾向が強い。少なくとも権力に対する距離の近さや影響力の大きさをメディアのパワーの一部と考えている。大新聞政治部記者が、日本を動かしているのは自民党とわれわれだ、などと口走ることがあるのも、そうした記者の権力意識を示すエピソードといえる［岩瀬達哉、二〇〇一］。

また政界に対する影響力や大新聞社幹部、論説委員の政府行政への各種審議会への参加などは、新聞が支配的な権力機関としての自意識を肥大させていることを物語っている。

ウォルフレンは、このような日本の新聞は支配権力の構造を支え、政財官の癒着を補強する役割を果たしていると述べている。つまり政財官に新聞を加えた「鉄の四角形」が、日本を支配しているというのである。新聞は政財官の癒着を叩き、腐敗の構造を指弾するが、自身が果たしている役割については口をつぐんでいる。従って新聞が時に見せる反体制、反権力の姿勢はポーズであり、真に読者の知る権利を満たすことができない。その意味で日本の新聞は欧米の新聞のように言論の自由を十分に行使できず、「座敷牢につながれている」と書いている［ウォルフレン、一九九〇年］。

権力志向の強い日本の新聞は、ウェストネーがとらえた成長志向（ビジネス以外の支配力の獲得）と重なり、こうした権力志向が日本型メディアの特徴であり新聞の本質なのである。

たとえば、朝日新聞がマードックの手中からテレビ朝日株を巨費を投じて買い戻したビジネスは、新聞社としての経済合理性というよりは危機感の反映で、系列テレビ局の経営権を外部の干渉から守るための措置であろう。前述したように朝日新聞社長（当時）の松下は、交渉相手のマードックとの違和感を訴えてはいたが、このときの株式取引は、世界的なメディアのM&Aを繰り返すマードックのメディア戦略に対する防衛の意図で行われた。

そこには外国資本によるM&Aに対する日本の新聞界全体の危機意識があった。日本の新聞社が短期的な利益を犠牲にしても、巨大化した経営基盤を守り影響力の確保に動くことを示すエピソードである。

二〇〇五年、ライブドアによるニッポン放送の買収騒動が起こり、遅まきながら外部メディア資本の脅威にさらされはじめた日本の新聞は、情報革命下でグローバル化し流動する現代の情報化社会に対応できていない。ニッポン放送の支配権を握るとフジテレビや産経新聞にまで支配力を伸ばすことができるという、親会社、子会社の系列関係で作られた日本のメディアグループの脆弱な構造が露呈したのである。

新聞はCTSによるコンピューター制作システムの完成によって、製作プロセスは鉛の活版印刷時代から脱皮した。しかしながら、新しいコンピューター技術に見合う記事面のソフト開発や、記者教育、取材システムの見直しなどのプログラムは旧態依然として進んでいない。技術の深化、機械化の進歩のスピードに見合う経営の戦略や展望が見えてこない。

一面は政治、続いて経済、中ごろに国際面や家庭面、最終ページはラジオテレビ、その前に見開きの社会面という紙面構成は伝統的な新聞の紙面ではある。読者もこれに慣れている。しかしニュースの分け方はこうした枠組でよいのだろうか。旧態依然の新聞社組織のタテワリ型ニュースからこぼれ落ちるニュースをどうするのか。ニュースはおおむね記者クラブの発表ネタへの依存から生まれる。

春秋の叙勲の全氏名公表など、当人以外の読者にとってはどうでもいいような政府、行政や役所のPRや人事の記事などが貴重な紙面を占拠することがよくあるのはなぜか。

近年の活字離れの進行はこのような面白みのない新聞の欠陥が露呈した結果ともいえるのである。ニューメディア時代から始まった総合情報産業へ転換したとしても、新聞社より資金力のある大企業や欧米の情報コングロマリットには及ばない。新聞社は自意識としては巨大産業化してはいるが、販売部門などの前近代型のビジネスモデルと古い産業構造を抱えている。新聞、テレビを含めた日本のマスコミ全体の総売上はせいぜいトヨタ一社の半分ほどの規模にすぎないのだが、そういう新聞がジャーナリズムであることを軽視して、情報コングロマリットを指向するには無理がある。ジャーナリズムとしての新聞の使命を原点に新しい時代に適合したビジネス・モデルを作り出す必要があろう。

活字離れの深層

前述したように、活字メディアの老舗である新聞にとってまさに不本意な新聞離れが進行している。新聞離れは大学生も含め、若い世代にとりわけ顕著である。テレビやインターネットなどの新しいメディアの登場で活字の影響力が衰えてきたのは先進国特有なことで、活字離れ現象だけを見れば日本に限ったことではなく、欧米でも進行している。

しかし日本では新聞離れと活字離れは必ずしも同義語ではない。二〇〇二年から二〇〇五年にかけて平均的な文系の大学生約三〇〇人を対象に、1、活字離れは進行していると思うか、2、新聞離れは進行していると思うか、3、新聞をどれくらい読むか、というアンケート調査を実施してきた。これでわかったことは、活字離れと新聞離れは同時的に進行してはいるが、なかでも新聞離れがはなはだしいということである。

詳細なアンケート結果の紹介は省略するが、活字離れといえども、本や雑誌などには約八〇%の学生が日常的に接している。しかし、新聞を毎日読むと答えた学生は、全体の一割に満たない。新聞を全く読まない学生は約三割で、ときどき読むと答えた約五〇%の学生のうち、新聞を読む頻度は週に一度、あるいは月に一度か二度と答えている。

ニュースや情報はどこで入手するかといえば、テレビが一番で、約九〇%の学生はテレビを毎日平均三、四時間見ている。新聞で初めてニュースを知るという学生はほとんどいない。テレビやインターネットや携帯電話で見たニュースを、新聞で確認し、より深い事件の背景や解説を新聞で読むと答えている。

さらに実利的にいえば、新聞の購読の必要性が出てくるのは、課題のレポートの作成や就職活動に備えて、ということで、若者たちが新聞を内発的な動機によって読む傾向が乏しくなっている。大学受験のために国語や作文で新聞を読まされていた世代は、大学生になっても新聞は教材の一部と考えているようである。

新聞を読まない理由は、親元から離れて一人暮らしになった、新聞を読む必要性を感じない、新聞代を払う余裕が無い、新聞を取ると古紙がたまって後始末に困る……などだ。大学生を含め、若者たちは新聞購読の習慣を確実に失いつつあるということだ。次に続く世代が新聞購読の習慣を失いつつあるということは、新聞の死活問題であろう。宅配システムの崩壊と若い世代の新聞離れが連動している。

新聞がもっとも高度成長を遂げた時期は、日本経済の高度成長に重なる一九七〇年代から八〇年代にかけてである。この時期の新聞のピークの成長率は二桁を記録している。国民の九割が豊かさを実感できる生活を手に入れ、一億総中流化時代といわれた。中流意識の代表は都市部のサラリーマンだったが、当時の新聞などの世論調査では、国民の九〇％以上が中流の暮らしをしていると感じていたのである。三種の神器といわれたカラーテレビ、エアコン、車はすでに手に入れており、次の目標はマイホームであった。

一億総中流化時代のサラリーマンの情報源は新聞だった。日本経済新聞がサラリーマンの教材となり、日経と全国紙と併読する家庭が多かった。テレビは主婦や子ども中心の娯楽本位のメディアであり、忙しいサラリーマンが自宅でテレビを見ている余裕はなかった。こういう時代には、新聞が届ける誰にでも通用する平準化されたニュースや情報が有益だったのである。

八〇年代後半以降、情報化社会の進展によって高学歴、高所得層が拡大したのにあわせ、知の領域でも分衆化が進み、趣味嗜好は多様化し、メディアの多様化、差別化がどんどん進行していった。多メディア化が進み、オタク現象が流行するなかで世代間の格差も広がり、アニメや劇画、テレビゲームなどが若者のメインカルチュア化していった。劇画やアニメのサブカルチュアは特殊化、専門化し、若者を中心とする新聞離れ、活字離れが急激に進行していったのである。

日本では欧米以上に、〝複雑系メディア社会〟が進行していった。満員電車の中年サラリーマンが劇画を読み、大学生がキャンパスでコミックを見ているような風景は欧米社会ではあまり目撃できない。

大学にアニメ学科などができるなど、日本のアニメや劇画のレベルに欧米の作品が追いついていないという面はある。アニメや劇画は日本の代表的な輸出文化産業になった。しかし、アニメや劇画は活字中心の文字文化のサブカルチュアであるという考えは、欧米人にはまだ根強い。

現代日本人の活字離れは、日本文化特有の文化人類学的な課題として追求すべきテーマであるのかもしれない。日本には中国から入ってきた漢字から離れてかなを発明し、漢文調の漢詩や文章になじめずに、和歌や和文の物語を生み出した和文化の伝統がある。

現代の若者はメールで絵文字を多用するなど、伝統的な文字文化や活字文化を捨てて新しいものを取り入れることに、抵抗感が少ない。その意味で、日本人は変化に対応し素早く順応することに慣れているのであろう。しかし、その変化の先に、どのような新しいメディアを生み出すかは、未知数である。

第三章　記者クラブとは何か——記者クラブと日本型デモクラシー

記者クラブ天国

一九九六年アトランタのオリンピック会場付近で爆破事件が起こり、会場の警備を担当していたガードマンが犯人の嫌疑をかけられた。連日、CNNなどのテレビや新聞がこのガードマンを取材して、犯人説を流しつづけた。しかし当初犯人説をリークしたFBIがこれを否定したために、メディアが作った冤罪事件ということになったのである。その後、各メディアはガードマンから損害賠償の訴訟を起こされて、数億円単位の多額の賠償金を支払う羽目になった。

この事件は松本サリン事件の報道と酷似していた。全マスコミは警察のリークを鵜呑みにして、事件の被害者である河野義之氏を犯人扱いした。しかもその嫌疑はオウムの一連の事件が発覚するまで晴れなかったのである。

米国の報道も日本と同様に警察や当局のリークがあれば、簡単に冤罪を作ってしまうものなのだろうか。

当時、ハワイのシンクタンク「東西センター」に在籍していた私は、米国の主要なジャーナリストやメディア学者約三〇人に対して、メディアが作る冤罪と日米ジャーナリズムの類似性と違いについて、アンケート調査をすることを思いついた。

アンケートの回答者の約九〇%が、日米のメディア文化の違いはあるものの、メディアが作る冤罪の類似性は否定できないと答えた。犯罪報道が犯人探しの報道ゲームを誘発し、警察発表やリークに乗せられる点は、日米それほどの差異はない。

しかし日米メディアが決定的に違う点は、記者クラブの存在にあると指摘した学者がいた。カリフォルニア大学サンディエゴ校ジャーナリズム学部教授マイケル・シュードソンである。アメリカの記者は警察のリークに乗ったとしても、自己責任で犯人説を書くが、日本の記者は、「記者クラブにおいて特定犯人説の合意」を集団的に行って記事を書いているというのである。警察のリークが個人の記者に特ダネの形で行われたとしても、やがてはそのリークを他社が追いかけて、犯人説が記者クラブ全体に浸透することを意識してリークは行われている。つまり記者クラブに所属するすべての記者はリークされた犯人説に合意しやすい、というのである。

シュードソンは日本の記者クラブに関するアメリカの研究資料のコピーを送ってくれたが、これを読むと日本が「記者クラブ天国」であることは、アメリカでも知れわたっていることがわかる。

記者クラブは、外国記者だけではなく、国内でも記者クラブに所属しない外部のジャーナリストたちを締め出している。閉鎖的で情報を独占するカルテルとしての記者クラブ組織であるが、大マスコミの記者たちの現場には、これを廃止する動きはない。記者クラブが良いと思っている記者は少ないにしても、様々な手直しを加えながら、サバイバルを図ろうとしている。多くの記者たちは記者クラブが必要悪のようなものだと思っている。

従って根本的な批判や廃止論は外部からのものである。ニュースソースの独占を行って取材カルテル作り、排他的にニュースの質量を決め、「国民の知る権利」や「日本のことを世界が知る権利」を妨げる張本人ではないか。だから廃止すべきだ。これが外部からの批判の根拠である。

官民つなぐ情報ネットワーク

日本の大マスコミが「発表ジャーナリズム」「横並びジャーナリズム」などの言葉を冠せられるのは、記者クラブ依存体質の表れでもあるが、この問題は遅々として改革されない。記者クラブ問題の根源には、日本型ジャーナリズムのシステムの問題が浮かび上がるのである。

記者クラブは、日本の中枢の官僚機構と地方の官僚システム、経済システムを結ぶ巨大な情報ネットワークを形成している。日本型システム全体を効率的、安定的に運営するためには記者クラブの存在は不可欠だ。また膨大な量の情報を日常的に国家レベルで管理し国民のもとへ届けるためにも、最も有効的かつ効率的なシステムなのである。言論の自由をタテマエでは妨げない形で、内実では国家の情報システムを管理できるからだ。

記者クラブは国家の情報システムと国民との間のコミュニケーションの回路として重要な役割を果たしている。記者は記者クラブにいればたやすく情報がとれる。政府官僚組織や政党、役所や経済界は、記者クラブを通じて情報操作やPRを効率的に行うことが出来る。両者の利害は一致しているのである。従って、莫大な税金を使って記者クラブを官庁の中に置くことの意味があるわけだ。記者クラブを役所内部に置く理由を、旧大蔵省管財局通達「国の庁舎等の使用、収益を許可する取り扱い基準」(一九五八年一月七日付)は「国の事務、事業を遂行するため」としている。

この大蔵省通達がいうように、記者クラブは国家の情報をプールするダムであり、国はこの情報ダムを通過してインプット、アウトプットされる情報の質量を管理できるのである。

また記者クラブのダムに流れ込み蓄積される情報がなければ、日本の新聞やメディア産業は成り立たない。メディア産業が成り立たないだけではなく、もしも記者クラブがなくなれば、いまの日本の政府行政機能は社会とのコミュニケーション回路を失って、麻痺するだろう。日本システムと記者クラブは共存しているのである。

記者クラブ廃止論が議論される場合にも、それはタテマエの議論にすぎず、実際に廃止論が承認されることはまずない。記者クラブがなくなって最もダメージを受けるのは、官民をつなぐ国家の情報システム全体だからだ。

記者クラブの機能は多岐にわたるが、われわれにとってもっともなじみ深いのは記者会見を主催する場である。テレビでは生の記者会見の様子が放映されるので、政治家や財界人、評論家、学者をはじめ様々な立場の人々、名の売れたタレントたちが記者会見を通じてメッセージを発し、自分をアピールする光景はおなじみだ。マスメディアが発達した先進国ならどこでも記者会見が設定されているが、この情報の流れをコントロールし、取り仕切るのが記者クラブである。各記者クラブには日本新聞協会に加盟している新聞、テレビ各社の記者が数人単位で加入しているが、記者会見を取り仕切るだけではない。あらゆる取材の前線基地の役割を果たしている。

公式の記者会見だけではなく、記者クラブのもっと重要な機能は、オフレコで行われるブリーフィングと呼ばれる会見である。このブリーフィングを通じて、非公式な見解や人事に関する様々な情報が記者に入ってくる。ブリーフィングへの出席は、ニュースの背景を知る上で極めて重要なのである。

把握できない記者クラブ数

記者クラブは、政党、霞ヶ関の中央官庁、裁判所、大企業、経済団体から地方の県庁、警察、検察庁、教育委員会、大学など全国各地に記者クラブ網が張り巡らされている。記者クラブのメンバーは、先述したように日本新聞協会に加盟する一四五社（二〇〇五年）の新聞社、通信社、テレビ局などで構成され、出版雑誌、週刊誌、スポーツ紙、地方テレビ局などは原則加盟できない。

記者が集まるところに記者クラブがあるというが、日本新聞協会は全国の記者クラブの把握をしていないので、その数もわからない。岩瀬達哉が自力で調査し、全国に約九〇〇の記者クラブがあるとしている［岩瀬達哉、二〇〇一］。

記者クラブは、記者会見やブリーフィングだけでなく、黒板協定などの名で各社が発表時期を申し合わせて抜け駆けを防ぐことがある。ペナルティを伴う黒板協定は禁じられているが、誘拐のような人命にかかわる事件が起こると、各社は捜査当局に協力して事件の公表を控える。

一九九三年、皇太子妃が内定したときも発表時期を各社が調整しているうちに、ワシントンポスト紙にスクープされたことがある。記者クラブが閉鎖的な情報カルテルを試みたとしても、インターネットが普及し、記者クラブに加盟できない週刊誌、雑誌、さらには外国メディアありという、〝生き馬の目をぬく〟情報化時代でもあるから、うっかりしていると記者クラブの外部に特ダネをもっていかれることになる。皇太子妃の婚約報道の際、国内メディアは黒板協定をして解禁日に備えていたが、情報がワシントンポストに漏れてスクープされ、国内協定は崩れた。

官邸、外務省、財務省、総務省、経済産業省など東京の政府中枢官庁の主要記者クラブは、日本新聞協会加盟社のうち全国紙やブロック紙と全国ネットのテレビ局が有力メンバーである。記者クラブには、新聞社本社の政治部、経済部、社会部などの記者が複数で所属している。クラブに所属する記者の人選は本社の人事によって決められるので、親睦団体といいながら、クラブ員の人事権は新聞社が握っている。クラブに所属し登録したメンバー以外の記者は、原則として当該官庁で記者クラブが主催する記者会見に出席したり、会見内容の取材はできないことになっている。

とりわけ外部から入りにくい警察組織の場合、たとえば警視庁には七社会という特権的な記者クラブがある。これは朝日、毎日、読売、共同、日経、東京、NHKの七社の記者のみで構成されている。警視庁では、七社会のほか警視庁記者クラブなど三つの記者クラブに分けて、メディアをランク付けしているのも特徴である。

かつて日本新聞協会に加入していない『週刊現代』が、大蔵省（旧）、警視庁、外務省記者クラブへの加盟を申請したことがあるが、すべて拒否されたことがあった。週刊誌が巨大メディアのスキャンダルを標的にして書きたてる背景には、記者クラブをめぐるこのようなメディア間の確執が存在しているのである。

しかし読者や視聴者の多くは記者クラブがどういう組織かということは知らない。恐らく、テレビドラマの記者ものシリーズなどでサツ回り記者のイメージが浸透しているのではないか。昼間は記者室でゴロゴロしているふりをして、実は特ダネをあさって目を血走らせているようなイメージがある。しかしそれは新聞記者の実像とは違う。昼間、記者クラブで仕事をしている記者たちは、警察や官庁や役所が提供する多様かつ膨大な広報関連の情報処理に追われているのである。

特ダネをねらう社会部記者は夜、社の契約ハイヤーを呼んで〝本当の仕事〟に出かける。行く先は検察や警察の親しい捜査員や捜査幹部の自宅だ。旧知の捜査官の自宅に上がり込み、捜査情報を聞く。これができるのは幹部に顔のきく記者たちの特権である。夜回り取材では昼間、警察署で聞けなかったことも含め、記者が独自に集めた情報や疑問をぶつける。それが正しい情報だと無口な捜査官はうなずいたり黙っていたりするので、反応や顔色から捜査がどういう方向へ進んでいるかを察知できる。事件の内容を饒舌に話す捜査官はあまりいないが、具体的な言葉はなくても、あうんの呼吸でわかることがある。親しい記者には情報をリークすることがある。

この取材は夜討ち朝駆けというが、事件の解明が進んでゆくにつれ、スクープにつながることがある。

記者クラブ・イメージとサツ回り

サツ回り記者の夜討ち朝駆けは、テレビドラマを通じて日本の新聞記者のイメージを茶の間に作ってきた。ライバル社同士の特ダネ競争、抜いた、抜かれたのシーソーゲーム。記者クラブのストーブを囲んで雑談し、飲み屋の女将や出前の娘をからかい、家路につくときも他社の動きや特ダネのことが頭から離れない。翌日の朝、自分のスクープ記事が紙面を飾ると、ほっと口笛をふく余裕が出る――。こんな古い新聞記者イメージは一面を物語ってはいる。しかしそれだけではない。

現在でも新聞社に入った若い記者たちはまず地方支局のサツ回りからスタートし夜討ち朝駆けの特ダネゲームを通じて、一人前の記者に成長してゆく。これが新聞社における記者教育の定番である。

新人が警察取材からスタートするのは欧米でも同様だ。カナダの地方新聞記者からスタートした文豪ヘミングウェイは、午前中、警察と消防を回って取材するのが日課だった。ヘミングウェイは警察取材の経験がのちの作家活動に役に立ったといっている〔柴山哲也、二〇〇〇〕。

コロンビア大学など米国のジャーナリズム専攻の大学院では警察取材の実習がカリキュラムとして課せられているという。警察は社会の鏡といわれる。犯罪はその社会の愛憎劇やひずみや歪みを表し、世の中の底辺に蠢く人間模様を映し出している。だから警察取材は新米記者の生きた記者教育、人間教育には欠かせないトレーニングの場なのである。

新米記者は慢性の睡眠不足のなかで支局長に怒られ神経をすり減らしてへとへとになる。サツ回り取材をうまくこなせない記者はおおむね記者落第の烙印を押され、本社の良いポストに送り込まれる可能性が低くなるのである。将来、花形の政治記者や海外特派員になろうと考えている記者は、地方支局のサツ回りを優秀な成績で卒業することが必要条件だ。時代が変わろうと、サツ回りを基本とする日本の新聞社の記者教育のありかたは、今後も変わりはないであろう。しかしながらNHK大津放送局の新人記者による自作自演の放火事件は、新人教育のあり方を、あらためて考えさせた。

自民党派閥を〝ぶち壊した〟小泉内閣によってやや事情が変わったが、政治部の自民党派閥担当記者の取材方法もサツ回りと同じだ。新人記者が最初に覚えるサツ回りはすべての新聞記者の取材方法の原点とされているからだ。政治部記者は昼間は自民党記者クラブや所属するクラブでブリーフィングや記者会見をこなしたり、国会や議員会館の動きをカバーするが、夜になると、車両部に「回り」と書いた伝票を回し、迎えに来た黒塗りのハイヤーに乗って出動する。担当派閥の会合や有力政治家やボスの後を追うのである。

マークした政治家の行き先がホテルか料亭か自宅かはわからないが、ハイヤーは乗り捨てるか何時間でも待たせるのが普通だ。ハイヤーを待たせていることを忘れてタクシーで移動する記者もときどきいる。それほど忙しいのである。経費節減で引き締められているが、ハイヤー代をたくさん使う記者ほどよく仕事をするという神話がある。名刺でタクシーに乗れる時代もあったほどだ。どこの新聞社もタクシーやハイヤーにかかる経費は莫大なものだ。

夜回りで有力政治家をつかまえて政局や人事の話を聞くときは、だいたいオフレコが前提で、複数の実力者の話から政局の流れをつかむ。また兜町や金融筋の情報をマークして政治スキャンダルの情報源をチェックすることも大切だ。さらに、政治部とは別の角度、つまり警察や検察の動きから汚職事件やスキャンダルを取材してくる社会部記者との対抗上、社内の社会部の動きもフォローしておく必要がある。

非効率な労力と金

オファー・フェルドマンは日本の大新聞の政治部記者の話として、「五年間で約七〇人の派閥の政治家のインタビューをしたが、そのうちの一〇人と気心の知れた関係を築いた。日常的に情報を得るためにこのなかの三、四人とコンタクトしている。本当の情報は彼らしか知らない」というエピソードを紹介している［Feldman, 1993］。夜討ち朝駆けで動き回る記者がたった三、四人の情報源しかもてないという話は、日本の政治ジャーナリズムの情報収集の効率性を考えるうえで、重要な証言であろう。本当の情報を取るために政治部記者はずいぶん労力と金の無駄遣いをしていることになる。

記者たちが昼間つめている「記者クラブ」とは何なのか。かつて新進党（当時）の小沢一郎は事実を伝えないとして産経新聞を締め出したり、記者クラブ員以外のジャーナリストの参加を認めるなどの新手の記者会見を行ったことがあった。近年では、財務省などこうした新しい記者会見を試みている官庁もある。記者クラブの閉鎖性を打破する試みではあるが、半面で新たなサロン的閉鎖性を作る可能性が指摘され、影響力のある動きにはなりにくい。

記者クラブのうち日本最大といわれる内閣記者会（官邸）は、法制局、会計監査員、国防会議など複数の情報源をカバーし、閣議や次官会議のあとの会見、政局を区切る会見、首相会見などを主宰する。午前、午後の一日二回、官房長官の会見や各種ブリーフィングなど小刻みなスケジュールがつまっている。官邸記者は日中は発表ネタをこなしながら記事になる原稿をふりわけて、夕方、本社にあがって部会やデスクとの打ち合わせをし、掲載紙面、狙い、ボリュームなどを決めて朝刊用の記事を書く。原稿出稿後は政局の動きや背景をつかむために夜回り取材という過密スケジュールである。夜回りで特ダネが引っかかれば、翌日の夕刊を射程にいれた取材体制をとる。

官邸が変えた会見方法

近年、小泉首相は、官邸の会見を新聞記者よりテレビ取材に有利な方法を導入した。国会内を歩いて移動する首相に、番記者たちが〝ぶらさがり〟という形でインタビューする記者会見があるが、これはもともとはテレビの音声はオフにすることになっていた。

しかし表情を伴う一言メッセージを得意とする小泉首相側は、テレビ取材のマイクオンを認め、しかも立ち止まって答えることを、記者クラブに提案したのである。このメディア戦略を考えたのは、飯島秘書官だといわれる。当初、記者クラブ側は立ち止まったテレビインタビューに難色を示し抵抗したが結局は了承したという［上杉隆「アドリブ宰相とその演出家」『論座』二〇〇一年八月号］。

以来、移動中の首相が立ち止まって、テレビマイクに向かってワンフレーズを話すシーンは視聴者におなじみになった。テレビ化の流れの中で大手の新聞記者が牛耳ってきた記者クラブが、官邸主導へと変化したことの現れである。

日本の新聞はおおむね記者クラブの記者が本社各部に持ち帰る発表ネタをもとにして毎日の紙面、ニュース記事を編集している。『四国新聞』の調べでは、約九〇％が記者クラブ発表に依存した記事だったという〔『民主主義の風景・第一部記者クラブの功罪』二〇〇一年一月のシリーズ、四国新聞〕。地方紙より比率は下がるが、主要全国紙でも約七〇％近くが記者クラブ発の情報がもとになっている〔岩瀬、前掲書〕。

こうして見ると、記者クラブは全国の報道機関と日本の主要組織を網羅的に結びつける巨大な情報ネットワークであり、このネットワークを通じてあらゆる知識と情報が国民各層にもたらされる。日本の政治、行政、教育のほか経済や企業も記者クラブを通じた情報ネットワークに依存することなく機能できないであろう。

記者クラブの全国ネットワークが作り出す情報支配力は、「日本型メディア・システム」にとって不可欠の要素である。ウォルフレンの指摘にもあるが、日本型システムの安定と支配力にとって、情報管理を行う記者クラブが果たす役割は巨大だ。自民党と大新聞政治部が日本を動かす頭脳集団だと信じている記者がいるというエピソードは、権力と癒着した新聞の驕りの一面を物語っている〔岩瀬、前掲書〕。

権力中枢に密着取材ができ、政治的影響力の強い記者クラブのメンバーが、本当に事実の取材に基づいて真実のニュースを書いているのであろうか。記者クラブは政府や官庁が出してくる情報を検証することなく、鵜呑みにして「情報操作」に利用されているのではないだろうか。

ある雑誌の若手記者座談会と称する企画のなかで、記者クラブのメンバーの記者自身が疑問の声を上げているのだ。「役所情報オンリーが露骨に出たのが、一昨年の米の大凶作ですね。田圃を歩き、農家を取材していれば、もっと早くわかったはず……」「記者は無知でしょう。役所情報ばかりで社会を知らない」と言う〔前掲「新聞の病気」〕。

入社二、三年の若い記者たちまでもが、知らない間に記者クラブの特権と〝うま味〟を身につけてしまうのである。

朝日新聞政治部記者から鎌倉市長に転身し、鎌倉市の記者クラブ改革に取り組んだ経験をもつ竹内謙は、新聞社へ入社して間もない若手記者が改革の趣旨を理解せず抵抗したことに強い印象を受けた経験を語っている。記者から「クソもミソも一緒にするのか」という言葉が飛んだ、という〔竹内謙「記者クラブとわが闘争」『文藝春秋』一九九六年六月号〕。

役所や企業の広報部では女性がお茶のサービスをしてくれ、記者は腫れものにさわるように手厚く扱われる。必要なコピーや資料を依頼しておけば広報スタッフが作ってくれる。取材先では部課長クラスかそれ以上の幹部とつきあい、官庁だと警察の署長や本部長クラス、局長クラスと対等に話ができる。中央のキャリア官僚が地方に赴任すると、幹部顔をしてふんぞりかえっているという話をよく聞くが、記者クラブをバックにした新聞記者の特権には、官庁キャリアの形成に似た部分がある。

親睦団体の顔した特権クラブ

そういう特権的な「記者クラブ」とはどのように定義される組織かというと、はなはだ曖昧な存在なのである。公式な組織ではなく、サロンのような任意の親睦団体のかたちをとっている。しかも全国に九〇〇もある各記者クラブがそれぞれ独自にできた親睦機関の形になっているから、記者クラブ全体の責任の主体はわからないままになる。

何かトラブルが起こっても曖昧に処理されることが多い。黒板協定という名の協定を勝手に結んで抜け駆け報道を防ぎ、協定を破った社が除名されるなどの事件が起こることがある。しかし記者クラブの問題を世話する幹事社とは、各社が持ち回りで任にあたる連絡役にすぎないので、個別の新聞社は各記者クラブで起こったことの責任を取る立場にはない。

またタテマエ上は、報道の中身に記者クラブは関与できないことになっているし、誘拐事件など被害者の生命の危険が存在する事件を除き、黒板協定を勝手に結ぶことは本社が認めていない。記者クラブで発生した問題は、日本新聞協会に申し出があれば協会が審議して「斡旋する」ことになっている。しかしこの規約を裏返せば、個別の記者クラブのやることには責任はないということの表明でもある。記者クラブとは、その権力の大きさに比べ、組織のありかたがまことに不明瞭で魔訶不思議な存在、といえるだろう。

戦後、GHQは日本新聞協会の前身の日本新聞会が「大東亜戦争」を煽り、戦争を主導した責任があると見て解散を指令した。そこで日本新聞会は日本新聞協会と組織を改め、親睦団体に改組して、取材の問題には関与しないとすることで記者クラブの延命をはかったのである。

戦後発足した日本新聞協会の「記者クラブに関する方針」（一九四九年）によれば、記者クラブは「親睦団体として取材上の問題には一切関与せぬこと」となっている。つまり記者クラブは、官庁などに配属された記者の有志による任意の親睦社交団体ということになっている。タテマエとしては取材上の問題には関与できないが、実際上は集団的な取材拠点として、官庁が発表した資料をもとに記事の方向付けをするなど、新聞やマスコミの記事作成に大きな影響力を振るってきた。

各官庁、警察、政党、地方自治体、大企業が用意する記者室には電話、FAX、机などの記事執筆、送稿用の備品のほかにコーヒーや飲み物、冷蔵庫など備えられているが、これらの経費はだいたい部屋の提供者が負担してきた。記者クラブ専属の職員がいる場合もある。電話代や運営費などの経費がどれくらいになるか計算すると、一社あたりの総計は年額で約五億円相当になるという試算がある［岩瀬、前掲書］。この五億円という金の多くは国民の税金から拠出されていることになる。

石原東京都知事が、都庁記者クラブの部屋代をマスコミ一社あたり年間二〇〇〇万円相当を徴収するという構想を打ち出して、各社に衝撃を与えた事件がある。石原構想はマスコミでは報道されることもなく、すぐに白紙撤回されたというが、一つの記者クラブの部屋代にすぎないこの額から見ても、全国九〇〇記者クラブの経費総計で五億円というのは、控えめな数字であろう。

官庁や役所が負担している記者クラブの部屋代、維持費、経費は国民の税金である。税金の無駄遣いや流用をかき立てる新聞が、自ら税金の無駄遣いに手を貸していることになる。

クラブによっては懇親会、新旧メンバーの歓送迎会などの宴会のほか無料パス、招待券などが配られることがある。

懇親会などの経費を役所、つまりは税金から出させていた記者クラブは珍しくない。毎日新聞労組西部の調べでは、懇親会で全額を役所が負担している例が全体の四〇・二%をしめていたといい、ベテラン記者が転勤するさい一〇万円程度の餞別が取材先から集まることは普通だったという［北村肇、一九九六］。接待費や餞別が税金から出ていたことになるのだ。紙面では官官接待を告発しながら、一方で記者が官の接待に預かっていたとなると、これは読者に対する背信行為というべきであろう。

これほど極端な例ではないにしても、親睦団体としての付き合い上、あまり孤立した状態ではクラブメンバーの活動がやりにくくなるから、そこは〝大人の人間関係〟が求められる。記者たちは記者クラブを通じて、取材先とのインサイダーの癒着の関係のなかに知らず知らずのうちに足を踏み入れてゆくことになるのだ。

書く記者は疎んじられる

いったん取材先との濃密な人間関係のなかに取り込まれると、内部の秘密を知っていても書きにくくなるのは人情である。つきあいが深まるにつれ、内部事情を書かない記者ほど信用されるようになる。逆に、書く記者は疎んじられるのである。

記者が取材先の官庁で人事の相談を受けるようになれば一人前といわれるが、こういう記者は完全に取材先の利害を反映して行動していることになる。だから信用されて組織内人事の相談まで受けるのである。長年記者クラブに所属するうちに、読者や視聴者のニーズとは逆の方向に走り出す記者がいるが、取材先と密着する記者はそのことに無自覚である場合が多い。ベテランといわれる記者ほどその傾向が強い。

森喜朗元首相の「神の国」発言をめぐり、マスコミの批判を浴びたとき、官邸記者の中にマスコミ対策を指南する記者がいたことが暴露されたが、こうした首相への指南役記者も読者、視聴者とは逆方向を向いた記者といえる。

かつて立花隆が雑誌『文藝春秋』に「田中角栄研究——その金脈と人脈」を書いて、田中元首相の金権政治の背景を暴露し、田中元首相の失脚のきっかけを作ったことはよく知られている〔『文藝春秋』一九七四年一一月号。同号には、児玉隆也「淋しき越山会の女王」も掲載されている〕。大新聞の政治部記者たちは田中金脈をめぐるこんな話は知っていたのだが、書かなかっただけである。

記者クラブに加盟できない雑誌だからこそ田中金脈問題にメスを入れることができたということだ。「立花・児玉レポートは、クラブに加入することで得られる特権とはまったく無縁の場所でおこなわれた取材の成果であった。そして、立花と児玉が記者クラブに所属する立場にいなかったことは、ふたりの仕事にとって明らかにプラスに作用した」と、『諸君！』（文藝春秋）元編集長の浅見雅男はいう［浅見雅男、二〇〇四］。

また会社の利益誘導のためにだけ記者クラブに所属している記者がいる。旧郵政省記者クラブには〝波取り〟記者といわれた記者がいたが、彼らは地方テレビの系列局の自社の電波割り当てを獲得するために、監督官庁ににらみを利かせる存在である［前掲「新聞の病気」参照］。新聞社が系列化する地方テレビ局の免許割り当ては、田中角栄・郵政大臣時代から行われるようになったが、テレビ局の支配権を得ることによって新聞社は、「国の顔色を見る」という有難くない見返りを受けたのである［服部孝章、一九八八］。

外国ジャーナリストとの摩擦

中央官庁や大企業の記者クラブの名前を見ると、どこか私的なサロンやクラブを思わす名称が並んでいる。会員制のゴルフクラブの名称のようでもある。永田クラブ（官邸）、霞クラブ（外務省）、平河クラブ（自民党）、有楽クラブ、鍛冶橋クラブ（東京都庁）、財政研究会、財政クラブ（財務省）、潮見坂クラブ（国税庁）、交通政策研究会（国土交通省）、環境問題研究会（環境庁）、日比谷クラブ（厚生労働省）、ときわクラブ（JR東海）、葵クラブ（NTT、すでに廃止）、などである。

記者クラブは表向きは親睦団体といいながら、実質的には取材制限をするなど独占的な取材拠点として機能し、情報の独占と支配力をふるっていたから、記者クラブ問題は報道協定や外国人記者加入をめぐる様々なトラブルを起こしてきた。

外国記者の不満に答えるために、日本新聞協会は一九七八年、「記者クラブに関する日本新聞協会編集委員会の見解」という通達を出して、記者クラブ改革を模索するようになる。本社の承認をえない記者クラブの協定（黒板協定）は認めない、記者クラブメンバー以外の取材を規制妨害してはならない、外国人記者加入を一定の条件のもとで認めるなどである。

一九九〇年代になり情報のグローバリゼーションの波動が幕末の「黒船」のような勢いで押し寄せてきた。M&Aを繰り返す国際メディア資本の日本進出の野望は顕著になり、自閉的な記者クラブの情報障壁はいっそう目立ち始めた。

例えば、後発の金融情報専門のTVチャンネルとして世界メディアに成長した「ブルームバーグ」の創立者マイケル・ブルームバーグは、新興メディアが日本の金融・経済情報を獲得するために孤軍奮闘した。彼の闘争ぶりは日本のメディア界の〝天敵〟とみなされ嫌われる存在になった。ブルームバーグだけでなく、日本のマスコミの構造的な分析をしたり、記者クラブに挑戦するような者は、おおむね〝天敵〟とみなされることが多い。

ブルームバーグは自伝の中で、「障害になったのは政府ではなく、仲間内で馴れ合い、縄張りを守ろうとするジャーナリストたちの業界グループだった」といい、「（同業の）『報道の自由の敵』と直接対決して、（日本でも増大する）顧客に平等な情報アクセスを保障するよう要求する……」と書いている。［ブルームバーグ、一九九七］。

一九九三年、日本新聞協会は、外務省発行の外国人記者証をもつ相応の外国報道機関の記者に記者クラブ加盟権を認めた。これにより外国人記者は内閣記者会、外務省・霞クラブ、大蔵省などの有力官庁の記者クラブへの加入はできるようになった。しかしオブザーバーで会見に出るという資格が与えられるだけで、質問はできないことになっていた。

日本新聞協会は、一九七八年の改革から約二〇年後の一九九七年に、二度目の記者クラブ改定案を出した。これは一九九六年に竹内謙・鎌倉市長（当時）が既存の鎌倉記者会を改組して、市役所に「広報メディアセンター」を開設し、日本新聞協会加盟社以外のメディアに門戸を開放した直後のことだった。竹内は税金でまかなわれている市役所の庁舎や機材を「閉鎖的な親睦団体」に無料で貸与することはおかしい、と判断して門戸を広く開放したのである。

役所のスペースを無料で貸与するのはおかしいという考えは、記者室有料化案となって、記者クラブを脅かしたことがある。石原慎太郎東京都知事が東京都庁の「有楽クラブ」に通告した有料化構想であった。前述したようにこの構想は世間に公表されないまま撤回されたが、記者室使用料金を請求されたマスコミ各社の狼狽ぶりは相当なものであった。

竹内の鎌倉記者会の改革に続き、二〇〇一年、田中康夫長野県知事はさらに県政記者クラブの根本的な改革を実行した。田中は記者クラブのスペースをメディアだけに限定することなく、「すべての表現を志す者」に開放し「表現道場」と名づけた。

田中改革に呼応するかのように、二〇〇二年、日本新聞協会編集委員会はさらに新たな見解を出し、記者クラブは単なる親睦団体ではなく「取材報道のための自主的組織」であり、公共的な目的のための「取材拠点」であると初めて認めた。記者会見は報道に携わるすべての者に開かれたものであるべき、ということだ。

しかしすでに確立されている全国の記者クラブの閉鎖的な体質を解放することは、本社からの一片の通達でできるほど簡単ではない。記者クラブの情報ネットワークには既成の秩序維持と権益維持が複雑にからみついているのである。

しかも記者クラブが扱う情報はソース側の官庁などが用意したものに限られている。官庁から発表ネタ以外の情報を得ようとしたり、内部のスキャンダルにからむ隠された問題を取材するのは不可能なことである。

旧厚生省記者クラブで、エイズ薬害説を追った毎日新聞記者が役人から露骨にいやな顔をされ、予算記事で「特落ち」させられたことがある〔北村肇、前掲書〕。記者クラブの方針や取材先官庁の意向に反した取材をする記者には、たちまち「特落ち」という形の「記者いじめの構造」が表面化するのである。

記者クラブの歴史——官尊民卑のなかの新聞

ここで、記者クラブの歴史をふりかえると、発祥は明治維新にさかのぼる。

一八八二年（明治一五年）、太政官に新聞社員溜所ができ、これが記者クラブの始まりといわれる。これを期に、帝国議会開設（一八九〇）で「議会出入記者団」という名の国会記者クラブができた。

言論の自由がいまのように認められていない明治の「官尊民卑」の時代にあって、政治家や政府高官のように身分が高くない民間の新聞記者は団結してお上に取材を申し入れる必要があった。

明治政府は藩閥政府に反発する政論新聞を目の仇にして新聞紙条例を作って弾圧したりしていた。記者クラブは、このような明治政府の言論抑圧に対抗するために必要な存在だった。とはいえ、当時の記者クラブは組織化されたものではなく、探訪《さぐりかた》という取材記者たちのたまり場だったようだ。

大正デモクラシー時代は新聞の黄金時代でもあったので、たくさんの記者クラブが生まれた。政友会の原敬は、大阪毎日社長を務めた経験もあり、首相に就任してから新聞記者を利用して原内閣の基盤を固めることを考えた。記者クラブに取材上の特権を与えることで権限や機能を拡充した。明治時代の新聞記者に比べると、新聞記者の社会的地位も高くなったのである。

記者クラブの組織化がすすむにつれ、新聞は言論の独立性や独自性を失ってゆき、国家の施策や軍国主義を翼賛する情報操作の機関となってゆく。太平洋戦争開戦前の一九三九年には東京だけで八〇以上の記者クラブが存在していた[春原昭彦、一九九五]。

記者クラブが今日のように制度化されたのは太平洋戦争が始まってからである。新聞の政府統制が厳しくなり、内閣に情報局が作られ、新聞は「皇道を推進する新聞通信の国家的使命」を翼賛することが求められた。一九四一年には国家総動員法にもとづいて新聞事業令が作られ、一九四二年に新聞各社を組織した日本新聞会ができた。これはいまの日本新聞協会の前身である。そういうなかで記者クラブの「一官庁一クラブ体制」が決まり、メンバーとなる記者は全国の有力新聞一〇社、一社四人以内という基準が作られた。以降、政府や官庁が発表するニュースや情報は、記者クラブを通して行われ、記者クラブを束ねる組織として日本新聞会が発足したのである。

敗戦によって、GHQの指示で戦時体制下の記者クラブシステムは改められて親睦機関として再発足したものの、その骨格は戦前のままの形で残った。野口悠紀雄が指摘するように、日本のジャーナリズムの体質そのものを作っている記者クラブは、戦時の国家総動員体制の情報システムの姿を残して現代にひきつがれている［野口悠紀雄、一九九五］。

それは情報総力戦システムの残滓である。戦時下で新聞の統廃合が進みこれを推進した内閣情報局には朝日の緒方竹虎、毎日の高石真五郎が顧問として入っていた。全国紙は朝日、毎日、読売の三大紙、中日、北海道、西日本のブロック紙、地方紙は一県一紙に限定された。このため、それまでは八四八紙の日刊新聞があったのがわずか五四紙にまで減少したのである［安藤良雄、一九七六］。

この時の新聞の統廃合を機に、全国三大紙の発行部数と影響力は飛躍的に増大した。戦時下で「言論の自由」の灯火は消えたが、大新聞や有力地方紙は新聞産業として生き残った。一紙の発行部数が一〇〇〇万部に届く今日の新聞産業の巨大化の基礎は他の重工業の産業基盤と同様、戦時動員体制下で確立され戦後に引き継がれたのである。野口悠紀雄は、日本の官僚機構だけでなく、新聞社も戦時の総動員体制を引き継いだシステムと指摘している［野口悠紀雄、前掲書］。

二重の洗脳装置

記者クラブは欧米のジャーナリズムにも存在している。しかしそれは純粋に親睦団体であったり、サロン的な色彩が強い。またプレスルームや広報室はどこの国際機関や政府主要官庁にもある。それは記者の仕事をする内外のジャーナリストのために開かれたワーキングルームなのである。

フランスには日本のような記者クラブ組織はない。しかし大統領府には記者室があり、ジャーナリストとして認知され登録すれば誰でも記者会見に出席することができる。カンヌ国際映画祭のような国際文化イベントの際にも、プレスルームが用意される。カンヌに集まってくる内外の映画ジャーナリストの活動をやりやすくするために、スケジュール表、記者会見資料、広報資料などを配布し、デスクを置き、コンピューターの検索や電話通信の便宜をはかったりする。外国からの特派員はフランス外務省発行のプレスカードさえ持っていれば、国内の記者と同等の扱いを受ける。

イギリスには日本と似た閉鎖的な記者クラブが存在していた。しかしBBC放送の政治記者ニコラス・ジョーンズによると、「イギリスにはロビーと呼ばれる日本の記者クラブと似た閉鎖的な記者クラブがあり、イギリス国内の伝統ある新聞社の記者の特権的な場だった。しかしメディアの多様化と国際化のなかで広範なメディア戦略を重視するブレア政権は、新しい記者会見場所を用意し、外国人記者でも自由に参加、質問できる開かれた記者会見が行われるようになった。多くのジャーナリストたちは新しい記者会見のほうに出かけ、結果的に閉鎖的で古いロビー記者クラブは存在意義を失ってしまった」という［二〇〇三年三月一五日、日本外国特派員協会、国際ジャーナリスト連盟主催のシンポジウム「記者クラブを考える」での講演」。

アメリカのホワイトハウスでは、大統領会見をはじめ報道官による記者会見が日常的に行われている。大統領会見に出席するには記者証が要求される。しかしセキュリティ・チェックをパスし、記者の実績と条件を満たす記者のキャリアがあれば、フリーランスにも記者証は発行されるので記者会見に出席できる。

フェルドマンは、「日本の記者クラブの役割は単に情報収集機能にだけあるのではない。記者クラブは記者が属する社会装置である。記者はここで友人を作り組織の習慣や秘密を共有する。それによってニュースソース側に対する強力なプレッシャー・グループを形成する。記者クラブは日本のジャーナリズム界や政界のエスタブリシュメントと化し、システムそのものとみなされている」と述べる［Feldman, 前掲書］。

閉鎖性、排他的、特権的なところは似ているが、日本の記者クラブの本質的な部分は、イギリスのロビーとも異なっている。社会的装置として、所属するジャーナリストの人間性や思考にまで影響を与えるのである。

政治記者・田勢康弘も、「そこに所属する記者と取材対象のあいだに、価値観を共有する狭い世界ができあがり、その世界の物差しでニュースを判断してしまう危険性がある」と指摘している［田勢康弘、一九九四］。

ウォルフレンは、記者クラブを日本システムそのものとみなす。彼は日本システムの特徴とされる政財官の「鉄の三角形」の「癒着の構造を支えるもう一つのファクターとして、大新聞を日本の権力構造に付け加えている。

ウォルフレンは、政財官の既得権益に加えた新聞(マスコミ)の癒着の構造を「鉄の四角形」と呼んだ。日本の新聞はしきりに政財官の癒着の構造について書き立て、構造改革を主張するが、実は新聞も権益の構造の主体の一つであり、構造改革されるべき対象なのである。しかし新聞は自身の問題を書かないので、自身が癒着の構造を支える一翼を担っていることは、世間に公表されないでいる[ウォルフレン、前掲書]。

日本の新聞記者は取材先と記者クラブによって〝洗脳〟される。社内教育で愛社精神を叩き込まれて〝洗脳〟された記者が、取材先で〝洗脳〟されるという、いわば〝二重の洗脳〟を受けることになる。

自民党の派閥担当になった記者は、その派閥の一員であるかのような錯覚におちいる。こうなると記者というよりフィクサーのような役割を果たすのである。真実の情報を知りながら、ニュースとして書かない記者はフィクサーになってゆく。情報そのものを処世の取引材料に使うのである。ボスに不利な情報は書かないというだけではなく、敵対派閥の足を引っ張り、ボスに報告する情報を集めたりするようになる。朝刊担当の政治部デスクの顔を見て、担当派閥に辛いデスクだと記事の出稿を見合わせる――などの逸脱が起こりうるのである。

このような政治派閥に密着する政治記者は、社内権力にも通じて、マスコミ各社のトップに上り詰めることがあり得るのだ。ＮＨＫ内部の不祥事が明らかになったとき、歴代のＮＨＫの会長の座にある人物が、時の政治権力の中枢に近い場にいることが指摘された。

政治記者は簡単に政治家の派閥の世界に取り込まれるが、その献身と忠誠の度合いが深いほど信用され、政治家へ転身する可能性が開けてくる。自己権力欲や利害のために情報をインサイダー取引の材料に供する人物は、ジャーナリズム精神とは無縁なところで活動する。もともとジャーナリスト精神がなかったのか、あったとしてもすでに放棄しているので、ジャーナリズム論のイロハを説いても無意味になってしまうのである。

このように日本のジャーナリズムの改革論の議論を進めれば、必ず「記者クラブ廃止論」へと行きつくことになる。にもかかわらず、記者クラブの弊害を認め改革の必要は認めても、記者クラブ解体論が実際に実行されることはありえないと、マスコミ関係者の多くは考えている。記者クラブは日本新聞協会だけの付随物ではなく、日本のマスコミを支えるシステムそのものである。

政府による言論機関への干渉を排除するために、新聞社には他企業のような政府監督官庁は存在しない。にもかかわらず、日本の大新聞社（ブロック紙、地方紙も含む）を束ねる「日本新聞協会」は、文部科学省のコントロールを受けているのである。日本新聞協会の定款を変更する場合、文部科学大臣の認可を受けなければならないのだ［日本新聞協会定款第一〇章］。

あらゆる権力から独立しているはずの日本の新聞社だが、意外なところで国のコントロールを受けているのである。

ピョンヤン・リスト

二一世紀になって、閉鎖的な記者クラブの欠陥が一層、顕著になった。国家間の摩擦の元凶として記者クラブ解体を求める、新たな外圧が加わってきたのである。

一九九〇年代のはじめ、日米経済摩擦が甚だしかったころ、日米構造協議（SII）のテーマとして記者クラブ改革要求が、米側から出されたことがある。記者クラブの閉鎖性が、日米の通商貿易の障壁になっている、という理由だ。しかしながらアメリカは、日本の言論機関を敵に回すのは得策ではないと判断して、要求を撤回したといわれる。

二〇〇二年一一月、欧州委員会（EU）は、日欧経済交渉のなかで「記者クラブ廃止」を要求してきた。要求は国家レベルの公式なものとなり、記者クラブの存在は明白に日欧の貿易の自由原則を侵害していると指摘した。

欧州委員会は、「日本の規制改革に関するEU優先提案」の中で次のようにいう。

「記者クラブ制度が情報の受け手にもたらす害を是正するためには、記者クラブを廃止し、国内外すべての報道機関に、報道行事への公平なアクセスを求めるしか道はない」として、次の二項の「優先提案」なるものを行った。

A・外国報道機関特派員に発行されている外務省記者証を、日本の公的機関が主催する報道行事への認可証として認め、国内記者と平等の立場でのアクセスを可能とすること。

B・記者クラブ制度を廃止することにより、情報の自由貿易に係る制限を取り除くこと。

［『シンポジウム「記者クラブを考える」』奥田義胤編集、国際ジャーナリスト連盟東京事務局、二〇〇三年］

EUがこのような厳しい提案を行った背景には、日本人拉致問題の解決のために小泉首相がピョンヤンを緊急訪問した事件がもとになった。外国の日本特派員たちは、小泉首相に同行取材することを求めたが、北朝鮮側の受け入れ記者数の制限もあり、外務省が同行外国メディアの人数を絞ったのである。

図 3-1　小泉訪朝に同行を許可（Ins）された外国メディアと不許可（Outs）とされた外国メディアのリスト

Kantei's Pyongyang list

Ins	Outs
Reuters	The Financial Times
Associated Press	BBC
Agence France Press	Time Magazine
The New York Times	Bloomberg
The Washington Post	The Guardian
Chosun Ilbo	il manifesto
Joongang Ilbo	NRC Handlesblatt
Maeil Economy Daily	

出典：No.1　SHIMBUN 2002年12月1日号，日本外国特派員協会発行。

外務省がピョンヤンへの同行を認めた外国報道機関の「ピョンヤン・リスト」というリストがある（図参照）。同行記者団の一二〇席の許可人数のうち八席が外国特派員に割り当てられたが、うち二席は韓国の報道機関だった。外務省の高島報道官（当時）は、「外国記者枠の八席をアメリカ三、ヨーロッパ三、韓国二の割で割り当てた」という［前掲シンポジウム記録「記者クラブを考える」］。

ピョンヤンへの同行取材を認められた欧米の報道機関は、ロイター通信、AP通信、AFP通信、ニューヨーク・タイムズ、ワシントン・ポストなどで、認められなかったのは、フィナンシャル・タイムズ、BBC放送、タイムマガジン、ブルームバーグ、ザ・ガーディアン、イル・マニフェストなどである。

アメリカのメディアを優先して、イン（同行）とアウト（非同行）に選別された「ピョンヤン・リスト」をめぐり、外国特派員協会と外務省、日本の記者クラブ間の軋轢は深まり、潜在していた外国特派員たちの不満が一気に表面化した。

外国特派員協会のシンポジウム

二〇〇三年春、米英軍がイラク攻撃を開始する直前の三月一五日、シンポジウム「記者クラブを考える」（日本外国特派員協会、国際ジャーナリスト連盟主催）で、私は司会役を務めた。イラク戦争前夜の張り詰めた空気が東京・有楽町の外国特派員協会のホールを覆い、いざ開戦となればバグダットへ特派される記者も混じっていた。緊張感が漂うなかでシンポジウムは開始された。

日本政府側からは高島肇久・外務省報道官が参加したほか、藤森研・朝日新聞編集委員、フリージャーナリスト寺沢有氏、ハンス・ヴァン・デル・ルフト日本外国特派員協会長（当時）らがパネラーとなり、特別講演として、竹内謙・元鎌倉市長、ニコラス・ジョーンズ元BBC政治記者が、日英の記者クラブの問題点について講演した。

朝日新聞政治部記者の経験がある竹内氏は、鎌倉記者会を広報メディアセンターとして開放した自らの改革について講演した。税金でまかなう役所の記者クラブの部屋を一部のマスコミが占有しているのは道理にあわないという考えから、報道に携わる全てのジャーナリストにオープンにした。情報開示の平等性を求める行政側にもできる記者クラブ改革の方法があるというのである。

しかし高島報道官は、「日本の記者クラブを廃止して自由にアクセスできるようにするかどうかは、日本新聞協会や記者クラブが決めることであり、政府のほうから記者クラブを廃止してほしい、という問題ではない」と述べた。政府や行政が言論機関である記者クラブ問題に介入するのはなじまない、という判断である。

現在、外務省は日本の記者クラブが主催する会見のほかに外国プレスのメンバーには、誰でも参加できる記者会見を週に二回、外務省の主催で別途に開催している。外務省のほか約二〇の省庁は同様に外国のプレスに開かれた独自の記者会見を行っているという。

これに対して、外国人記者から様々な質問、意見が出された。

ルフト氏は、「大阪の池田小学校事件で、外国特派員たちは池田市にかけつけたが、記者クラブ員ではないという理由で地元警察の記者会見には出られなかった。数の少ない特派員が何百とある日本の記者クラブ全部に属することは不可能だ。第一に大事件は、日本国内のどこで起こるかわからない。これを予測して記者クラブに加盟しておくことはできない。第二に、記者クラブに入るには会員メンバーの二社以上の推薦を得て、全体の合意を得なければならない。どこかの新聞社とかテレビ局に所属していないとジャーナリストとして認定されないので、フリーランスや外国人記者は締め出される結果になる。私の祖国オランダでは、首相会見にフリーランスでも外国人記者でも自由に出入りできる。日本では記者会見に自由に出入りできないことが、最大の問題だ」と話した。

また、在日約四〇年というシカゴトリビューンのサム・ジェームソン記者は、「記者クラブは権力に対抗するために設置されたが、いまや私たちにとって権力となっている。外国特派員は、日常的な記者会見への出入りに関して、毎日のように障害にぶつかっている。日本では二〇ほどの記者クラブが外国記者にも開放されているが、このペースでいくと全ての記者クラブが開放されるまでに数百年かかるのではないか」と指摘した。

在日二〇年のマニフェスト（イタリア）のピオ・デミリア記者は、「記者クラブに入れてほしいというより自由なアクセスを認めてほしいということだ。それも取材に必要なときだけでいいのだが、クラブの幹事社の意向でくるくる変わってしまう。記者会見に出る資格証明や許可証を何百も取って、箱に一杯分くらい持ち歩いたことがある。外務省発行の記者証とか議会が発行する記者証があればどこでも会見に出られるようにできないのだろうか。欧米の先進国の場合、もっとシンプルだ」という。ガーディアン（イギリス）のジャナサン・ワッツ記者は、「これは日本のルールなんだ、郷にいれば郷に従え、と思っていた。しかし私が書く記事にも影響が出てくることがある。イギリス人のルーシー・ブラックマンさんの殺人事件や東海村の原子力事故のような事件のとき、日本の記者クラブにいないと情報がとれない。日本新聞協会加盟の記者クラブ員だけに言論の自由があるわけではなく、週刊誌や月刊誌の関係者たちも平等に入ってゆけるような場でないといけない。警察や公共機関から情報を入手するのはあらゆる報道機関の権利だ。日本の記者クラブだけにメディアを限定する考えは狭小すぎるので、日本はメディアの取材にかかわる規制緩和と改革が必要ではないかと思う。現状の記者クラブ制度は情報のブロック化につながっており、情報の透明性を欠いている。こういうものが存在する日本は果たして本当の民主主義国家なのかな、と考え込むことがある」と訴えた。

『ニューズウィーク』日本版の特集記事「おかしいぞ！　日本のマスコミ」は、日本のメディアを評して「なれ合いジャーナリズムの深すぎる病根」という〔『ニューズウィーク』日本版、二〇〇四年八月四日号〕。記事中、CNNのレベッカ・マッキノン東京支局長は、日本の記者クラブの会見模様について、「（言論が統制されている）中国と同じだ」と指摘している。マッキノン記者が出席した官邸記者クラブ主催の首相会見では、記者たちはあらかじめ質問事項のリストを回し、小泉首相は事前に質問内容を知らされていた。自由なメディアの国のはずの日本で、質問内容だけでなく、質問する記者の順番も決まっていたと、驚きを語っている。「記者会見に出る目的は、挑発的な質問をするため」という考え方とはおよそかけ離れた場だったのだ〔前掲『ニューズウィーク』日本版〕。

日本新聞協会が記者クラブの見直しを進め、記者クラブが他の報道機関を排除したり独占的な取材をしてはならない、という通達を傘下の新聞社に出しても、現場の状況はさして変わらないのである。なぜなら、記者クラブは日常的な記者たちの仕事場であるからだ。決められたルーティンワークのマニュアルに従って資料に目を通し、人に会い、ランチを共にし、雑談する。こういう記者生活のなかでは、年に数度のスクープを狙うリスクよりは、毎日安定した〝出席原稿〟を書くことが重要なのだ。

改革――言うは易し、行うは難し

つまるところ記者クラブ改革とは、「言うは易し、行うは難し、総論賛成、各論反対」の典型のような問題が山積している。新聞関係者の多くは記者クラブ改革の必要があるとする総論には賛成するだろう。しかしいざ自分の所属する記者クラブの改革へと動くのか、といえば、多くは難色を示して反対する。改革によって日常の仕事がやりにくくなり、営々と築いてきた人脈や人間関係に亀裂が生じるかもしれないからだ。記者たちは「既得権益」を失うのである。竹内謙元鎌倉市長、田中康夫長野県知事の記者クラブ改革で表面化した記者との軋轢は、これを物語る。

記者クラブに所属できないフリーランスの立場で、「記者クラブ訴訟」を起こしている寺沢有氏は、暴力団との関係をめぐる愛媛県警の不祥事に関する連載記事を『週刊文春』に書いていた。事件の判決が松山地裁であり、その判決文の入手をめぐって混乱が起こった。寺沢氏の要求に対して地裁は記者クラブメンバー以外には判決文を渡せない、と回答した。

寺沢氏は「記者クラブに所属する記者にだけ判決文を渡す合理的根拠」を問うて訴訟を起こした。裁判所の見解は、「記者クラブメンバーは報道に係わる一定の役割を果たしてきた人々だから、判決文を渡してもいい。記者クラブの人にだけ渡し、他の人に渡さないのは裁判所の裁量の範囲内である」というものである〔前掲シンポジウム記録「記者クラブを考える」〕。

寺沢氏は裁判を通じて、「記者クラブとは何か」「ジャーナリストの定義は何か」、という本質的な問いかけを行っている。一審、二審は敗訴したが、最高裁に上告して争っている。

寺沢氏は、「（記者クラブにいる記者と）フリージャーナリストは同じ職業のように見えて、似て非なるもの、異なる職業じゃないかと思います。彼らは政府や役所や警察が税金で集めた情報をタダでもらい、それを売っているわけですからね」と米国『フォーブス』誌の記者ベンジャミン・フルフォードのインタビューに答えている〔ベンジャミン・フルフォード、二〇〇四〕。

このように記者クラブは、内外からの厳しい批判にさらされて四面楚歌に見える。しかしそれでも記者クラブの存在意義はあるのだと、日本新聞労連委員長として記者クラブ改革を手がけた朝日新聞編集委員の藤森研氏は次のように語る。

「八〇年代に山形県の小さな町から始まった情報公開制度の必要性をキャンペーンしたのは新聞だ。公的な情報の多くはいまだに氷の中に閉ざされている。砕氷船のように氷を砕いていく役割がメディアにはあるし、そのためには官庁などの記者室に常駐することが必要な場合がある。権力の内視鏡のような役割、つまりチェック機能を果たすことができる。それによって国民の知る権利を広げてゆくことができるだろう。新聞協会の新見解では、親睦機関とされていた記者クラブを、国民の知る権利に応える取材拠点と位置付けている。また新聞労連では、行政が設置する記者室を記者クラブ加盟社が独占するのはおかしい、誰でもが利用できるアクセスポイントであるべき、としている。記者会見は、行政側主催の場合もあるが、記者クラブが要求した場合は応じるべきであり、どちらが主催した場合でも、誰でも参加できるようにする、というものだ。」〔前掲シンポジウム記録「記者クラブを考える」〕。

明治時代の帝国議会開設時にスタートした記者クラブだが、その存在理由はいまの日本にもあてはまる部分がある。官が特権的に重要な情報を握り、情報公開を隠蔽している日本の官僚組織に対しては、記者クラブの圧力で情報を引き出す必要がある。藤森氏はこの点を特に強調した。

既成の新聞の立場から記者クラブの存在理由を考えると次のようなことがいえる。(1)ニュースソース側に立たず、記者たちの主体性のもとに取材ができる。(2)記者クラブメンバーは気心が知れ、知識のバックグラウンドも同じだから説明がしやすく効率的である。(3)一社ではできない研究会、勉強会がまとまってできる。(4)記者クラブの集団を背景にすればむだな取材競争が省けるし、ニュースソース側も手間がはぶけて効率的である［春原昭彦、前掲書］。

記者クラブの大規模な改革によってクラブそのものの発展的継承を説くという元新聞労連委員長・北村肇氏の考えもそうだ［北村肇、前掲書］。

欧米諸国と比べると、情報公開のあり方が格段に遅れ、言論の自由に対する社会的な認識がそれほど深まっていない日本社会では、「記者の集団圧力の場」としての記者クラブはまだまだ必要という考えには一理ある。国民の知る権利に応えず、情報公開をしぶる政府や自治体を、記者の集団的圧力によって動かすことができる。

竹内元鎌倉市長や田中長野県知事が試みたように、記者クラブをワーキンググルームとか表現道場と位置づけて、市民記者を含めた取材活動の前線基地とし、部屋を住民や市民の情報サービスのために開放することで、既成の記者クラブ改革へのステップを踏み出すことができるだろう。

しかし既成の記者クラブのメンバーは、これまで与えられてきた「情報カルテル」的な権益や特権を手放さなければならなくなる。多くの記者たちは、権益を奪われる改革には抵抗する。こうした軋轢が記者クラブ改革を、言葉でいう以上に複雑で難しいものにしているのである。

竹内が言うように、部屋代を含む記者室経費を役所（税金）でまかなっている以上、記者室への出入りをクラブ員だけに限定しているのは、理屈に合わないし、行政の平等の原則にも反する。記者室をクラブメンバー以外のジャーナリストや市民が平等に利用できるスペースにすべきだと言う要求は、当然である。

また記者クラブ改革を通じて、記者は時間差スクープや自社の利害や発表ネタだけを追うのではなく、読者が本当に必要な情報やニーズとは何かをプレスルームのオープンな議論を通じて発見できるかもしれない。これまで既成のマスコミ業界の中にだけ自閉してきた日本のメディアの質の向上につながる。記者クラブを真に公共のスペースに変えることで、新しい世論形成の場としての「公共圏」（言論空間）が生まれれば、真の公益を生み出すための市民の言論広場になる。

一方、現在の記者クラブ制度を、〝効率とコスト〟の観点から見れば、メディア側、ニュースソース側の双方にとって極めて合理的、効率的なシステムであることは確かだ。全国に張り巡らされた記者クラブ情報網は、これを利用して官製情報を独占的に入手するマスコミ側と利用される側の役所や企業、団体のコスト経済学に支えられてきた。最近、国立大学経済学部の大学院生で、「記者クラブの費用対効果分析」などの論文を書く学生がいて、記者クラブは情報経済学の研究対象にもなってきた。

メディア側は低コストで効率よく情報が入手できるし、政府・行政側や企業、政治団体、組織は広告宣伝費に比べれば格段に低いコストでメディアに対する恒常的なPR活動が保証されている。しかも、広告ではなくニュースとして報道されるメリットと影響力は大きい。

ニュースと情報の閉ざされた流通回路を独占的に維持することで、メディア側も政府・行政側も莫大な国民支配効果を獲得し、情報操作の果実を余すところなく享受することができた。読者、視聴者は官僚システムと記者クラブの情報網が許容する範囲内の情報を無条件に摂取していたにすぎない。表向きの言論の自由をよそに、社会的コミュニケーションの回路が独裁権力に握られている社会主義国家の情報システムに酷似しているのである。すなわち記者クラブを拠点とするニュースと情報のコミュニケーション回路こそが、日本型メディアシステムの本質と見ることができる。

岩瀬達哉の著作の中には、新聞各社が政府官庁や地方自治体の官庁から受けている「便宜供与」について費用換算した記述がある。それによると、マスコミ各社が受ける便宜供与の総額は約一一〇億円（一九九六年）、大手全国紙一社で五億円以上の便宜供与を受けていることになる［岩瀬達哉、前掲書］。このように、日本の記者クラブの「便宜供与」にかかわるコスト分析が可能なのは、記者クラブの閉鎖系システムが前提となっているからである。

戦中の日本新聞会から戦後の日本新聞協会へと延命した記者クラブだが、軍部にとってかわった日本の支配システムは、延命した記者クラブを通じて、戦後の官主導の支配を維持することができた。

それは世界に開かれた外部からのニュースと情報の流れを遮断し歪めると共に、国内の民主主義システムにおける情報公開、言論の自由の思想そのものを、歪曲してきたといえる。

記者クラブは、国民が一丸となり、国民をひとまとまりにするための合意の支配的効果を発揮させ、世論の分裂や混乱を極力押さえてきた。戦後経済の復興再建や高度成長経済の持続という同一目標の設定にとって、極めて有効なメディア操作の場として機能したのである。

ハーバード大学ライシャワー日本学研究センター元所長で文化人類学者のスーザン・ファーは、日本のメディアを「トリックスター」と定義している。日本の新聞は時に反体制の顔を強く読者に印象づけながら、いつの間にか体制維持を先導する。このような道化役（トリックスター）を演じることで国民世論の極端な分裂を回避し、社会のガス抜き効果を最大に発揮させながら、新聞は国民世論を同質に保ってきたと述べている［Susan J. Pharr, 1996］

グローバリゼーションの加速のなかで

今日まで連綿として続いてきた日本型メディアシステムに亀裂が走り始めたのは、世界的な情報革命とグローバリゼーションの加速による。国境を越えて世界ニュースや情報が飛び交う中、記者クラブに支えられた日本の国内メディアが、読者、視聴者の本当のニーズに応えるニュースや情報を与えることは難しくなってきた。

ソフトバンク、ライブドアや楽天などのインターネット企業の急速な巨大化と共に、ニッポン放送、フジテレビ、TBSに対するM&Aのニュースが二〇〇五年の日本を駆けめぐった。そして二〇〇六年には、粉飾決算疑惑ではやくもライブドアが破綻した。

インターネットや衛星テレビが普及し、携帯電話を手にした消費者は多様なツールを駆使して情報を入手している。携帯電話一つでもかなりの情報が入手できる。情報への感度とセンスが高まった消費者にとって、官庁や大組織、企業広報部が自己利益、既得権益の擁護のために出す画一的な情報が、読者ニーズと合致するはずはないのである。

また電子情報化による地球レベルの情報スピードの圧倒的な拡大のなかで、既成メディアの海外ニュースや情報の不足と不正確さは、グローバル社会のなかで大きな情報障壁になりつつある。

二〇〇五年七月のロンドンの同時テロのニュース報道にしても、相当の混乱があった。日本のマスコミは現地で開かれていた記者会見すら満足にこなしていなかったのではないか。先述したように、ブレア政権は閉鎖的だった既成の記者クラブをうまく骨抜きにして、新しい記者会見場を作り外国メディアでも自由に入れる記者会見を行っている。そこにいけば、ロンドン警視庁が常時会見を開き、判明したニュースや情報をリアルタイムで流していたはずである。

問題は既成のメディアだけにあるのではない。記者クラブを通じて新聞やテレビと連動してきた政府の情報セキュリティの脆弱さが指摘されている。北朝鮮拉致問題や中国の領海侵犯事件における政府レベルのニュースと情報入手の遅れなどにもこれが表れている。

ロンドンの同時テロのような大事件が起こったとき、日本のメディアシステムは事件報道に耐えられるだろうか。メディアの危機管理システムの点検が必要である。

一九九五年一月一七日の阪神大震災で反省点が噴出したマスコミではあるが、その後の新潟の大地震、尼崎のJR脱線事故の報道のあり方をみていると、脆弱でありながら、マスコミ各社の自己中心的な取材システムの弊害が改まっているようには見えない。

国民は、真偽のほどが定かではないインターネットから情報を簡単に入手できる時代だ。真実のニュースと噂話が混同したまま、世論が作られてゆくのである。イラクにおける日本人人質事件の際には、〃やらせ人質〃論がインターネットで出回り、大新聞までもそれを取り上げたことがあった。

真偽の検証を欠いたニュースと情報の洪水が、社会的な不信感を増幅させてゆくなかで、権力による情報操作はたやすくなってゆく。人質事件に際して、〃やらせ論〃と相前後して急浮上した「自己責任論」という名の「責任論」があった。情報の真偽が錯綜し混乱する中で、作り出された巧みな情報操作ではないかという疑惑は払拭できない。

記者クラブにおけるコミュニケーションの形は、メディアと読者、視聴者との間の双方向性ではなく、メディアと政府・行政を中心とする権力側のニュースソースの間の双方向性であった。その意味で既成メディアは、読者や視聴者より取材先を重視してきたといってよい。

年に一度の新聞週間になると、思い出したように「開かれた新聞作り」、「読者本意の新聞作り」がうたわれるのだが、情報やニュースの流れは新聞社と政府、政治家、官庁、大組織、大政党、労組、企業などのなかに閉じこめられていた。政治家が書かれたくない情報、官庁や大企業が発表したくない情報、新聞が書きたくない情報は、いかに読者の知る権利にとって重要な情報であろうとも、国民のもとには届かないのである。

本当のニュースが届かない

取材される側が情報を秘匿し、新聞が書きたくないニュースを書かないでいることはたやすい。しかしそうなると国民の知る権利は著しく損なわれる。日本にだけいると、そういう情報の閉鎖性に慣れて不自由も感じなくなる。しかし欧米などのメディア先進国の生活を経験した人は、いやでも日本の情報飢餓に気がつかざるをえない。国際的な大事件が起こると、無理をしてでもCNNなどの国際メディアをウォッチせざるをえなくなる。実際、情報ゴミはあふれているにもかかわらず、われわれは自分の目と頭で事態のイメージを選択できるほどの情報は質量共に与えられてはいないのである。朝日、読売、毎日、日経、NHKというような情報の〝出島〟があるだけだ。しかもそういう〝出島〟で得られる情報は、メディアによって若干の差異はあるものの、よく似ている。

情報出島のほかには、インターネットの真偽が定かでない噂話、ゴシップ中心の週刊誌やワイドショー、タブロイドの夕刊紙、スポーツ紙などがある。こうしたメディアは出島の情報の欠落を埋める隙間産業として機能している。

日本のメディアの特徴は他者の人権を侵害するときにだけ報道の自由を口にするが、その目的は売るためであるという批判が、日本国内だけではなく、海外の日本メディア評でもしばしば見られるのはこのためである。

第二次世界大戦後、GHQによって言論の自由は与えられたが、「与えられた自由」と「占領下の規制」という矛盾を共存させたまま、戦後日本のジャーナリズムは発展してきた。権力との衝突を巧みにかわしながら、権力の監視の目が届かないところで、野放図かつ無責任な自由と化したという側面がある。戦前には軍部の統制があり、戦後はGHQのような畏怖すべき権力があって、日本の言論は萎縮し、自主規制の網がかけられてきた。

戦後、連綿と続いてきた記者クラブの情報管理と統制の仕方には、権力との衝突を避けるために、表現の自由に対する集団的かつ暗黙裡に行われる自主規制の方法が反映している。

しかしながら二一世紀にはいって、グローバリゼーション下の情報革命が進行し、あらゆるニュースが瞬時に世界を駆け巡る時代になって、日本型メディアシステムの情報コントロールは無効になりつつある。

あらゆる情報はたえず公開されてゆき、隠蔽は困難になった。いくら隠そうとしても情報は必ずどこからか漏れる。そのようにして漏洩したニュースはインターネットを通じて、瞬時に世界を駆けめぐる。

二〇〇四年、おぞましい映像がインターネットと衛星テレビの画面を駆けめぐったことは記憶に新しい。われわれは、イラクのアルグレイブ刑務所における生々しい捕虜虐待映像を見たし、インターネットではテロリストに捕らえられた人質が首を切られる映像まで流れた。インターネットの情報の大半は生情報であり、編集も加工もされてはいない。ニュースや情報がどこで作られ、どこで加工されたかが問題ではなく、情報とニュースの信憑性と有効性のみが問われる時代である。

現代ジャーナリズムにとって最も必要な仕事は、ニュースと情報の信頼性の構築、環境、テロ、戦争、食糧・人口問題、エネルギー不足、紛争解決、人権問題の解決などにかかわる斬新で創造的な情報と視点を読者、視聴者に提供することである。信憑性に疑問符のつく生情報を素早く選別し、高い情報付加価値を与えなければならない。

ジャーナリズムはただ悲惨な事件を伝えてうろたえるだけではすまされない。悲惨で衝撃的なニュースや出来事があれば、なぜ事件が起こったか、その背景の分析と事件を繰り返えなさいための処方箋が、求められるのである。

医師は病気の宣告をすると同時に、病因をつきとめ治療をする。悲惨なニュースを伝えるジャーナリストには、医師と同様に、病気の治癒のための処方箋を社会に提起することが求められている。政府・行政と国民の間のコミュニケーション装置として機能してきた記者クラブ制度ではあるが、日本のメディアは、この歴史的な功罪を乗り越えて、新時代に適合する新しいジャーナリズムを作り出す責務を負っている。

「記者クラブ」の〝ぬるま湯〟と〝発表ネタ漬け〟から脱することが、まずはプロのジャーナリストの第一歩というべきだろう。

第四章　編集理念——不偏不党の成立とは何だったか

日本的言論風土のなかの是々非々

日本の大新聞やテレビジャーナリズムの言論理念の中心には、左右のいずれにも偏向しない、「不偏不党」というポリシーがある。この不偏不党がジャーナリズムとしての「正義」を表すということになっていた。たとえば朝日新聞綱領には、どの党派・政党・団体にも属さず、偏らず、言論の自由を守ろうと書いてある。朝日ほど明確な綱領としてうたってはいないにしても、全国紙や大新聞のスタンスには、おおむね「不偏不党」が反映されている。報道原則として「客観報道」があり、公正を期した紙面展開の方法論には「両論併記」という手法が用いられてきた。

一九九〇年代に入ると、主張を明確にした新聞論調が読者に好まれるようになり、「不偏不党」は不人気である。しかしながら発行部数が巨大な大新聞は、「不偏不党」をかなぐり捨てて一気呵成の偏向報道に徹するだけの勇気はもっていないだろう。欧米の新聞に比べれば、日本の新聞はまだまだ「不偏不党」であり、どの新聞の記事内容も「横並び」なのである。

このような不偏不党言論について、元朝日新聞論説主幹松山幸雄はこういっている。「大発行部数を持つ日本の新聞が「不偏不党」を原則とするのは、ある程度当然である」〔『朝日新聞』一九九六年一〇月二七日付〕。その論調の基本は「是々非々と非々非々の間」、つまり左右の中立点に位置するということだ。

リベラルな大新聞のスタンスは、この〝中左右衛門〟の位置こそふさわしいと松山は述べる。その理由として、松山は、日本には米国社会のようなガラス張りを好む言論の自由の伝統はなく、官民の間にも封建的な特殊性があることを指摘している。米国とは逆に、日本には「よらしむべし、知らしむべからず」の官尊民卑の文化伝統が強く残っている。そこで、ジャーナリズムは官と民の間の橋渡し、調整機能を果たすことを自分に課してきたというわけだ。日本のジャーナリズムには、お上（権力）に逆らって痛い目にあった歴史がたくさんあり、不偏不党には、それらの教訓も生かされている。

欧米の新聞の言論基盤も戦後日本の新聞と同様に「言論の自由」であるが、ここでいう言論の自由は政府や権力から独立し干渉を受けない自由である。従って欧米の新聞では、必ずしも不偏不党的な中立意識は正義とはみなされない。

「偏向」も言論の重要な権利だ。米国では修正憲法第一条にある「言論表現の自由」がバックボーンである。

憲法では同じ「言論の自由」の文言を掲げてはいるが、その内実は日米ではかなり異なっている。権力の圧力を受けたり、干渉されない自由、これが言論の自由の本質的な意味である。従って、いくら偏ったとみなされる言論でも社会的正義にかなっていると考えられれば堂々と主張できる。

少数人種やマイノリティ集団の意見であっても、言論の価値は平等なのだ。従って同じ土俵でフィフティ、フィフティの論争をすることができる。ゲイやレズビアンの権利の拡大などもこうした言論の土壌から生まれた。

ところが単一民族型とされる日本の言論の場合、多数派の言論が正しく、少数派は間違っているようにみなされることが多く、少数派の言論は不正な言論として黙殺されることが多い。従って日本の言論の自由とは、多数派による言論の自由という側面がある。「沈黙の螺旋」というマスコミュニケーション論の仮説があるが、サイレント・マイノリティとしての少数派が沈黙してゆく度合いの深さは、日本の言論構造の特徴といえるだろう。

政治的に多数派を形成することが最重要テーマで、「数合わせの言論」といわれる。論理的には間違っていようとも、その意見が多数派を形成すれば正しい意見とみなされて世の中をまかり通ってゆく。勝てば官軍、である。

前述の松山の指摘にもあるように、大新聞の是々非々主義、不偏不党の言論はこうした多数派の数合わせや非合理的な暴走に対する歯止めとして、一定の役割を果たしてきた。両論併記で立場の異なる人々や組織の意見を紹介する中立的な言論は、差別を受けた人、在日外国人、障害者、老人、弱者などの権利を擁護する砦になりえたわけである。

しかしながら一般的な認識としては、不偏不党のスタンスは物理的折衷主義であり、足して二で割る言論とみなされる。隔靴掻痒でまだるこしく、釈然としない言論の立場である。言論のパワーを感じさせないという批判のように、言論の自由に窮屈な枠をはめ、所詮は権力や強いものに迎合するスタンスにすぎないのではないか。不偏不党にはこういう否定的な批判意見が根強い。

均衡点をぐらぐら移動させている日本の大新聞は、「政治的無根拠のカモフラージュにすぎず、発行部数拡大という営利主義を目的とするものになる」と山本武利は指摘している［山本武利、一九九三］。

不偏不党主義は明治以降の日本のジャーナリズムが歩んだ歴史的教訓の辛酸の中から、長い年月をかけて形成されてきた。近代日本、特に戦前は言論に対する軍部や権力の監視の目が光り、ターゲットになった言論人が圧迫や虐待を受けてきた長い歴史がある。

言論の自由が保障された戦後憲法下でも自由な言論への警戒心が消えたわけではなかった。占領下ではGHQによる検閲があったし、新聞を監視するプレスコードがあった。大組織や権威をバックにした日本型ジャーナリズムが、個の自由な意見を封じ込める擬似的ジャーナリズムへと変質してゆく歴史的、現実的な条件はたえず存在してきたのである。

不偏不党の理念はそういう近現代の日本の言論が置かれた特殊な状況に対応して生まれたものだ。縦社会、お上と庶民、官と民の間をつなぐだけではなく、大企業と消費者、官僚組織と民間組織の間の利害を調整し、双方の意見や利害の相違、差異をとりあげる。立場の違う意見に紙面をさき、論争させる。意見が対立する場合は、双方の考えを平等に紹介したり、反対派の談話を載せるなどのバランス感覚が発揮される。新聞が社説で意見をいうときは、相撲の行司のような位置に立って、公平を期し、是々非々の態度を示すのである。

不偏不党の看板に走る亀裂

偏向の主張を押さえた不偏不党主義は、考え方や趣味、経済力や生活環境が異なる不特定多数の日本の読者獲得にも有効だった。おいそれとかなぐり捨てることができないほど、長い新聞の歴史と日本的な文化が染み込んでいるのである。そのうえ新聞は庶民にとって情報のデパートであった。朝のひととき、新聞に目を通せば、世界の出来事や身近な地域のニュースに至るまで一目でわかる。福沢諭吉がアメリカの新聞を読んで感じたように、識字率が高い日本庶民にとって新聞とは便利なものであった。

不偏不党によって日本の新聞は、より一層多くの庶民の味方になり、今日あるような巨大発行部数を獲得することができたのである。現在、大新聞の論調はリベラルと保守に分かれているように見えるが、巨大企業化した新聞産業がこの不偏不党の看板を内実ともに降ろすことはまず不可能であろう。新聞産業とは、製品輸出能力がなく国内市場にしがみつくほかはないゼロサム・ゲームの典型でもある。このため近年の主要全国紙各社のシェア競争の加熱は、不偏不党の看板を見かけの上では降ろさざるをえない状況に至っている。

読者層は多様に分裂し、顕著な新聞離れが起こっている。若い世代はインターネットや携帯電話による別のコミュニケーションの回路を開発しており、新聞を購読する習慣はなくなっている。

前述したように、大学生を対象に新聞購読に関するアンケート調査をしてみると、毎日、新聞に目を通す学生は平均的に見ると一割に満たないという結果が出ている。活字離れと新聞離れは同レベルの問題ではあるが、書物は読むが新聞は読まないという傾向がある。『世界の中心で、愛をさけぶ』とか『バカの壁』などの超ベストセラー本は読まれているのである。活字離れの中でも、新聞離れはより一層、顕著だということがわかる。

情報はパソコンや携帯でチェックし、重要なニュースはテレビで知る。だから新聞に書いてあるニュースの多くは、すでに知っていることばかり、新聞ではなく、旧聞になってしまっている。しかも新聞の文章は硬くて読みづらい。そんな新聞に金を払い、努力して読むだけの価値はない、そう考えている大学生が大多数である。

このような新聞離れ、新聞の危機は実は日本だけの話ではない。先進国に共通の現象でもある。アメリカでも大学生など知的階層に属する若者の新聞離れは、日本と同様に深刻である。先進国の新聞はテレビとインターネットによって挟撃されているわけだ。

若者の新聞離れの原因の一つに、どの新聞を読んでも同じ、横並びで無個性で面白みに欠ける、という点がある。しかしこの問題はいまに始まったことではなく、長らく指摘されてきたことだ。

一九八九年のベルリンの壁の崩壊に続いて米ソ冷戦時代が終わった。これに連動する日本国内の自民党・社会党五五年体制の崩壊によって、憲法第九条や日中戦争、太平洋戦争史観などの評価をめぐり、朝日、毎日のリベラル系と読売、産経などの保守系の新聞の間で、意見が二分され、全国各紙は紙面で自己主張し合うようになった。

戦前の日本の朝鮮半島や中国大陸への関与についても、侵略か進出かという語彙をめぐってメディア間の論争が起こっている。憲法改正論や東京裁判の見直し論、また歴史教科書の記述や従軍慰安婦、南京大虐殺に関わる歴史認識、二〇〇四年のイラクへの自衛隊の派遣などの諸問題をめぐり、メディアによる多様な政治的争点が生み出されている。

二〇〇五年には、小泉首相の靖国参拝や尖閣諸島、竹島の領土問題をめぐって日中、日韓の紛争が起こり、中国や韓国で反日デモが拡大し、東アジアの政治状況を極めて不安定にした。

よく考えればわかるように、ジャーナリズム、特に新聞の役割と責任は、自社の意見として、護憲、改憲を読者に押しつけることではない。多様な情報と見解を読者に届けることによって、国民の一人一人が歴史認識や価値観を自らのものとして考える基盤を提供することなのである。国内言論を活性化させることで、民主主義を深化、成熟させるのが、ジャーナリズムの役割だ。

日本国憲法は、国民一人一人が政治の主権者であることを明確にうたっている。主権は国民に委ねられていることの重みを伝えるのが、メディアの役割であり責任である。加熱した乱暴な憲法論議は国民の自由な意志による憲法論争への参加意欲を、疎外しかねない。

「不偏不党」にはこだわらないアメリカの新聞には、「報道の公正」（Fairness）の原則があるから、むやみに旗色鮮明にすることには慎重である。二〇〇四年秋の米国大統領選挙戦で、『ニューヨーク・タイムズ』が選挙の約二週間前に、「民主党ケリー支持」を社説を打ち出した。同紙は米国世論に大きな影響力をもつクオリティ・ペーパーだから、社説が旗色を鮮明にしたこと自体が、ニュースとなって他の新聞やテレビが大きく報道した。

発行部数が一〇〇〇万部に届く巨大新聞である『読売新聞』が「改憲」を唱え、『朝日新聞』が「護憲」を提言することは、本来ならメディアのニュースになるべきことなのである。しかし日本ではそれは社の立場として当然のこととして、読者も受け入れている。

しかしよく考えて見ると、一見、純粋な憲法論議に見えても、その裏にはメディアの部数拡大の野望が潜み、シェア争奪戦がからんでいることを忘れてはならないだろう。販売戦争、視聴率戦争に勝つための戦略は、報道機関としては不純な動機とみなされるが、部数拡大、視聴率アップは巨大メディアの生命線でもある。こうした営業上の利害関係は、タテマエを書く表向きの紙面からはなかなか伝わってこず、深層の利害に関連する部分の構造は、読者の側から見えにくい。

憲法論争だけでなく、プロ野球の球団買収や新規参入問題では、読売新聞の実力者で巨人の渡辺恒雄元オーナーが、ニュースの中心に顔を出して世間を驚かせた。大新聞の経営戦略とプロ野球の仕組みが大いに関与していることがわかるが、こうした背景を知ってなお新聞論調を信用しろ、といっても読者には通用しにくい。

現在、憲法改正論が力を得ている中で、日本の新聞が歴史的に構築してきた「不偏不党」主義が果たしてきた役割がさらに鮮明に見えてくるはずである。護憲、改憲の立場は、場合によっては思想上の踏み絵を迫られるような事態になるかもしれない。言論の自由を守る上で、最も警戒しなくてはならないことは、白か黒か、イエスかノーかをはっきりさせろ、というような言論がメディアを騒がせるときである。声が大きく、論争術や討論にたけた論者たちが表舞台に出てきて、その背後でメディアを巧妙にあやつるスピンドクターが世論誘導の戦略を練る。

こうした情報操作術のことをノーム・チョムスキーは、「メディア・コントロール」と呼ぶが、現代のようなメディア社会では目論見どおりに世論が偽装される危険は極めて高い［チョムスキー、二〇〇三］。

メディアの巨大化のなかで、沈黙する市民の声なき声、草の根の声がメディアが作る世論に届きにくくなる。言論の自由は、メディアが作り上げる言論マーケットの色分けやラベリングに使われる。こういう言論の自由を独占的に行使する力を持っているのは、巨大メディアの商業主義である。

テレビ・ジャーナリズムの不偏不党

新聞だけではなく、日本のテレビにも新聞ジャーナリズムの「不偏不党」が継承されていた。国営放送からスタートしたＮＨＫは、政権与党や政府を批判するジャーナリズムとしての力は弱かったが、「不偏不党」を建て前としていた。

民間放送は、おおむね大新聞社が主要株主ないしはオーナーであり、地方の放送局もだいたい大新聞の子会社で系列下にある。ＮＨＫとは違い、プロレス中継、プロ野球中継などの娯楽番組からスタートした民放テレビは、ニュースや報道はつけたし程度のものだった。テレビ局のニュースは新聞社が提供していたので、新聞社の報道のノウハウやスタイルがそのままテレビ局のニュース報道に持ち込まれたのである。

また経営陣には新聞社から天下り式に人材が送り込まれるのが通例だった。放送局は新聞社のコントロール下にある一方で、放送内容の不偏不党をうたう放送法によって国に監督されている。国と新聞社による二重の制約で縛られているのが、日本の放送局であった。

戦後、日本の放送を民主的にし、国家権力の干渉を受けないようにするために、GHQが作った電波三法は、アメリカの放送制度をモデルにしていた（米国FCC（連邦通信委員会）をモデルにした独立行政機関が電波の許認可をコントロールし、憲法で保障された言論の自由、放送の自由を実現させるためにできた法律である）。電波三法は、電波法、放送法、電波管理委員会設置法の三つの法律から成り立っていて、政府の干渉とコントロールを受けない仕組みになっていた。しかし日本がサンフランシスコ講和条約によって独立したあと、電波行政は国の管轄へと移管されたのである。

独立したとはいうものの、民主主義と言論の自由を守るもともとの放送法の理念に照らせば、放送が国家の干渉を受けやすくなったという点で、GHQ占領時代よりも後退したといえる。

放送法には、放送内容の不偏不党がうたわれている。電波が有限の資源であり、電波使用の許認可を受けた放送局は内容の不偏不党を守らなければならない、というものだ。

偏向報道があると、政府や国は免許の許認可権をたてにして、免許更新のときに圧力を加えるようになった。圧力源は、主として戦後日本で万年与党を続けてきた自民党である。

かつては、ベトナム戦争報道などで、アメリカの圧力を受けた与党政治家がテレビ番組に圧力を加えたものだが、五五年体制崩壊後の与党の政治圧力はおおむね選挙報道の偏向を理由に起こるようになった。後述するように、一九九三年細川内閣誕生時のテレビ朝日の椿事件、二〇〇三年のテレビ朝日の「ニュースステーション」における「民主党シャドー内閣事件」などがそうである。

椿事件が意味したこと

放送法がいう「不偏不党」からの逸脱疑惑が自民党政治家から告発された事件、これが椿事件である。日本中が政治改革という名の〝ユートピア物語〟に浮かれていた九〇年代初めごろの話だ。一九九三年の衆議院選挙で日本新党旋風が吹き荒れて、自民党政権が倒れ、細川連立政権が誕生した。このときテレビ朝日の椿貞良報道局長が日本民間放送連盟の会合の席上、「非自民党政権の誕生が望ましいと考えて報道した」との発言をしたことが事件へと発展した。

椿報道局長は放送法が禁じる偏向報道を指揮したとして国会に証人喚問された。

平成不況が始まった細川連立政権誕生時には、旧態依然の自民党政治に飽きた選挙民の間で日本新党ブームが起こっており、政治改革への渇望が国民をかりたてていた。こうした世論のうねりを作ったのが、新聞以上にテレビだった。

この時期にテレビ出演で著名になった評論家、キャスター、芸能人などのアマチュア政治家たちが大量に選挙で当選していった。中でも政治改革報道に熱心な番組として、「ニュースステーション」

「サンデープロジェクト」があげられて、「細川政権は、久米・田原連立政権」と堺屋太一が命名したと言うように、テレビ朝日の偏向疑惑が巷に流布されたのである［大嶽秀夫、二〇〇三b］。

一九六〇年代にはベトナム戦争報道に神経を尖らせた米国の圧力を受けた自民党広報委員会が「ブラックリスト」を作り、人気キャスターだった古屋綱正、田英夫、藤原弘達らの番組を「偏向報道」としてやり玉にあげたことがある。しかし国会に喚問まではされてはいない。

椿局長の場合、国会喚問されて謝罪したあげく、職を解任されるにいたっている。テレビ報道への政治圧力は、一九六〇年代のベトナム戦争時代よりも一九九〇年代のほうが強まっていると見ることができる。

これは何を意味するのだろうか？

権力による言論への干渉が強化されてきたということなのだろうか。あるいは、テレビの大衆への影響力が従来の枠組みを超えて絶大なものになった証拠なのだろうか。テレポリティクス（テレビ政治）などの言葉は、一九九〇年代に入って出現してきたからだ。

椿事件に話を戻すと、民間放送連盟の会合や国会喚問時の発言からうかがえる椿の考えのなかには、新聞でいう不偏不党の考え方はなかったように見える。なぜなら椿は、「私は、これまで報道した時、公正であったこと、中立であったこと、クールであったことは一度もない」と発言をしていると、政治記者・田勢康弘は指摘している。田勢は、「報道の不公正さを指摘されて喜んだジャーナリストを私はついぞ見たことがない」と書いている［田勢康弘、一九九四］。田勢は椿の報道の不公正、つまり不偏不党を逸脱してはばからない態度に驚いたのである。新聞記者の田勢は、「テレビ朝日の報道が果たしてフェアといえるかどうか疑問に思っていた」と述べる［田勢、前掲書］。

椿事件をめぐる日本のマスメディアの混乱ぶりを整理してみると、新聞だけではなく、テレビも含めた日本のジャーナリズムの潜在意識のなかに、不偏不党が暗黙の前提、ないしは既定の了解事項として機能していたことがうかがえる。偏向報道といえどもれっきとした言論の自由だから、もしも日本のジャーナリズム界に不偏不党の暗黙の前提が存在しなければ、椿が非難される理由はどこにもない。もしもこれがアメリカのテレビ局だったとしたら、そもそも椿発言は問題にさえならず、こうした事件すら起こっていないだろう。

日本の各新聞はもちろん、テレビ各局も温度差はあれ、テレビ朝日と椿の偏向を非難した。そしてテレビ朝日社長・伊藤邦夫は自社の画面に登場して視聴者に偏向報道を詫びた。こうした一連の経緯を見ると、放送法の規定を吟味することとは無関係に、日本の報道界では、不偏不党を崩す偏向報道は悪であり罪だったことがわかる。

ところが、国会、政治家、政府、マスコミあげての大規模な椿糾弾騒動にもかかわらず、テレビ朝日が組織的な規模で選挙の偏向報道をしていたことを示す具体的なデータが明らかにされていたわけではない。椿の発言は事実ではあるが、彼の意図どうりに報道が動いたという証明は成されてはいない。一橋大学の高田みほらは、総選挙前の三週間にわたって選挙報道を録画し、政党別の放送内容や放送量を分析したところ、データで確認しうるテレビ朝日の偏向は認められなかったと指摘している

［山本武利、一九九三］。

「ニュースステーション」のキャスターの久米宏が「政権交代の可能性が少しでも出てくる選挙になればいい」などの発言をしていたが、これは椿の指示ではなく自分の考えとして述べたという。また田原総一朗も椿による指示説を否定している。田原は、「九三年総選挙でテレビが大きな影響をもった」ことは認めており、海江田万里、栗本慎一郎、高市早苗などの新しい政治家の誕生は、彼らのテレビ報道番組への頻繁な出演なしには考えられない、としている［大嶽、前掲書］

いうまでもなくテレビキャスターの久米宏らの考えのなかには、新聞人のような不偏不党の意識は希薄だっただろう。動きを好むテレビ人の習性として、旧態依然の政治を打破する斬新で面白いドラマへの渇望があったに違いない。視聴者もそれを期待しているから、視聴者の期待にキャスターとして答えたいという欲求があるだろう。

旧態依然の自民党の政権交代でこの世を面白くしたいと考えるテレビ人は、テレビ朝日にだけ存在したわけではない。視聴者の期待に答える動きのある映像を求めることは、必ずしも政治理念やイデオロギーとは無関係なテレビの本能であり、絵になる風景を作り出すことで、視聴率を求めた結果でもあった。

テレビの政治的影響力を学問的に検証するにはさらに綿密な作業が必要だが、大嶽秀夫は、細川政権誕生前後の「ニュースステーション」「筑紫哲也ＮＥＷＳ23」の内容を分析した横田一の仕事を紹介し、テレビ報道が全体として小選挙区制導入を積極的に支持する方向をとって世論に影響を与えていたと指摘している［大嶽、前掲書］。

テレビに比べて新聞が面白くない理由を、田勢は記事検証能力の不在、記者クラブ発表依存体質、記者の不勉強を強いる教育システムなどをあげ、新聞ジャーナリズムの改革を説いている［田勢、前掲書］。確かに、今日の読者の新聞離れの理由にはこのような記者たちを量産しつづけている新聞社のシステムに大きな責任があることはいうまでもない。

しかし一方で田勢は、新聞ジャーナリズムが営々と培ってきた不偏不党や客観報道主義については大きな疑問をさしはさんではいない。よく考えて見ると、新聞がテレビのように面白くない最大の理由は、記者の検証能力の不足や不勉強にあるだけではない。

新聞は森羅万象の森である

新聞は不偏不党や客観報道という退屈な日常性に縛られている。不偏不党、客観報道ということは、毒にも薬にもならないということだ。しかも活字メディアである新聞は、読む努力を読者に強いるし、文章の意味解釈は論理性を通じて行わなければならない。しかしテレビは、直接、視聴者の喜怒哀楽の感情に訴えかけるし、複雑なニュースを映像で見せるから理解しやすい。

活字メディアの新聞は、テレビのように目立つヘッドライン・ニュースをピックアップして報道するだけではない。大ニュースから瑣末な出来事へいたる、この世の森羅万象におよぶ情報を収集して紙面に掲載してゆく。現在の世相のデータベースのような役割を担っている。新聞は世界の縮図であり、世界の縮図が投影されているべきだ。テレビは、木を見て森を見ない報道をしても、新聞は森の形からそこに生息する樹木の細部までの全体を伝えるものなのである。新聞記者は手間暇をかけ、地道に情報を集めて出来事をとらえ、足で稼ぐ地味な仕事をしている。

テレビジャーナリストは新聞記者に比べれば動きは派手で世間の注目も浴びやすい。近年、メディアを志望する大学生の人気業種は、一にテレビ、二に広告、三に出版、四、五がなくて六に新聞、とやや自嘲まじりに言われている。テレビ局は時代の花形であり、若者の憧れの職場である。かつてはメディアの王者といわれた新聞だが、三Kなどと陰口をたたかれ、もはや人気メディアの地位から凋落している。

テレビ人の椿は、軽々としたフットワークで、新聞記者に染みついた不偏不党のアキレス腱を切って見せた。さほど公的な会合ではなかったが、このときの椿の発言をマスコミの俎上に載せて全国に大ニュースとして報道したのは産経新聞だった。産経新聞は、右のスタンスから不偏不党を捨てて独自の言論マーケットを開拓しつつあったが、椿発言をスクープして椿の偏向報道を告発したのである。偏向報道を是とする産経新聞が、テレビの偏向報道を告発したことは、皮肉な出来事であった。

しかも産経の椿発言の告発記事は一九九三年度の新聞協会賞を受賞したが、この事件は不偏不党を軸足にしてきた日本型メディアシステムに大きな疑問符をつきつけた。産経の新聞協会賞は、朝日のリクルート報道と競り合った結果、朝日を押しのけての受賞であった。新聞協会賞の決定にあたっては、選考過程に様々な新聞社の多様な利害が反映している［岩瀬達哉、前掲書によると、リクルートとの親密な関係があった朝日新聞幹部が新聞協会賞の受賞をいやがったとする記述がある」。

いずれにせよ、あえて偏向報道を是認する産経新聞がテレビ朝日の偏向を告発する記事を掲載し、これに新聞協会賞が贈られたのである。この受賞には日本の新聞の伝統に対する自己否定の要素が含まれている。またテレビの影響力の前に新聞が屈したという積極的な意味があることを、当時の新聞協会賞の選考委員は気がついていたのであろうか。

テレビ朝日側に椿発言が報道界にどのような影響を与えるか、その責任意識がどれほどあったかは明確ではない。しかしながら日本のジャーナリズムが突きつけられた問題は、椿発言の内容を越えて深刻なものになっていたのだ。事件は不偏不党に立脚してきた日本型ジャーナリズムの存立基盤を問いかけるという予想外の方向へ転回したからである。この事件の歴史的な意味は、言論の自由に対する自民党の干渉という点にのみあるのではない。それだけでは問題を矮小化しすぎている。日本のジャーナリズムの歴史的なプロセスの中で、椿事件が示した最大の意味は、不偏不党の崩壊と日本型メディアシステムの限界点を明確にしたことなのである。つまり、日本の新聞が長年依拠してきた五五年体制型報道の崩壊という結末をもたらしたのが、椿事件の真相なのである。

産経報道に与えられた日本新聞協会賞は、「是々非々と不偏不党、両論併記の中立言論によって近代の一〇〇年をサバイバルしてきた日本型メディアシステムの言論理念の終焉を告げた記念碑」と、考えることができる［柴山哲也、前掲書、二〇〇四］。

一九八〇年代末、米ソ冷戦と五五年体制の崩壊に続いて日本のバブル経済が崩壊し、九〇年代不況に突入すると、新聞社は新聞をいかに面白く易しく読みやすくするかという競争に入った。読者は新聞を活性化し面白くするために、という名目のもとに、新聞各社によって色分けされた言論マーケットの攻防戦につきあわされてきたのである。

もとより言論・報道機関は報道や言論だけの土俵の上でビジネスを行っているわけではない。第二章で述べたように、バブルの時代の新聞社は、新聞事業の枠組みを逸脱する総合情報産業への脱皮を志向し、商社や銀行、巨大メーカーと肩を並べるような巨大投資を行った。新聞各社は衛星事業参加などの巨大ニューメディア事業に乗りだしたが、このときの赤字は容易に解消していない。

新聞社の「社」とは何か

日本の新聞の特徴は、一つの大事件を集中豪雨型で報道する。新しい事件が起こると前の事件が忘れられる。どこの新聞も報道の方法や紙面レイアウトや視点や登場人物が似ているので、社のタイトルを隠すとそれがどの新聞なのか読者には区別がつきにくい。紙面の物理的なスペースにはたくさんの情報と広告があふれているように見えるにもかかわらず、多様性に乏しく、読者・視聴者が本当に知りたい情報が少ない。

一線の取材記者たちはおおむねどこかの記者クラブに所属しているので、同じ情報源にしか接触していない。有力政治家、政府官庁、警察、大企業のPRや情報操作に乗せられ、スポークスマンとして使われていることにも気がつかない。新聞社は本当に読者に知らせなければならない重要なニュースを隠しているのではないか、という疑問にもっと敏感になるべきである。

若者の新聞離れについて述べてきたが、新聞が面白くないという理由のほかに、新聞への信頼度や親密度が低下していることは、見逃せない。アメリカではすでに一九八〇年代からテレビ報道の信頼度が新聞を上回っていたが、日本でも一九九〇年代から同様な傾向がでており、テレビの信頼度は高まっている。テレビがたくさんの視聴率を取り、大衆的な影響力があったとしても、信頼度のほうは、新聞が勝っていると、信じられてきた。しかしここへきて信頼度という新聞の最後の砦もテレビに崩されつつあるのだ。

NHKニュースの信頼度（正確さ）は新聞を上回っているという、一九九〇年代末の調査結果が

図 4-1　米国におけるマス・マディア信頼度調査（ギャラップ社調査）

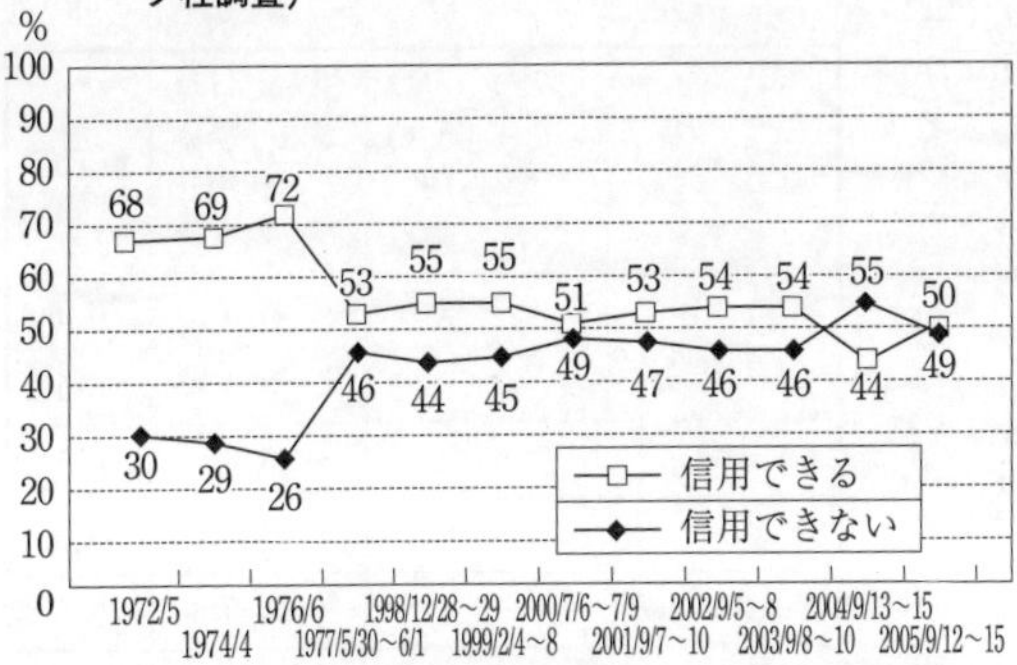

出典：(http://Poll.gallup.com/)，2005年９月27日調査より。

図 4-2　ギャラップ社調査によるアメリカのジャーナリスト信頼度調査（非常に高い，あるいは高い，と答えた人の割合。単位＝%）

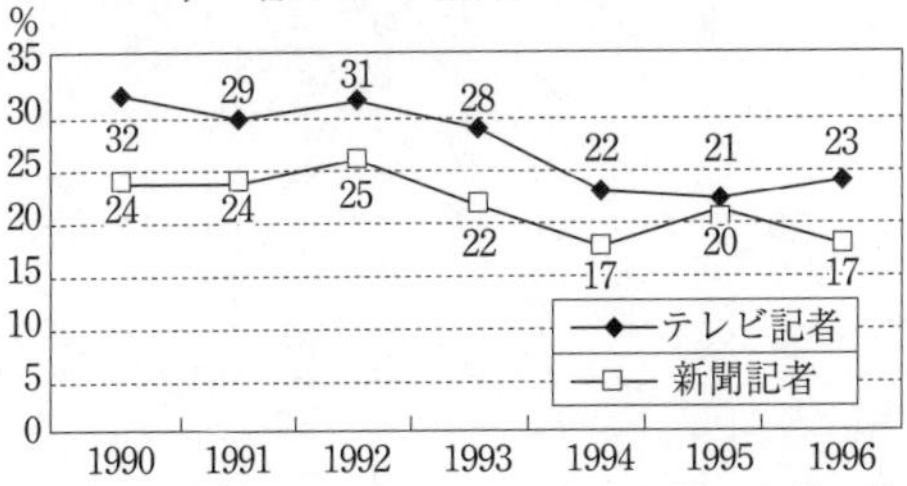

出典：Columbia Jounalism Review, March/April, 1997をもとに作成。

ある。第一に信頼できるのは、NHKニュース五〇・九%、新聞三七・二%、民放テレビニュース一八・八%、ワイドショー三・五%、週刊誌一・二%である。だいたい信頼できるという回答を見ると、NHK四三・七%、新聞五三・四%、民放テレビ六三・四%、ワイドショー一七・五%、週刊誌一・二%となっている［萩原滋編、二〇〇二］。

この調査結果では、テレビの中ではNHKに軍配が上がっているように見える。しかしだいたいは信頼できるという回答の部分で、民放テレビが六三%と第一位になっていることは注目してよい。ワイドショーの信頼度も二〇%に近づいている。第一に信頼できる、だいたい信頼できるを合わせると、ワイドショーも含めたテレビの信頼度は予想以上に高い。

表 4-1　5 媒体に接触している人の割合
(n=3,873)

(%)

	読んで（見て・聞いて・利用している）	読んで（見て・聞いて・利用していない）	無回答
新聞	94.5	5.5	0.1
テレビ	99.5	0.4	0.1
ラジオ	64.6	35.3	0.1
雑誌	80.8	18.9	0.3
インターネット	57.6	41.9	0.5

各メディアの接触頻度（インターネットは利用場所・方法）を尋ねる質問で，接触していないと答えた人と無回答の人を除いた人の割合。
出典：日本新聞協会，(http://pressnet.or.jp/)

これに対して、日本新聞協会が行ったメディア別の比較調査は、表の通りである［日本新聞協会広告委員会二〇〇三年全国メディア接触・評価調査 http://www.pressnet.or.jp/ 二〇〇六年二月確認］。

新聞はこの世の森羅万象を伝えるメディアだが、新聞にはきめ細かなニュースや情報が盛り込まれている。にもかかわらず、ジャーナリズムの本家であるという位置づけが、社会的に失われつつあるのが、新聞離れの大きな理由ではないだろうか。ニュースや情報を読者に伝達する目的や理念が、読者によく理解されなくなったのである。

新聞社とは、単にニュースや情報を売って金をもうける情報ビジネス会社なのだろうか。新聞というメディアを作るジャーナリストとは何をすべき職業なのか。ジャーナリストのプロとはどういう人なのか。そのような思考や哲学が欠如しているところが、新聞の信頼度の低下につながっているのではないか。

新聞社の社の語源は「結社」の「社」であった〔築地達郎、二〇〇四〕。新聞社とはビジネスを専らとする「会社」の「社」ではなかったのである。いまでも新聞記者は、新聞社のことを会社と言わずに「社」という。出先から「社に戻る」と本社デスクに電話をかけ、「社に上って原稿を書く」などという。

「社」という呼び方の中に新聞記者たちのジャーナリストとしての心意気が込められてきた。何をすべき職業なのかと言う意識が「社」という表現の中に凝縮されていたのである。

しかし今日の新聞離れや新聞の信頼度低下現象の背景を調べると、新聞記事の中身の緊張感が希薄であり、記事を書いた記者の意図や情熱が伝わってこないという意見が多い。何か字を書かなければならず、一日のノルマをこなさなければならないと考えるサラリーマン記者たちが増えてきているのではないか、読者にそう思わせる紙面が目立ってきたのだ。

これでは新聞がテレビの迫力に負けるのは当たり前だ。ニュース速報の時間差勝負で負けるのは仕方ないが、信頼度でもテレビに負けてしまえば、ジャーナリズムとしての新聞の未来はなくなる。

事件があるから報道する。発表ネタもこなさなければならず、紙面を埋めるために何か書く。これでは不毛の繰り返しだ。新聞が世の中の森羅万象を伝えるのは発表ネタを書くことではない。森羅万象の森の中に分け入り、記者自身が世間という森の中に体を埋めなければならないのである。

しかし都会のインテリジェントビルのオフィスに閉じこもっている新聞記者は自然の森のリアリティを失いがちだ。ビルの中で書くという行為を業とするうちに、無目的に書くというニヒリズムに陥る。

図 4-3　リップマンが著書『世論』で描いた世論の構造

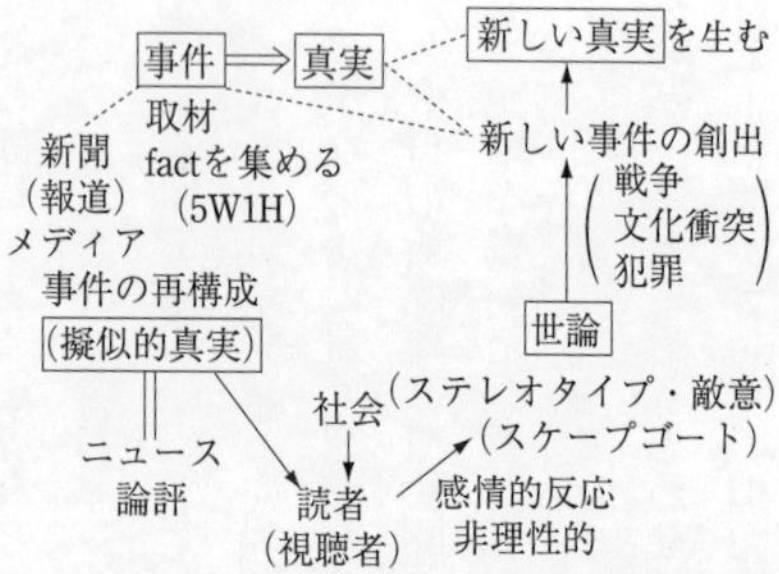

(筆者作成)

巨石を山の上から転がして落し、再びそれを山頂まで運んではまた落とすという繰り返しをした「シジフォスの神話」のように、不毛のニヒリズム感覚が再生産される。

発表ネタという毎日の情報洪水の中に身を埋め、ルーティンの仕事に忙殺される現場のニヒリズムの感覚は私にも体験がある。不毛ではないかと思う間もなく、仕事は次から次へと湧いてくるのである。肉体は疲労の極にあるが、精神は満たされず渇いている。

だれのために、何を報道するか。自らそれを考えることで、虚無感と疲労感を克服する努力を自分に課すしかない。ジャーナリストは徒手空拳で、あてずっぽうに記事を書いているわけではない。読者の顔をどのように想定するか、読者はいま何を欲しているか。どんなニーズがあり、そのニーズに応えるには何をどう取材して記事はどのようにして書いたらいいのか。

さらには読者が欲しない記事でも、重要なことは書かなければならない。それをいつも考えながら取材し裏を取り、記事を書くのがジャーナリストのプロ精神の発露である。肉体を酷使しながらも仕事の本質は知的営為であることを忘れない。ジャーナリストは情報の森をかき分けながら、世の中の仕組みを熟知してゆくが、読者に迎合するだけではない。

日本の新聞業界には、夜討ち朝駆けの不眠不休で肉体を酷使することが新聞記者のプロだという固定観念があるが、これは間違ったプロ精神だ。新聞記者に対する誤った固定観念が、日本の新聞記者の知的好奇心を著しく阻害してきたことを、胆に銘じておく必要がある。

いうまでもなく新聞記者は、人にインタビューし、足で稼ぎながらニュースを集め、世の中の出来事を一歩先んじて、考える人である。時には読者が好まない出来事や予測記事も書かなければならない。出来事の背景には、まだ読者が気づいていない時代の趨勢や影響があるからだ。リップマンは、ニュースは時代の変化の兆候を知らしめるサインである、といった［リップマン、一九八七］。

「日本に市民は存在するか」

ジャーナリズムのプロフェッショナルとは、公共のニーズとは何か、をたえず探求する精神を持っていなければならない。日本の近代において、西欧型の言論の基盤となった「公共」ないしは「公共圏」(Public Sphere) の概念は、どのような形をとったのだろうか。ここで考えてみよう〔「公共圏」については、ハーバーマス、一九九四。日本の公共圏に関しては、花田達郎、一九九六〕。

「私」領域から分離された「公」領域とはどのような社会空間なのだろうか。西欧の場合は市民革命によって市民社会が成立し、近代国家のもとになる市民的世論が形成された討論の場としての「公共圏」が重なるので、図式的にもわかりやすい。

欧米の市民（Citizen）階級とは、市民革命のプロセスのなかで形成された新階級で、封建制や絶対主義的王朝の支配下で存在していた民衆や庶民とは同一ではない。アントニオ・グラムシは、たとえ国家が姿を消しても、市民が顔を出す、とヨーロッパ市民社会の特質を語っている。

東欧の崩壊で東側の国家が消滅したとき、それぞれの国で新政権をにない、リーダーシップを握ったのは、「自由」に目覚めた市民たちであった。

ところが「市民とは何か」という命題に関して、日本では極めて複雑な議論とテーマになる。わが国には市民階級は存在するか、という命題が、いまだに精算されてはいないのだ。革命か反革命かという明治維新の評価をめぐる使い古されたテーマが、いまもって語られているのである。江戸、大阪、堺など幕末の日本の都市には大名を陰であやつるほど裕福な商人はいたが、欧米型の市民階級を形成するほどの知的勢力ではなかった。

明治維新は、市民革命なのか、権力闘争なのか、王制（天皇制）復古なのか、という歴史的な論議にもすっきりした決着はついていない。少なくとも坂本龍馬、西郷隆盛、中岡慎太郎といった維新の志士は市民階級ではなく、支配階級に属する下級武士の出身だった。明治政府は薩長土の藩閥政府だから、武士の権力闘争による政治的変革の側面が強い。従って明治維新は革命的要素は強かったが、市民革命ではなかったと見るのが妥当だろう。

わが国に「市民は存在するか」という命題に関し、民主党の鳩山由紀夫元代表と中曽根康弘元首相の対談が手がかりを与える。この対談は『朝日新聞』の一九九七年の年頭の紙面に掲載された対談である［『朝日新聞』一九九七年一月八日付、朝刊］。また中曽根と梅原猛の対談にもこの問題が出ている［中曽根康弘・梅原猛、一九九六］。

欧米型の市民革命を経験しなかった日本には、個人に立脚した政治的市民は育っておらず、教育レベルは上がったとはいえ、八百屋の熊さん、八つぁんの庶民世界こそが日本大衆の原点という中曽根的な考えはいまだに根強い。〝お上（支配エリート）と庶民〟に二分された前近代的で縦型の半封建的な人間関係は、日本社会の基底でいまも連続している。

市民主義を唱える鳩山にしても、市民階級の存在を明確に認めていたわけではない。鳩山は欧米的な自立的市民層が育つことと、日本の民主政治の成熟を同時平行的に考えている。

中曽根の考えは、政治は浮薄な大衆が作る世論がリードすべきものではなく、選ばれた知的エリートが指導するものだということになる。従って、エリートがしっかりしないと日本は良くならないという論法である。

現代社会の最大の問題点は、政治改革という流行語に象徴された政財官の癒着、国民の政治不信と平行して表面化する日本の官僚組織の腐敗をどう改革するのか、ということである。中曽根のいう西欧的なノーブリス・オブリッジとしてのエリート観は、大衆化、平等化しすぎた現代の日本の大衆化した風土のなかでは風化しつつある。従って政治腐敗や官僚腐敗をただすのは、選挙を通じた意識の高い市民世論の力ということになるだろう。

日本の有産階級と商業新聞の発達

日本における市民階級の誕生を考えてみると、戦前の日本には大正デモクラシーによって唱道された自由で裕福なインテリ階級は少数ながら存在した。東京の山の手や関西の阪神間、とくに芦屋付近には、封建的な身分制度の軛から脱却した商人の有産階級（ブルジョワジー）が存在していた。谷崎潤一郎の小説『細雪』のモデルのように、大阪船場の商人の一族が大阪郊外の芦屋に住み、京都で学問をし、古典芸能を鑑賞し、花見や紅葉、季節の京料理を楽しむという豊かで自由な生活を営んでいた。

小林一三が率いた阪急電鉄が発達し、有産階級を中心とする市民の足となり、戸別配達に支えられた大阪朝日、大阪毎日などの商業新聞が情報伝達網のネットワークを作っていった。大阪、神戸、芦屋、京都といった大都市近郊の富裕圏には少数だが知的で自立的な市民階級が生まれる経済的、社会的条件が存在していたのである。こうした社会経済的条件を背景にして生まれたのが日本の新しいジャーナリズム、すなわち商業新聞である。

関西には、江戸時代の瓦版のあとを引きずった小新聞《こしんぶん》や藩閥政府との権力闘争を言論でカバーしようとした政論新聞や政党新聞とは一線を画した、〝商品としての新聞〟が生まれたのである。商業新聞を生んだ大阪は、権力闘争の中心の東京から離れ、豊かで自由な商業都市だった。

商都大阪をバックに誕生したのが、大阪朝日新聞、大阪毎日新聞である。大朝、大毎は、東京の新聞とは異なる社会経済的な条件のなかで、日本のニュージャーナリズムとして出現した［Westney, 前掲書］。

しかし日本の市民階級の萌芽を見せた大正デモクラシーの一時期をのぞき、ニュージャーナリズムはうまく機能せず、昭和の戦時体制と国民総動員体制に呑み込まれ、最終的には、ジャーナリズムが担うべきだった市民的言論空間（公共圏）は、天皇制の意味空間に呑み込まれることになってしまった［日本の公共圏は「天皇制の意味空間」に飲み込まれたと、花田達朗は指摘している。花田達朗、前掲書］。

いうまでもなく、商業新聞が大正デモクラシーの自由な言論空間から逸脱するきっかけになった大事件は、「満州事変」である。一九三一年、日本の軍部（関東軍）の謀略によって起こった柳条湖事件をきっかけに、日本は中国大陸を侵略し満州国という傀儡国家を作った。これが太平洋戦争敗戦にいたる約一五年の戦争の始まりである。

それまで大正デモクラシーを強力に擁護していた日本の商業新聞は、やがて軍事路線に呑み込まれ戦争協力の道を歩んでいった。新聞が戦争協力する背景には、政府や軍部の検閲や圧力があったが、商業新聞の部数競争が激化して読者受けのする戦争ニュースを大々的に報道し、部数拡大競争が戦争報道を過熱させ、それがまた国民の戦争熱を煽っていったのである。

このようなときに、「満州事変」を正面から批判したのは、新聞ジャーナリズムではなく、むしろ保守的な論客と見られていた思想家で東大教授の吉野作造だった。吉野は、「満州事変は自衛の範囲を超えた大規模な侵略行為である」と政府を厳しく批判した。かつては大正デモクラシーを擁護して華々しい進歩的論調を展開していた新聞の変節に、自由主義者の吉野は痛く失望したのである〔吉野作造「民族と階級と戦争」『中央公論』一九三二年一月号〕。

当時の新聞の変節について北岡伸一は、「……現場からは華々しい戦争記事が送られ、……日本の新聞にしばしば見られるセンセーショナリズムと過当競争の二つがあいまって、新聞は積極的に戦争を売り物にした」と指摘している〔クリストファー・ソーン、一九九四、北岡による巻末解説〕。

戦時にいたる当時の日本の新聞の論調と、中国特派員だったアメリカのジャーナリスト、エドガー・スノーの著作『極東戦線』などを読み比べると、ジャーナリズムの質的な差異が見えてくる。スノーのルポは、歴史を超えた世界認識と同時代の記録性を備えており、現在も読み継がれている。

しかし日本の新聞には、戦争熱を煽り立てる浮薄な紙面が目立つだけだ。「鬼畜米英」や「暴徒支那人」などの煽情的な文字が踊り、事件の分析や世界情勢の客観的な認識を伝える記事や分析はほとんどない。さらには日本を大陸へと駆り立ててやまなかった戦争の内的な動機や必然性の分析も希薄である。歴史的事実やニュースを記録し、背景を分析してルポしたスノーのようなジャーナリストは、当時の日本の従軍記者のなかから生まれなかった。

戦争報道による部数拡張

北岡が指摘する新聞の戦争報道への傾斜は、満州事変に始まったわけではない。すでに日清戦争（明治二七年、一八九四）時にその端緒がある。大阪朝日は一〇人の特派員を出し、戦争報道に力を入れた。戦争報道は読者を熱狂させ、部数を拡大できることがわかったからだ。宣戦布告のときの絵付録はそれまでの写真木版から写真銅版にかわった。また大阪朝日は列強三国の干渉によるわが国の弱腰を糾弾するタカ派の論調をかかげて、発行禁止処分を受けている。

戦争をあおる報道によって大阪朝日の部数は飛躍的に増大し、戦前の七万五〇〇〇部台から一一万七〇〇〇部台になった［朝日新聞社百年史編修委員会編、一九九〇］。また日清戦争から八年後の日露戦争ではさらに多数の従軍記者を送り込み、日露戦争は部数拡大と戦勝スクープ競争の大規模な舞台になった。以降、戦争報道は読者の熱狂を呼び、新聞が部数を伸ばすための最大の武器になった。

戦争報道の加熱は商業新聞の営利主義の結果でもあった。内川芳美は、「新聞の営業主義化は、「社会の木鐸」と称した明治の言論新聞の指導性を拡散させ、「不偏不党」・中立報道という態度を生み出していく。大正期の多くの新聞は今まで身につけてきた言論性をふるい落とし、あるいはそれを捨てきれない新聞は衰退していった」と述べる［内川芳美、一九九五］。

明治一八年に東京の小新聞であった読売の部数を抜いて日本一の発行部数を達成した大阪朝日新聞

は、発行当初から、新聞の商業性を意識していた。政論新聞のように政治だけを論じるのではなく、広く世の中の出来事や政治経済情報を集め、ニュースを載せて新聞を売るのである。サムライの都東京に対して、商都大阪には江戸時代から富裕な商人階級が生まれ、ビジネス情報の必要性が増大して、欧米型の情報産業を必要としていた。

東京の出来事やニュース、政府の施策、外国貿易情報、取引相場の情報、海外の政治や経済ニュース、世相などの情報は大阪商人にとって必要だった。大阪には商業新聞が生まれるための社会経済的な条件が成熟していた。

大阪朝日は当初は江戸の小新聞《こしんぶん》をまねて漢字に仮名をふり、小噺を載せたりしていたがすぐに社説欄を作るなどして言論新聞への転身をはかった（同じように大阪から生まれたのが大阪毎日新聞であるが、社長の本山彦一は「新聞商品論」を掲げるに至る）。

大阪から生まれたこれらの商業新聞を、東京の新聞に対して、「ニュージャーナリズム」と定義することができる。商業新聞のビジネスモデルはイギリスの『タイムズ』、アメリカの『ニューヨーク・タイムズ』などの欧米の新聞社だった。大阪朝日はいちはやくこれら欧米の新聞社と提携関係を結んでいる［Westney, 前掲書］。

これまでに日本における新聞学史上の分類では、朝日や毎日、読売などの商業新聞は、政論新聞の大新聞《おおしんぶん》に対して、江戸の瓦版の伝統を引く小新聞《こしんぶん》の系譜と見なされてきた。従って現代に残る全国三大紙の源流は瓦版とされているが、前述のウェストネーの定義にならっていえば、大阪系商業新聞を

「ニュージャーナリズム」と定義することで、その社会経済史的な背景と独自性がより鮮明に浮き彫りになる。

東京の新聞は封建時代の身分制に束縛されていて、政論新聞の記者はおおむね武士階級出身者だった。一方、大阪の新聞社の記者には、帝国大学や専門学校出身者など新時代の教育を受けた高学歴者たちが入社している。新しい高等教育を受けた人材が、それに見合う給与を得ることができたからである。すでに大阪朝日は明治末年に入社試験を行っている。夏目漱石が東大教官から朝日新聞社に入社したりして、世間の大きな話題にもなった。

これに対して東京に本拠のあった政論新聞などは、政府の弾圧もあったが、経営を顧みない〝武士の商法〟で倒産するところが多かった。また赤新聞としてスキャンダルを売りまくった黒岩涙香の『万朝報』などは部数は万単位へと延ばしはしたが、瓦版の延長の小新聞の域を出られず、ジャーナリズムとしての権威もなかった。

大阪系商業新聞は豊かな資金力にものをいわせて東京に進出し、販売店網をめぐらせて新聞経営を近代的な情報産業ととらえて全国展開させていったのである。こうした特質をもつ大阪系新聞を東京の新聞と比較して、「ニュージャーナリズム」と定義することは妥当であろう。

東京の新聞が江戸時代の瓦版の残滓のほかに、藩閥政府との確執、政争の具などのハンディキャップをひきずっていたのに比べ、大阪の新聞は政治的には中立的な情報やニュースを重視して、欧米型の新聞を意識した新聞産業に脱皮しようとしていた。

海外ニュースの必要性が新聞を生む

日本の新聞は、幕末の「黒船」ショックによって生まれた。世界のニュースと情報の欠如が、幕府にとって致命傷になることがわかったからである。開国・攘夷論議が渦巻く中で刊行された『官報バタビア新聞』（一八六三年）は、バタビアのオランダ政庁から届いた世界各国のニュースを幕府の洋書調所で翻訳したものだ。このほか外国人による欧字新聞「ジャパン・ヘラルド」や米国帰りのジョセフ彦の『海外新聞』（一〇〇部、定期購読二人）が刊行されていた。

しかしニュースを書く現在の新聞の形に近い最初のものは、明治になって発行された『横浜毎日新聞』（一八七〇）である。さらに板垣退助の自由民権論を支持するイギリス人、ブラックが日本で創刊した政論型新聞『日新真事誌』（一八七二）が登場し、紙面に「民撰議員設立建白書」を掲載するなどして、維新の政界に大反響を巻き起こした。

外国人が指導した政論新聞はまず政争の具として登場したのである。以降、日本の論壇は大新聞《おおしんぶん》と呼ばれる政論新聞の百花斉放の時代を迎え、多くの論客を育てた。大新聞は文字通り紙面の大きさが、瓦版の延長の小新聞《こしんぶん》に比べて大きかったのでそう呼ばれた。

大新聞の論客は藩閥政府から排除された武士階級出身者が多く、新聞社の規模は貧弱なもので、主筆は一人、翻訳係一人、探訪者（レポーター）数人という程度で、発行部数は七、八百部ほどだった。

明治一〇年代には、政論新聞による「多事争論」状況が生まれ、自由党系（板垣退助社長の『自由新聞』など）が二一、改進党系が三四、帝政党系が二〇などの多数の政論新聞や政党新聞が生まれていた。しかし発行部数は多くても三〇〇〇部程度だった。

明治藩閥政府は政論新聞の取り締まりに熱心で、新聞紙条例や集会条例などを制定して、政論新聞を抑圧していた。また経済基盤を省みなかった武士の商法のために、新聞社経営は悪化の一途をたどった。このような政論新聞の衰退と歩調を合わせるようにして、言論活動に挫折した一部の青年は武装蜂起に走ったが、大逆事件で死刑になった幸徳秋水も政論新聞で挫折した人物だった。

過激な政論の応酬で軋む東京ジャーナリズムを横目に、大阪で発行された商業新聞『大阪朝日新聞』（一八七九）は、東京の『読売新聞』（一八七四）と同様に、政論記事主体の大新聞に対抗して、紙幅の小さい、女子供にも読ませるやさしい非政治的新聞を目指して発行部数をふやしていた。

小新聞《こしんぶん》の紙面は、江戸時代の瓦版の延長で、戯作者、文人を記者にして三面記事や人情話に力を入れた。政治的無関心層に向けて娯楽や芸能記事を主とし、漢字にはすべて仮名をふった。当初は社説はなく、勧善懲悪の単純な読み物が中心だった。読売の部数は一八七八（明治一〇）年には三万三〇〇〇部になり大新聞の部数をはるかにしのいでいたが、七年後には大阪朝日に部数を追い抜かれた。

部数全国一になった大阪朝日は帝国議会（一八九〇年）の開設とともに東京に進出、『東京朝日新聞』を創刊した。朝日は資本力にものをいわせて販売店網を拡充し、広告を積極的に掲載し、欧米印刷技術の導入などを行って大阪の新聞商法を東京に及ぼした。さらには無代紙を配布したり定価割引で新聞を売るなどして、東京の新聞業界に旋風を巻き起こしたのである。

東京に進出した朝日は、新聞販売戦術と新型輪転機の導入などの営業面でめざましいものがあった。

東京の言論界では大新聞の流れを引く「独立新聞」が主導権を握っており、陸羯南の『日本』、徳富蘇峰の『国民新聞』、福沢諭吉の『時事新報』などは、朝日などの商業新聞を否定しながら独立不羈、国民主義や平民主義を唱えていた。『時事新報』は、ロイター通信と契約して海外ニュースに力を入れ、一九二一年のパリ講和会議の取材では大スクープを行い、「日本一の時事新報」といわれた時期もあった。

これに対して大阪朝日、大阪毎日は新聞は商品、という新聞商品論を唱えていたから、読者の抵抗感の少ないニュースや娯楽の提供に気を配り、広告と販売の拡大がセットになって資本主義的な企業体として発展していた。

大阪系の新聞が東京進出を決定的にしたのは、日露戦争(一九〇四)の報道競争である。資本力のある大阪毎日は四〇余人、大阪朝日は二〇数人の特派員を派遣したが、東京系の報知は数人、読売は一人だった。これについて政論新聞の論説記者だった三宅雪嶺は「新聞と資本との関係が最も切実に証明され、大阪の財力を後援とする者が著しく拡張し、発展し、戦争成金の中に列す」といっている[三宅雪嶺、一九六七]。

大正デモクラシーの時代になって、ジャーナリズムの力量と資本力をつけてきた大阪朝日は、いち早く民本主義を唱えて、長谷川如是閑、大山郁男、吉野作造、河上肇らの知識人を論説記者としてかかえ、大正デモクラシー唱道の先頭に立っていた。

刀をペンに持ち替えたサムライ出身の政論新聞記者に対して、朝日などのニュージャーナリズムは、好待遇で帝国大学出身の記者をリクルートしたり、夏目漱石、二葉亭四迷、柳田國男らの文人を入社させるなどして近代的な知の権威を築いていった。資本力と人材の宝庫になった新しい大阪系新聞がジャーナリズムとしての力をつけていったのは当然のことだった。大正デモクラシーの時代に商業新聞の持つ世論への影響力は、政府権力が無視できないほど巨大になっていたのである。

白虹事件と「不偏不党」の採択

大正の半ばになると農村の貧窮と社会不安が増大し、全国各地で米騒動が起こった。政状不安の中、大正七年に西日本記者集会があり、多発する米騒動について寺内内閣の責任追及決議が行われた。大会を報道した『大阪朝日新聞』の記事中に、中国古典にある兵乱の予兆を示す「白虹（はっこう）日を貫けり」という文章が載った。この文言は内乱（米騒動）を煽動するとして罪に問われ、朝日は新聞紙法違反で起訴され発行禁止の瀬戸際に立たされた。大阪朝日は発行以来、発禁処分になったのはこれで一三回目だった。しかし、事件は新聞社そのものの存亡にかかわる大事件に発展していった。これが世にいう「白虹事件」である。

村山社長が暴漢に襲われて負傷する事件が起こり、朝日は社長の辞任と長谷川如是閑など多数の編集幹部の更迭を行い政府に謝罪する意向を示した。

このとき朝日は「不偏不党」の編集方針を宣言して世に出直しを誓ったのである。

いわく、「……言を立て事を議するは、不偏不党公平穏健の八字を以て信条と為し……」と大阪朝日編集局長の西村天囚は起草した。日本の商業新聞の編集綱領に「不偏不党」という文言が表れたのはこれが初めてだった。

このあと、寺内首相の後を襲った元大阪毎日新聞社長の原敬と朝日の新社長上野理一が会談を行い、起訴は取り消しになった〔朝日新聞社百年史編修委員会、前掲書〕。

朝日はそれまでの社論だった軍縮推進、大正デモクラシー唱導というリベラルな立場を転換した。朝日の苦境に対して他の商業新聞は沈黙するか積極的に朝日攻撃をするなどして、朝日を擁護しなかった。

白虹事件のあと朝日は従来の合資会社をやめて株式会社になるが、会社の巨大化の過程で軍部への迎合合戦のようなことまで起こった。編集面では苦境にありながら、白虹事件後の約十年間で大阪朝日は四倍に部数を延ばした。ライバル紙の大阪毎日は九倍の資本に成長し、発行部数は百万部を突破するようになった。

もしも「白虹事件」を起こしたのが商業新聞の大阪朝日ではなく、言論を旨とした東京系の政論新聞だったとしたら、政府の手であっさりとつぶされていたかもしれない。しかし新聞を商品と考えていた朝日は、言論に固執することで政府と敵対してつぶされるよりは、妥協して生き残る道を選んだのである。そのサバイバルの手法が、「不偏不党」の編集理念の確立だった〔大阪朝日の白虹事件と「不偏不党成立」の詳細な分析は、柴山哲也、前掲書、二〇〇四〕。

新聞人でもあった原敬は、新聞を操縦することで政権維持に利用することを考えており、寺内内閣のように新聞敵視政策をとらなかったことも、朝日がサバイバルできた要因である。

もともと大阪系新聞は発祥の時点で東京の政論新聞のように「多事争論」の新聞をめざしたわけではなく、政治的にはなるべく中立を保ちながら情報やニュースを売る情報産業としての商業新聞をめざしていた。その意味では、政論新聞よりははるかに緩やかなジャーナリズムだった。

新聞に資本を投入した大阪商人は、新聞が儲かる産業であることを知っていた。従って、白虹事件に際しても、新聞社をつぶしてはならず、経営基盤を守ることが最優先課題となり、政府当局と正面衝突することはなんとしても避けなければならなかったのである。

「白虹事件」をきっかけに大阪朝日が「不偏不党」を採択したのは、日本の商業新聞の宿命だったといえる。この事件が起こった大正時代の半ばには、東京では政論新聞で挫折した黒岩涙香の『万朝報』などのスキャンダル新聞が残っていたものの、政論を旨としていた東京のジャーナリズムは弱体化していた。

明治維新に欧米から移入された新聞（ニュースペーパー）は、日本の近代化の中で紆余曲折の苦難の歴史を歩まざるを得なかったのである。

関東大震災で東京を制覇した大阪系新聞

大阪系新聞が東京制覇を決定的にしたのは、関東大震災（一九二三年）だった。震災で東京の新聞社の多くは社屋が壊れ、壊滅状態に陥った。そこへ大阪系の朝日、毎日（東京日々）が豊かな資本力をもって大攻勢をかけて進出した。完成したばかりの東京朝日の新社屋は地震と火災で消滅したものの、大阪本社からの全面的な支援と豊富な資金、人材の投入によって、震災からわずか一二日後には、朝刊発行にまでこぎつけることができた。さらには東京、大阪間に定期航空路を開設して物資の輸送にあたった。

大阪朝日の幹部らは大挙して上京し東京進出の戦略を練り、二〇万部だった東京朝日の部数を三〇万部以上に増やす部数倍増計画を立てた。さらに大阪ではライバル関係にあった『東京朝日新聞』と『東京日々新聞』(毎日)は、東京では手を結び、販売協定を作って新聞販売店を系列支配下におき、東京系新聞の販売を阻止しようとした。

大阪系二社と東京系一二社の間で販売価格をめぐる全面衝突が繰り返されたが、結局、資金力のある大阪系が勝利をおさめた。それまで東京の五大紙とされていた『国民』、『時事』、『報知』、『東京日日』、『東京日々』のうち『国民』、『時事』、『報知』の東京系三紙は敗退し、大阪系の『東京朝日』、『東京日々』の寡占と全国紙体制ができあがってゆく。この大阪系全国紙二大紙の一角に東京系の『読売』が進出して、今日の朝、読、毎の全国紙三大紙体制ができあがったのである。

読売はいまの新聞のビジネスモデルであるデパート方式の紙面展開を考案し、婦人欄、スポーツ欄、娯楽欄、宗教欄、ラジオ番組欄などを設け、プロ野球や囲碁、将棋、展覧会などの事業を企画した。読者が喜んで買い求める商品としての新聞に徹した。さらにアメリカのプロ野球を招待したり、三原山探検など、紙面展開とは別の事業企画を導入して読者の関心を集めようとした。このような情報デパート的な紙面展開は今日の新聞の原型となったのである。

関東大震災のときは、流言による朝鮮人虐殺が起こったが、商業新聞はただ事件を伝えるだけで、虐殺がなぜ起こったかなどの社会的な背景分析はしなかった。このとき、朝鮮人学生をかくまい、虐殺を糾弾したのは、東京朝日に入社しながらもわずか半年で退社した元東大教授・吉野作造だった。

朝日は、「不偏不党」の社是を掲げることで政府や権力側とのトラブルのもとになる「言論の影響力」を削減していった。これはとりもなおさず国家権力に対する新聞の敗北とみなすことができるが、産業的な拡大と経済効果を全面に押し出すことには成功した。白虹事件には、ジャーナリズムの敗北と経営の成功という矛盾した二面性が入り組んでいる［有山輝男「新聞の略史」前掲『新聞学（第三版）』所収］。

一挙に戦争遂行の道具になる

満州事変（一九三一年）やその後の日中事変（一九三七年）に際して、当初は戦線不拡大を唱えた朝日だったが、軍部支持を打ち出していた毎日との対抗上、軍縮路線を変更して戦争協力に転換した［前坂俊之、一九八九］。権力に迎合するという側面より以上に、世論に迎合し他社との競争上、その論調を変えるということが、新聞を売るための方便として起こったことの好例である。

日中戦争を経て米英との太平洋戦争に突入するのだが、よく知られているように日本の商業新聞は国民の戦争熱を大いにあおった。戦時下の政府は内閣情報局を置いて新聞の国家統制を強化し、全国紙は朝日、毎日、読売報知の三つ、地方紙は一県一紙と、中日、北海道など数種のブロック紙の体制に分けた。

さらに政府は内閣情報部を設置して本格的な言論統制に乗り出すが、このとき朝日の編集主幹・緒方竹虎（のちに内閣情報局総裁、戦後は自由党総裁になる）、毎日の主筆の高田元三郎らが情報局参与として迎えられた。政府、軍部、新聞の蜜月関係が成立したのである。

このころ国策通信社として出来た同盟通信社長の古野伊之助は日本新聞会（現在の日本新聞協会の前身）を設立し、一県一紙体制による新聞統合の推進者になった。古野が推進した新聞統合は地方紙の一紙独占体制を支援し、全国紙やブロック紙の地方進出を抑制するという形をとった。全国紙に対抗して通信社の利益を確保するために地方紙の擁護をはかった古野の意図は、経費の半分を国が負担する国策通信会社を通じて達成されたのである〔有山輝男、一九九六〕。

同盟通信は日本の唯一の通信社として内外の通信業務を一手に取り仕切った。こうした新聞側の積極的な協力により日本の新聞全体が政府と軍部の言論政策と一体化してゆくのである。軍部と翼賛体制に協力迎合した商業新聞への批判者は、吉野作造、石橋湛山、桐生悠々といったごく少数の言論人にすぎなかった。

桐生は、「この戦争で儲けるものは軍需工業者と新聞社だろう。彼らが戦争を歓迎するのは無理はない」〔桐生、一九九〇〕と述べている。また、『東洋経済新報』の主筆・石橋湛山は、二・二六事件後の新聞について、「彼等（新聞人）は口を開けば言論の不自由を去ふ。なる程、現代日本において言論の自由のないことは、同じく筆の職に従ふところの記者が何人よりもこれを心得てゐる。しかしながら世には現在の言論の許される程度において、言論機関が報道し、批判しうることが山ほどあるのである。…（略）…現時の言論機関の有力さを以てして、協力さえすればそれが出来ないわけはない。言論自由が不足してゐるのは、かれ等にこれを得んとする熱意がないからなのだ」といって、言論機関の見識のなさ、勇気のなさを慨嘆している［石橋湛山「不祥事件と言論機関の任務」『東洋経済新報』一九三六年三月七日号］。

戦争は国家意思と国家意思の剝き出しの衝突である。一度戦争に巻き込まれた国民は戦争から逃げ出すことはできない。それは国家に命運を預けた国民の運命ではあるが、たとえ国家の方針や戦争に反対した国民の運命に対しても、国家には責任がある。戦争を支持した新聞にも責任があるのは当然だ。

当時の新聞を点検してみると、ポツダム宣言が発せられ、広島、長崎に原爆が投下されてもなお最後まで徹底抗戦を叫び続けてはいるが、国民の犠牲が増えつづける戦争の継続に異を唱え、犠牲と被害を最小限にくい止めるよう政府や軍部に社説で提言した形跡はない。

戦後、日本の新聞を検閲しプレスコードを敷いたGHQの担当官は、「日本の新聞は虚偽の報道をして国民に災禍をもたらした」といった［有山、前掲書］。国土が全滅するのを避け、原爆投下を回避するための日米停戦交渉はなぜもっと早期に行われなかったのか。

東京裁判でA級戦犯が処刑されたことで、日本国内の戦争責任が片づいたわけではないのである。

戦争は軍部の責任だけで遂行されない。日米開戦に最後まで反対した軍人・山本五十六は、皮肉にもパールハーバー奇襲の指揮官の任を負った。総力戦という形態をとった戦争は、たとえ戦争反対者であれなにであれ国民のすべてを巻き込んで進行してゆくのである。

作家、高見順は戦争翼賛の一翼をになう文学報告会に勤務して戦時の糊口をしのぐが、「「日本はどうなる」という趣旨の話題を巷ですることは〝特高警察〟の耳目が光っていて危ない」、と記している［高見順、一九九一］。戦時下の新聞は負けた戦を勝利したように書いて、国民を欺く報道を敗戦の日まで行っていた。

新聞に与えられた自由とGHQの検閲

戦時体制下でスタートした全国紙三大体制、一県一紙体制などの新聞システムは戦後にも引き継がれた。現在の日本新聞協会に加盟する全国紙、ブロック紙、地方紙のほとんどはこの時代から存続している。戦後六〇年を経たいまでも、社名が変わったり、つぶれたりした新聞社はほとんどない。

日本の戦後企業を代表したダイエーが破綻し、かつては浮沈空母をいわれた大銀行が合併吸収を繰り返し、銀行名までくるくると変わってきたことを思えば、不思議なほどである。

国が手厚く保護してきた銀行がつぶれても、日本の新聞社はなぜつぶれないのか？　自由競争下にある欧米の新聞はM&Aによる統廃合や生々流転が激しいが、日本の新聞業界では一度指定席に座った新聞社はめったなことで倒産したり、消滅することはない。

過去に経営破綻の経験がある新聞社でも、新聞名や会社組織、人的資源は存続している。野口悠紀雄は著書『一九四〇年体制』のなかで、日本の新聞は、官僚組織と同様、大きく戦時体制をひきずっていると指摘している［野口悠紀雄、一九九五］。

敗戦のショックから新聞は、「国民と共に立たん」と再出発を誓ったが、連合国軍総司令部（GHQ）は新聞が戦争を煽動したとして、新聞社の民主化を指令した。

GHQが日本占領政策を開始した直後の一九四五年九月一〇日、「言論及び新聞の自由に関する覚書」（Memorandum concerning Freedom of Speech and Press）が出され、続いてプレスコード（Memorandum concerning Press Code for Japan）が発令された。これらの指令は米国並みの言論の自由を保障する一方、占領目的遂行のために新聞をGHQの検閲下に置いたもので、軍国主義的傾向の復活を監視し、占領軍政策への批判を許さない矛盾したものだった。

しかし同時に日本の新聞が米国の新聞のようにニュースの事実に忠実であることを求め、いたずらにセンセーショナルな表現で国民を欺いたり虚偽の報道をすることを禁じた。

プレスコードには日本国民と新聞関係者に言論の自由を教育する目的があり、その面では言論の自由を認めるのだが、軍国主義を煽動したり占領軍にとって不都合なニュースを流布することは禁止するというもので、一方で自由を教育しながら、一方で禁止を命令するという二面性があった。

新聞は戦争を扇動したが、それは軍部や政府の圧力に屈した結果だとGHQ側は考えていた。新聞が自発的に戦争協力を行ったとは考えていなかったから、かつては軍部と国策に従っていた新聞を、占領政策遂行のために有効利用しようと考えたのである。

マッカーサーは、国際社会における「天皇」の戦争責任論を排除して「天皇制」を温存したのと同様に、「新聞」の温存をはかった。諸外国の天皇の戦争責任追及の動向に対して、マッカーサーや米国政府首脳が天皇の温存をはかったのは、戦後の日本統治に対する戦略だった。「天皇は一〇〇万の軍隊に相当するので天皇は味方につけておいたほうが良い」とマッカーサーは考えた。新聞については、前述したように言論の自由を与える一方で占領統治上の検閲という矛盾した政策がとられたものの、あくまで新聞を利用しようと考えたのである。

同盟通信社長・古野伊之助は国際検事局に戦争犯罪人として逮捕されたが、当局の尋問に対して「厳しい検閲のために戦争に抵抗できなかった」と答弁している。国策で作られた同盟通信の社長だった古野はもっと深く戦争に関与していたのだが、米国の取り調べ官には、「暗黙の前提としてジャーナリズムは軍国主義の被害者であるという認識があった」と有山輝男は指摘する［有山、前掲書『占領期メディア史研究』］。

日本が敗戦した一九四五年八月一五日以前は、七月末に連合国によって発せられたポツダム宣言をどのように受け止めるかをめぐる政府、軍部上層部の密議が繰り返されていたが、情報が国民に漏れることを恐れた内閣情報局は、新聞への言論統制を強めていた。広島や長崎の原爆投下は最小限に報道された。原爆投下後ですら、戦意高揚と国民の自覚が促され、沖縄に続く本土決戦の意思確認が新聞を通じて国民に浸透していたのであった。

ポツダム宣言を受諾したあとも、「無条件降伏」という言葉を新聞が使うのはタブーで、戦争には敗れたが、「天皇制は護持する＝国体護持」へと国民の意識を誘導することが新聞の最大の役割と見なされていた。軍部や政府指導部の戦争責任（敗戦責任）を追求するよりは、敗れたのは国民一人一人であり、国民全体が反省し新しい日本建国のために尽力することが重要である、いまさら過去を振り返ってもしかたがないという趣旨の新聞論調があふれた。いわゆる「国民総懺悔論」が、新聞によって用意されたのである。

このようにして戦後の新聞は国家の戦争責任追及を回避して国民総懺悔の論調を作り上げた。作家・高見順は「新聞は、今までの新聞の態度に対して、国民にいささかも謝罪するところがない。詫びる一片の記事も掲げない。手の裏を返すような記事をのせながら、態度は依然として訓戒的である。……政府の御用をつとめている。敗戦について新聞は責任なしとしているのだろうか。度し難き厚顔無恥」と怒りをぶちまけている。高見は自らを左翼崩れと呼んでいるが、当時、内務省情報局傘下の翼賛組織である文学報告会の会員になって生活の糧を得ていたが、文学者や知識人の戦争責任についても、忸怩たる思いを記している〔高見、前掲書〕。

軍部に変わる新しい専制君主、ＧＨＱ

占領軍は新聞を占領遂行のために利用しようとしていたから、言論の自由について教育しながら、ＧＨＱを誹謗中傷する記事に目を光らせていたことはすでに触れた。それでもなお米国に敵意を抱く反米的新聞記事にマッカーサー司令部はたまりかねるのである。

特に原爆被害報道と占領軍兵士が犯した婦女暴行事件の報道には神経をとがらせた。終戦から一カ月以内のことだが、原爆報道と婦女暴行事件報道を行った同盟通信に対してマッカーサーは突然、業務停止命令を出した。このとき同盟通信社長の古野のほか内閣情報局総裁やNHK会長をはじめとする新聞社の幹部がGHQに呼ばれ、同盟通信は「公安を乱すニュースを流した」として、業務停止処分を通告された。

この席上GHQの新聞担当官フーバーは、「日本は、文明国の中の一員として権利をまだ示していない敗戦国なのである。諸君が国民に報道してきた色つきのニュースは、最高司令官が日本と交渉しているという印象を与えている。……最高司令官は、日本政府に命令を与えているのであり、交渉しているのではない。……日本国民は、自分たちが既に世界の尊敬を回復したとか、……信じ込まされるべきではない。こうしたニュースの歪曲は、即刻中止しなければならない。諸君は、君たちの人民に真実を伝えていないという点で、公安を害しているのであり、諸君は日本の置かれた実状について不正確な姿を作り出している。諸君は諸君が発行してきた記事の多くが虚偽であることを知っているはずだ」と非難し、今後、記事の一〇〇%を検閲すると伝えた［有山、前掲書］。

このフーバー訓話には占領下の日本とGHQの置かれた上下関係の立場がむきだしに表れていて興味深い。日本の新聞社幹部はこのときのフーバー訓話によって著しく萎縮した。当時の日本の新聞人は欧米の言論の自由の考えをきちんと理解していなかったこともあり、軍部にかわる新しい専制君主としてのマッカーサー司令部を受け入れたのであった。

同盟通信の業務停止処分がきっかけとなり、同盟通信社は解体して現在の共同通信社と時事通信社に分割再編成されることになった。また同じ時期に、米軍が発表した「日本軍のフィリピンにおける残虐行為が虚偽である」という記事を載せた朝日新聞は、さらに「原爆投下は国際法違反の戦争犯罪である」という記事を掲げたりしたため、占領軍を挑発したとして発行停止処分を受けた。

朝日は内閣情報局の指示でこの記事を掲載したといわれるが、発行停止処分により新聞に対する権力が内閣情報局からGHQに移行していることをはっきりと認識したのである。以降、朝日はGHQに対する妥協と協調路線に転向していった。

これらの諸事件を経て新聞はGHQの事前検閲を受けることになり、すべての記事のゲラをGHQに提出して掲載許可を得なければならなくなった。

朝日のGHQ協調路線への転換は、GHQの歓迎するところとなり、反軍国主義、平和主義、民主主義の砦として「戦後民主主義」の唱道者になってゆくのである。

朝日のこの姿勢は、「ひとつの権力から別の権力への乗り換え」と有山輝男は指摘している〔有山、前掲書〕。しかしながら一方、軍国主義と戦争協力への反省から戦後民主主義の担い手となり、GHQへの協調路線に転換した朝日の側から見ると、GHQ側の占領政策の方針転向に大きな戸惑いがあった。なぜなら敗戦の一九四五年八月一五日から半年ほど経過した米国の占領政策には、明らかな転換が見えていたからである。

米ソ冷戦の陰と新聞

第二次世界大戦の終戦と重なるようにして、戦勝国米英仏の新しい敵ソ連が台頭していた。英国首相チャーチルが有名な「鉄のカーテン」演説を行っていらい、米ソの冷戦は激化し始めていた。アメリカの外交官ジョージ・ケナンは、『ソ連封じ込め』を書き、ファッシズム枢軸国に変わる新しい米国の敵について説いた。

米ソ冷戦構造の深化に伴い、中国大陸の共産主義化、朝鮮戦争（一九五三年）と朝鮮半島の南北分断があり、激動する東アジアの地勢が、日本に新しい軍事的な役割を課すようになっていた。アメリカの日本占領の目的は、「民主化よりは反共の防波堤」という方向に転換した。当初リーダーシップを握っていた占領軍のなかのニューデーラーといわれたリベラル派や理想主義者は力を弱め、GHQ指導部から追放されていった。

終戦直後には、軍国主義者や国粋主義者が戦犯として逮捕されたり、公職から追放されていた。しかし逆コースと呼ばれるGHQの政策転換によって、戦犯を釈放しパージを解除して、反共的な保守層の人材温存をはかったのでる。元首相・岸信介をはじめ、戦争犯罪に関与したとみなされて追放されていた多くの人々が特赦や放免になり、戦後の政財界の要職に復活してきた。

「逆コース」の潮流の中で、共産主義者や容共的なリベラリストがGHQの新しい標的になったのである。アメリカ本土のマッカーシズムと連動するようにして、レッドパージ（赤狩り）が日本でも吹き荒れた。新聞社にもレッドパージの嵐が押し寄せたのである。

朝日新聞のストライキの報道をめぐりGHQはクレームをつけてきたが、そのときGHQの新聞担当官インボデンと会った朝日新聞東京本社代表（当時）・長谷部忠は、「朝日新聞を支配しているものは労働組合であり、その労働組合は共産党のフラク分子によって牛耳られているから、朝日新聞は、共産党の影響下にある」とインボデンはいったと、語っている〔『朝日新聞社の九〇年』〕。

占領当初は、国粋主義者の新聞として発行禁止になったことがある朝日新聞が、わずか半年後には赤攻撃を受けることになった。これは一八〇度の論調の転回であり、朝日新聞にとっては大変な激震である。この半年間の朝日新聞の論調の揺れが激しかったためか、GHQの右旋回、「逆コース」の震度が著しかったのかどうか、にわかに判断しにくい。

いずれにせよ、米ソ冷戦進行にともなう米国世論とGHQの右旋回は、日本の戦後ジャーナリズムの左旋回とリベラリズムに対してブレーキをかけ、自主規制を促す傾向に拍車をかけたことは間違いない。

原爆報道も「自主規制」の源流になった

戦後の新聞に「自主規制」を迫ったものは、上述の米ソ冷戦下の米国の逆コースがあるが、それ以上に深刻な事実が存在していた。原爆報道に対する極秘検閲である。

原爆報道はきわめてデリケートな問題であった。原爆報道の記事をめぐりGHQがどのように検閲したかを知るための資料はきわめてとぼしい。朝日新聞が検閲でチェックされたとする記事の内容一覧のなかには、原爆に関する記事はひとつも含まれていない［『朝日新聞の九〇年』］。すなわち原爆報道のチェックに関しては明らさまに検閲とわかる方法は使われなかったと考えられる。GHQは原爆報道の内容に強い関心をもっているということ自体を、世間に知られたくなかったからである。

日本の新聞は、原子爆弾という新兵器が残酷な殺傷力をもつことは認識していたものの、「放射能後遺症を伴う核兵器」という認識はまだなかった。高見順の『敗戦日記』のなかにも、原爆投下の新聞記事に関する記述はあるが、原爆がきわめて殺傷力の高い新型爆弾である、という以外の説明はない。

朝日新聞がGHQの怒りを買い、発行禁止処分を受けた記事には、原爆が関連していた。政治家・鳩山一郎の次のようなインタビュー内容である。「正義は力なりを標ぼうする米国である以上、原子爆弾の使用や無この国民殺傷が病院船攻撃や毒ガス使用以上の国際法違反、戦争犯罪であることを否むことはできないであろう……。」というものだ［『朝日新聞』一九四五年九月一五日付］。

朝日にこの記事が出た直後、米軍はフィリピンにおける日本軍の残虐行為に関する発表を行うが、前述したようにすぐさま朝日はこの米軍の発表内容には事実誤認があるとする記事を掲げた［『朝日新聞』一九四五年九月一七日付］。

GHQが朝日新聞を発行禁止処分にした理由は、この二つの記事が占領軍を中傷し、公安を乱すというものだった。

GHQは鳩山の原爆に関する発言が怪しからんと、直接言及したわけではない。しかしGHQがプレスコードを出して新聞取り締まりの姿勢を強化してきたのは、朝日のこの記事が掲載されてからである。

実は原爆報道の検閲そのものが、米軍の軍事機密に直結する内容だった、とアメリカのジャーナリスト、モニカ・ブラウは指摘している［Braw, 1990.（邦訳はあるが、同書の引用その他はすべて原書によった）］。ブラウは米国国立公文書館で解禁された軍関連機密文書を使いながら、広島、長崎の被爆者へのインタビューなどによって原爆報道検閲の隠された部分に光をあてている。

ブラウによれば、「マッカーサーが日本に課した新聞検閲方法には機密のメカニズムが働いており、その目的は日本世論を鋳型にはめて米国批判をくい止めることのほか、原爆犠牲者の症状、後遺症などの全情報を米国が独占することにあった」という［Braw, 前掲書、筆者訳出］。

占領政策の遂行や軍国主義復活を防止するというGHQのタテマエとしての言論介入は別として、原爆報道をチェックすることは明らかに「検閲」にあたり、米国が戦後日本に導入した憲法の「言論の自由」にも反する。GHQにはこの矛盾がわかっていた。しかし米国の核兵器の機密が世界の国々、とりわけ新しい敵となったソ連に知られることはもっとも警戒すべきことだった。核兵器の情報の機密を保つことはGHQだけの裁量ではなく、米国の国益そのものであった。このため原爆報道をめぐるGHQの検閲の実態そのものが、極めて不明瞭でシークレットなものだったのだ。

長崎の被爆を描いた永井隆『長崎の鐘』は、長らく発行禁止になっていたが、著者の永井博士がカトリック信者であり、長崎の浦上地区への原爆投下は「神の業」とする宿命論的内容だったことから、最終的にGHQ諜報局のチャールズ・ウイロビーはこの本の刊行を許可した。そのとき、ウイロビーが交換条件として提示したのが、フィリピンにおける日本軍の残虐行為の報道との相殺であったといわれる。

ブラウは、「日本市民に対して米国が原爆を投下したことの非人道性と日本軍がフィリピン民衆に対して行った残虐行為は、道徳的に相殺される」というGHQの原爆正当化の論理を紹介している[Braw, 前掲書、筆者訳出]。ウイロビーが永井博士の著作の出版許可にまつわる交換条件を提示した時期は、朝日新聞に鳩山のインタビューが載り、直後にフィリピンの残虐行為に関する問題の記事が出た日時とうまく重なっていることは確かなのである。

朝日新聞の発禁事件に先立って、同じ年の九月一四日には同盟通信の発行停止処分が出たとき、GHQが問題にした同盟通信の配信記事は次のようなものだった。「日本は原爆投下がなければ降伏しなかっただろう。原爆は極めて恐ろしい兵器であり、こういう兵器を使うのは野蛮人だけである」[Braw, 前掲書]。

被爆直後の広島を最初に取材した外国人記者はオーストラリアのウイルフレッド・バーチエットだった。彼は米国の調査団が入る前の九月三日、東京から混雑した列車に乗って広島にやってきたのである。彼の取材は同盟通信の現地駐在員や日本の警察の協力で行われた。

バーチエットは一九四五年九月六日付の『ロンドン・デイリー・エクスプレス』紙に、「一カ月後のヒロシマ」という記事を載せた。海外の新聞にヒロシマの原爆の惨状がルポで紹介されたのはこれが初めてだった。この記事は犠牲者の状況を生々しく描写しただけではなく、「こうした惨状は原爆の炸裂のときウラニウム原子核から出た放射能によるものだ」と結論づけていた。原爆の放射能の惨状を新聞記事に書いたのはこれが初めてだった［Braw, 前掲書］。

ロンドンでこの記事が掲載されたあと、東京に戻ったバーチェットは原爆開発を立案したマンハッタン・プロジェクトの責任者に呼ばれ、ヒロシマの犠牲者が放射線の効果で死んでいったというバーチェットの記事に強く抗議を受けたという。犠牲者は放射線の影響ではなく、爆弾の熱風や破片で死んだのだといい、「君は日本側宣伝の犠牲者になり果てている」とマンハッタン・プロジェクトの責任者はいった［Braw, 前掲書］。

バーチェットは、「ヒロシマの兵器は通常の爆弾だと報道することには何ら問題はないようだ。しかしそれは原爆の本当の効果を隠すための手法でもあった」と考えた。彼のヒロシマ取材のあと、ほかの外国人記者たちはGHQからヒロシマ取材の許可をとることができなかった［Braw, 前掲書］。バーチェットの広島取材は、GHQが札付きの通信社と考えていた同盟通信の協力を得た上、日本の憲兵の支援のもとに行われており、この点でGHQが〝日本側宣伝のための色つき記事〟とみなす要素が含まれていることは確かである。しかしこの時点で初めて放射線の問題に触れたバーチェットの記事は間違ってはいなかった。

問題はなぜGHQ側はロンドンの新聞に出た彼の記事を執拗に否定したかという点である。ブラウによれば原爆放射線の効果を隠蔽しようとするGHQや国防総省の原爆報道検閲は、米国のトップシークレットである核戦略構想と深く結びついていた。

ニューヨーク・タイムズをはじめとする米国の大新聞といえども、核兵器開発にかかわる国家の最高軍事機密の壁を越えることはできなかった。核戦略プロジェクトは米国最高のトップシークレットであったが、その原点が広島、長崎への原爆投下なのである。すでに米国は核兵器が世界戦略に及ぼす重大さと、核の拡散が米国の安全と米国主導の世界平和戦略を脅かすことを十分に認識していた。米国は核兵器を一手に独占する必要を感じていたのである。

日本に降伏を迫るためドイツのポツダムに出かけた米国大統領トルーマンは、ニューヨーク・タイムズ記者ら数人をつれていった。このときトルーマンは米国記者にオフレコで原爆投下計画を話したといわれる。トルーマンの最大の関心事は、ソ連は原爆ができたことを知っているだろうか、という問題だった。随行した新聞記者たちには厳しい緘口令が敷かれ、だれもこの話を漏らすことはなく、記事にすることもなかった［Braw, 前掲書］。

原爆を作ることが出来た、ということがわかれば必ずまたどこかで作ることが出来る。原爆に関する最大の機密はその製造方法ではなく、原爆が開発されたという事実そのものである、とマンハッタン計画のブレーンだったオッペンハイマーはいった。要するに、製造法のノウハウが問題なのではなく、核融合兵器としての原爆成功に関する情報のすべてがタブーとされたのである。

広島、長崎に原爆が投下されたにもかかわらず、原爆の秘密は守られていた。特に日本では原爆報道は暗黙のタブーとなり、自主規制の重大な対象となった。にもかかわらず、プレスコードには「原爆報道をしてはならない」とはどこにも書いてはいない。朝日新聞が検閲を受けた記事のリストの中にも原爆報道関連の記事は見あたらない。しかし不思議なことに原爆報道は占領下の日本の新聞から消えて行ったのである。

このような原爆報道に対する無言の規制とタブー視が日本の戦後ジャーナリズムの「自主規制」の原点になっていると、ブラウは指摘している。

GHQの検閲は新聞や雑誌、広報だけではなく、社内報から同窓会報、同人誌、学校新聞レベルのあらゆる印刷刊行物に及んだ。こうした詳細な検閲の主要目的は、「原爆被害記述に関するチェック」だったとブラウはいう。私信すらも開封されたことがあったといわれる［Braw, 前掲書］。

図 4-4　昭和20年 8 月15日の朝日新聞

戰爭終結の大詔渙發さる
新爆彈の慘害に大御心
帝國、四國宣言を受諾
必ず國威を恢弘
聖斷下る途は一つ
國の焦土化忍びず
再生の道は苛烈
支拂制限せず

91

以降の新聞は「国民総懺悔論」を展開する。

図 4-5　昭和20年 8 月14日の朝日新聞

水上機母艦撃沈
六百機が分散來襲

89

終戦１日前の新聞は，まだ戦況を伝えていた。新聞はたった一日でガラリと変わった。

占領下のGHQ検閲の実体については、アメリカのメリーランド大学のプランゲ文庫に発禁処分を受けて没収された膨大な関連資料が残されている。一般的な検閲に関しては、日本語がわかる米国人スタッフは少なかったために、GHQに雇われた日本人が行っていた。プランゲ文庫の管理責任者（当時）の村上光世は、「日本人スタッフの裁量やさじ加減によって、検閲がパスするか発禁処分になるかが決まった」という［一九九四年、メリーランド大学プランゲ文庫を取材した筆者による村上光世へのインタビュー］。

新聞の事前検閲はやがて事後検閲にかわり、前述した朝日や同盟の発禁事件の教訓を学んだ各新聞社は、危ない記事は事前に出さないようにして検閲を潜り抜けるようになった。念入りに自主規制を行い、あえて検閲で問題になりそうな記事を掲載することはなくなったのである。

のちに『毎日新聞』が新憲法制定に関わる「日本側原案」をスクープし、マッカーサーの激怒を買った事件があったが、このときも毎日新聞は正式にはとがめられてはいない。

「日本側原案」とは、新憲法制定に際して日本側を代表する憲法制定委員会の松本蒸二を中心とする東大法学部グループの学者や法曹界のメンバーが作った日本国憲法原案のことである。しかしこれは「天皇主権」を骨子とし、明治憲法と変わることのない内容だった。この日本側原案をマッカーサーは『毎日新聞』の報道によって初めて知って激怒したといわれる。

マッカーサーは、急拠、GHQ民政局次長ケーディスに命じて別の憲法草案を起草させた。このとき、マッカーサーが指示したのが憲法の骨子となった三つの原則、「主権在民」「象徴天皇」「戦争放棄」である。新憲法のGHQによる押しつけ論はこうした憲法草案をめぐる経緯から出てきたものだ。『毎日新聞』がなぜ日本側原案をスクープしたかに関しては諸説あるが、天皇主権に固執し国体護持を最優先に考えた日本側が毎日新聞にリークして既成事実を作ろうと画策したという見方が有力である〔毎日スクープについては、天川晃の論文「三つ目の偶然」は、首相・吉田茂の周辺からリークされたのではないかと、見ている。天川晃、一九九三〕。

もしGHQの検閲システムがしっかり機能していたなら、新聞が発行される前にGHQは内容を把握していたはずである。新聞に出てからマッカーサーが知って激怒したという話は、日常のGHQの検閲体制がそれほど機能していなかったことを物語る。

なぜ世界発信できる国際ジャーナリズムが存在しないのか――「不偏不党」の再利用構想

部数世界一の新聞大国でありながら、なぜ、国際的な発信力のあるメディアが日本には存在しないのか。長年、私が抱いてきた疑問である。

「ニュース」と「情報」の収集と伝播は、国際戦略を担う重要なアイテムとして、欧米諸国は力を入れてきた。軍事力と情報支配力はセットになっているからだ。

一八七〇年代に植民地主義の時代が始まったころ、すでに「ニュースの世界帝国」が作られたのである。一八五一年に伝書鳩を飛ばしてスタートしたイギリスのロイター通信は、ヨーロッパからアフリカ・アジアの極東地域までをカバーした。中東からインドシナをカバーしたフランスのアヴァス通信、アメリカのAP通信、UPI通信はほぼ同時期にスタートしている。おおむね、この四つの大通信社が世界の情報を集め、ニュースを作って世界に発信していた。

これらの通信社はそれぞれカバーする地域を分割して、世界のニュースと情報を支配してきたのである。

戦時中の日本はこれに気づき、欧米のニュース帝国の壁を打破しようとして、国家の手で同盟通信を作って対抗した。同盟通信は太平洋やアジアの日本の植民地をカバーする大通信社に育っていったが、敗戦によって解体した。

今日まで、世界ニュースを支配する国の構図は一九世紀のニュース帝国の時代から変わっていない。近年、その一角に、中東カタールのテレビ局、アルジャジーラが進出してきた。

アルジャジーラは、ビン・ラディンの生映像を国際中継したり、イラク戦争下のイラクの戦場を独自の視点で報道し続け、欧米のメディアにはないニュースを作ることで、国際世論の注目を集め、一躍、世界に影響力のあるメディアの位置を占めるようになった。

アルジャジーラは欧米ニュース帝国の壁を破った最初の非欧米系のメディアだ。イラク戦争下では、米国の軍事戦略の邪魔になる報道機関としてしばしば攻撃を受けた。

日本も含め、アジアにはアルジャジーラのような世界発信力を持ったグローバル・メディアは存在しない。

このようなグローバル・メディアを世界一の新聞大国である日本から立ち上げることはできないの

か、と私は希望的に思うのだ。

小泉首相の靖国参拝で中国、韓国などのアジア諸国との関係がぎくしゃくして悪化し、中国の経済発展で、海洋資源の争奪や環境破壊が深刻化しつつある。どう考えても一国の利害や都合だけで片づかないようなグローバルな諸課題がアジアに山積している。一国の国益主義を超えた高い視点に立ち、国際世論のなかで問題を多角的に取材し、分析して発信するメディア装置が必要である。

情報化とグローバリゼーションが進行するなかで、外交が力を失い、メディアが外交にとってかわったような影響力を増している。湾岸戦争の宣戦布告すらも、ＣＮＮなどの国際テレビを通じて行われた時代である。

いま日本発のグローバル・ジャーナリズムを構想するにあたって、新聞界ではすでに役割を終えて定年を迎えてしまった「不偏不党」を再利用することを考えた。世界ジャーナリズムは、日本固有の国益からも離れた立場への理解が必要になる。同時に、他国の国益が別の国の国益を侵害することも多々ある。その確執や紛争を冷徹な視点から取材、報道し、不偏不党の立場から分析を加えて論評を行い、ニュースを世界に発信して世界世論に訴えるのである。

不偏不党ジャーナリズムとは、あらゆる国益、立場から距離を置いた「是々非々主義」のもとで、相撲の行司のような役割を果たすジャーナリズムのことだ。自らの利害や主張を打ち出すよりは、対立する争点を弁証法的に止揚、調整する。現世利益を超える超越的な視点を内包しているのである

［柴山哲也、前掲書、二〇〇四］。

このようなメディアが存在していれば、北朝鮮拉致問題のニュースはもっと強い影響力をもって国際世論を動かすことができたのではないか。北朝鮮拉致問題は、外務省主導の密室外交に依存しすぎたことで、解決がいっそう困難になった。当初から情報公開し、もっと積極的にメディアを使って国際世論に訴えるべきだったのである。

日本の商業新聞が作ってきた「不偏不党」を、いま定年で隠居させるのは、いかにも惜しい。むしろ世界ジャーナリズムでの再利用の価値は高まっていると私は考える。

明治時代、大新聞《おおしんぶん》と呼ばれた政論新聞と、江戸時代の瓦版の延長上にあった小新聞《こしんぶん》に対して、中新聞《ちゆうしんぶん》ともいわれた大阪朝日、大阪毎日などの商業新聞は、大阪商人の手で勃興して全国制覇していったことをこの章で述べた。

資本力と新時代の人材を得て力をつけた大阪朝日などは、大正デモクラシーをリードする独自のジャーナリズムに成長したが、「白虹事件」という筆禍事件を引きおこして、新聞の存亡の瀬戸際に立たされた。このとき、「不偏不党」という新しい編集綱領を掲げて出直しを誓った。これにより、大阪朝日は官憲の追訴を免れたのである。

「不偏不党」は、和を尊ぶ日本文化にマッチし、発行部数を巨大化させる新聞の営業政策ともあいまって、戦前から戦後の日本の新聞を貫く編集基準となった。戦時中の新聞は、一時的に国家主義に飲み込まれて戦争遂行の道具になったが、戦後の民主化のなかで「不偏不党」は再びよみがえった。朝日、毎日、読売が代表してきた日本の大新聞は、濃淡の差はあるが、不偏不党を紙面化することで、大多数の国民の同意を得、今日の巨大発行部数を達成できたというべきである。

戸別配達と不偏不党が、日本の新聞を今日の世界一の発行部数に押し上げた両輪だった。

しかしながら、現代の多メディア化の時代にあって、主張がぼやける「不偏不党」は時代に遅れた考え方になった。新聞がいたずらにバランス感覚を働かせて、是々非々の中庸の立場をとることは、読者にも社会にも歓迎されなくなった。自身の立場を鮮明にしない「不偏不党」は、米ソ冷戦の崩壊と日本の五五年体制の崩壊とともに、特に一九九〇年代になってからは逆境に立たされた。

旗幟を鮮明にした主張する新聞が好まれるようになり、憲法、防衛、歴史認識などのハイ・ポリティクスの領域で、明確な主張を打ち出すようになった。朝日、毎日は護憲、読売、産経は改憲という色分けは、前述の新聞界の事情を端的に示している。

しかしながらこのような色分けは日本国内にだけ通用する自己慰めにすぎない。世界基準から見れば、日本はすでに自衛隊をイラクに派遣しており、軍事においてはアメリカと行動する一員とみなされている。憲法論議は、日本国内ではリトマス試験紙の働きをしているが、国内世論の微細な差異を映し出しているにすぎない。

あれほどの世界大戦を戦い、世界に関与した当事国の日本にできた新しい日本国憲法を世界世論がどのように見ているかという視点は、まったく出ては来ない。

〝日本という国益〟を一身に背負った大同小異の新聞が、毎日、何千万部も発行されているというわけだ。その国益の中身には感情レベルのものが混在し、冷徹なジャーナリズムの取材や記事によって、分析され、吟味されているわけでもない。

こうした中で「不偏不党」はすでに歴史的な役割を終えて定年退職し、廃棄されつつある。しかし、山崎正和氏が指摘した、「黒白ジャーナリズム」や「面白ジャーナリズム」の跋扈に比べれば、はるかに多面性の哲学を含んでいるように見える。

そこで私は、前述したように、日本初の国際ジャーナリズムを創立することで、「不偏不党」を再利用できないかと考えた。これは巨大でありながら自閉してきた日本のジャーナリズムが世界に向けて発信し、国際貢献しうるチャンスでもある。

明治以降の日本は西欧化の道を突き進み、西欧の文物の完璧なまでの模倣によって近代化を遂げ、戦後はアメリカ文化の強い影響下にあった。明治以前の日本は、おおむね中国文明から多くを摂取し文物の模倣を行った。天皇制の確立から律令制度などの政治の仕組みから、仏教、漢字や漢学などの文明はすべて中国大陸から輸入されたものである。

日本は世界文明の谷間のような位置関係にあって、世界からあらゆる文明が流入してくるが、日本のオリジナルな文明が外に流出することはなかった、と哲学者・上山春平は言う［上山春平、一九六五］。

自閉的だったのは、ジャーナリズムだけだったのではない。日本文化の構造そのものが持つ宿命のようなものでもあった。

なるほど、江戸時代の浮世絵がヨーロッパの絵画に影響を与えたり、現代でも日本のアニメやオタク文化が外国で受容され、主要な輸出産業になってはいる。しかしこうした文化産業は、平安時代に仮名文字が発明され、源氏物語などの日本独自の文学を生み出した伝統と通底するものであり、外国から輸入された文物の基礎の上に成立したものだ。

戦後の高度成長期においてもトヨタをはじめとする日本の自動車産業は、世界一のシェアを誇ってきた。しかし自動車そのものを発明したのは日本ではなく、繊細な研究と技術開発による改良を加えて品質、コストの両面で世界の優位に立ったのである。

日本が今日の豊かな経済大国を築くにあたり、日本のなかに内在していたマンパワーが開花したことは確かだが、上山の指摘するとおり、海外発信力を持ったオリジナリティのある文物にはなかなか行き当たらない。模倣の優等生であることに徹して組織を維持し、日本はここまで来た。ウェストネーの日本論『模倣と革新』は、このことを明快に論じている［Westny, 1987］。

超越的な視点を持つ「不偏不党」の再利用に関する私の言論観の根拠は以下のようなものだ。

欧米が発明した「言論の自由は」素晴らしい価値であるが、言論の自由だけでメディアが突っ走ると、メディアに煽られた世論が暴走し、紛争が激化することは歴史が証明している。ハンチントンが述べる「文明の衝突」は避けることができない。イラク戦争の開戦にあたり、大量破壊兵器があるという間違い情報を鵜呑みにしたアメリカのメディアによって、米国世論と国民は煽られ、開戦を支持した。

この間違いに気づいたアメリカの大多数のメディアは、深刻な反省期に入った。九・一一同時テロの後遺症を引きずったなかで、アメリカのメディアは間違いを犯したのだが、こうした米国メディアに明確な異論をはさんだのは、アルジャジーラだけであった。アルジャジーラは、アメリカ発のニュースとは一八〇度異なるニュースの視点があることを伝えた［柴山哲也、前掲書、二〇〇三］。フランス、ドイツ、中国などは政府首脳レベルでアメリカに反対はしたが、米国世論に影響を与えるものではなかった。

その意味でいうと、アルジャジーラ以外に世界世論に影響を与える国際メディアが存在していたら、イラク戦争の帰趨は変化していたかもしれない。

これからの人類世界は、残り少ない資源を分け合い、地球環境の汚染を回避して相互にサバイバルする道を模索するしかない。もしも国益がぶつかり合い、宗教や文明の衝突が繰り返され、戦争を引き起こせば、核兵器や生物兵器が使用される可能性が高くなり、人類滅亡のシナリオは現実味を帯びてくる。

最悪のシナリオを避けるためには、一国ジャーナリズムの国益の主張だけでは間に合わない。高度な調整力をもった「不偏不党の世界ジャーナリズム」が必要とされるいま、日本のジャーナリズムには大きな出番が回ってきた、というべきではないか。

これはいまだに夢物語のような話ではあるが、夢として終わらせたくはない。

第五章　巨大化志向の日本メディア産業——日米比較の視点

組織巨大化を指向する日本の新聞

日本のメディア産業のサイズは、他産業とくらべて規模は小さい。新聞、テレビ、広告、書籍、レコード産業などメディア産業全体の総売上高は一〇兆円前後だが、新聞とテレビを合わせた総売上高は五兆三〇〇〇億円（二〇〇四年）ほどで、この数字は二〇〇五年度の日本のＧＤＰの約五四〇兆円（実質）の一％にも満たない。その規模はトヨタ自動車（年間一五兆円を超える）一社の三分の一ほどで、その差は開く一方だ。

米国の広告産業だけを見ても、総売上がＧＤＰの二〜三％にのぼることを考えると、日本のメディア市場はかなり小規模である。日本の広告産業は電通、博報堂（電博）の二社が独占的にマーケットを支配している。電博の寡占を支える諸規制がなくなると、日本のメディア産業のサイズは現在の四倍の大きさに拡大するという予測がある［Westney, 1996］。

全体のサイズは小さいが大新聞や全国テレビなど巨大メディアがもつ社会的な影響力は大きい。新聞の場合、全国紙の社会的な影響力の大きさは際だっていたが、そのパワーの秘密は日本独自の戸別

表 5-1　2004年日本の広告費

媒体別広告費

媒体＼広告費	広告費（億円）			前年比（%）		構成比（%）		
	2002年（平成14年）	2003年（15年）	2004年（16年）	2003年（15年）	2004年（16年）	2002年（14年）	2003年（15年）	2004年（16年）
総広告費	57,032	56,841	58,571	99.7	103.0	100.0	100.0	100.0
マスコミ四媒体広告費	35,946	35,822	36,760	99.7	102.6	63.0	63.1	62.8
新聞	10,707	10,500	10,559	98.1	100.6	18.8	18.5	18.0
雑誌	4,051	4,035	3,970	99.6	98.4	7.1	7.1	6.8
ラジオ	1,837	1,807	1,795	98.4	99.3	3.2	3.2	3.1
テレビ	19,351	19,480	20,436	100.7	104.9	33.9	34.3	34.9
SP広告費	19,816	19,417	19,561	98.0	100.7	34.8	34.1	33.4
DM	3,478	3,374	3,343	97.0	99.1	6.1	5.9	5.7
折込	4,546	4,591	4,765	101.0	103.8	8.0	8.1	8.1
屋外	2,887	2,616	2,667	90.6	101.9	5.1	4.6	4.5
交通	2,348	2,371	2,384	101.0	100.5	4.1	4.2	4.1
POP	1,720	1,725	1,745	100.3	101.2	3.0	3.0	3.0
電話帳	1,559	1,524	1,342	97.8	88.1	2.7	2.7	2.3
展示・映像他	3,278	3,216	3,315	98.1	103.1	5.8	5.6	5.7
衛星メディア関連広告費	425	4149	436	98.6	104.1	0.7	0.7	0.7
インターネット広告費	845	1,183	1,814	140.0	153.3	1.5	2.1	3.1

出典：電通資料室，(http://www.dentsu.co.jp/marketing/adex/adex2004/_media.html)

表 5-2　平均新聞閲読時間調査

平均時間(分)

	朝刊・平日(朝刊閲読者)	朝刊・休日(朝刊閲読者)	夕刊(夕刊閲読者)
全体(n =3,642)	26.2	30.3	16.5
性別			
男性(n =1,801)	28.3	33.3	17.2
女性(n =1,841)	24.1	27.3	15.8
年代別			
15-19歳(n =234)	12.5	15.0	9.0
20歳代(n =546)	17.8	20.8	12.9
30歳代(n =664)	21.5	24.4	12.9
40歳代(n =687)	24.6	30.2	14.6
50歳代(n =782)	30.3	36.0	18.7
60歳代(n =729)	37.5	40.8	22.7

出典：日本新聞協会，(http://www.pressnet.or.jp/)

配達に支えられた販売ネットワークと発行部数の大きさにある。

新聞の発行部数で見ると（第二章でも紹介）、読売一〇〇七・五万部、朝日八二五・九万部、毎日三九五・六万部、日経三〇一・七万部、産経二一二・一万部の順で全国紙五紙が続いている［日本ABC協会二〇〇四年度上半期調査］。日本と並ぶ新聞大国のアメリカと比較した場合、大新聞のウォールストリート・ジャーナルが約一八〇万部、ニューヨーク・タイムズ約一一〇万部、ロサンゼルス・タイムズ約一〇〇万部とくらべると、日本の全国紙の部数の大きさがわかる。ちなみにヨーロッパの名門新聞であるロンドンのタイムズは約七〇万部強、フランスのル・モンドは約三七万部と小規模である。

日本新聞協会に加盟する全国紙の総発行部数約二七〇〇万部強に地方紙、ブロック紙などを合わせた一〇五紙の日刊新聞の総発行部数は約七〇〇〇万部強で、一世帯あたりの部数は一・〇七紙である［『日本新聞年鑑』二〇〇四／二〇〇五］。

これを米国と比べると、日刊新聞の総発行部数は約五五〇〇万部（二〇〇三年）で、一〇〇〇人あたりの部数は日本が六四七部、米国は二六三部で、数字の上では日本の新聞普及率が圧倒的に高い。特に読売新聞の一〇〇〇万部に及ぶ全国紙の発行部数は世界一としてギネスブックにも登録されている。

第二章でも触れているが、新聞の紙数を比較すると、日本の一〇五紙に対して米国には一四五六紙の新聞があり、新聞の数は日本の一三・八倍である。紙数レベルでいうと、日本の新聞は圧倒的に少ない。新聞の発行部数が大きくて紙数が少ないのは、共産党機関紙『プラウダ』を持っていた旧ソ連邦など社会主義国家の特徴であった。

発行部数が大きいのに新聞の種類や数が少ないのは、言論の幅や多様性が少ないことを意味している。国民のコミュニケーションが国家に握られる危険があり、世論の中央集権、国家統制がやりやすいということだ。

発行部数の大きさと新聞の数を比較する限り、日本の新聞の姿は欧米民主主義国の新聞よりは、中国や旧ソ連など社会主義国の新聞に近い。

日本の新聞社は戦時下の政府の国家統制によって統廃合されたが、その残滓は現在に続いている。一九四〇年、国家総動員法が施行され、内閣に情報局ができて新聞の統合が推進された。戦時中の日本のメディアは国家意思で作られた同盟通信社（戦後、同盟通信はGHQの指令で解体し、共同通信、時事通信に分割された）の情報を国策の基礎に据え、「聖戦遂行」の目的を強力に浸透させていった。

新聞統制団体として日本新聞会が設立され、一県一紙主義のもとで、全国紙、ブロック紙、地方紙などの整備統廃合が行われ、約八〇〇あった新聞は約一五〇に減らされた（前述した通り現在の日本新聞協会は戦時下にできた日本新聞会の組織を引き継いでいる。日本新聞協会加盟の新聞社数は日本新聞会の加盟社数とほぼ類似している）。

同盟通信は政府の補助金を受け、外国や日本植民地の通信で独占的な権利をもっていた。国家から得た権益をメディア側が利用して、政治的な発言力と独占的なマーケットを獲得したのである。

野口悠紀雄によると、戦時下に整備された日本型官僚システムと新聞の仕組みには、たくさんの共通点、類似点がある。戦時下の新聞そのものが内閣情報局の新聞政策によって統廃合され、軍事システムと一体化した大日本帝国の官僚機構の一翼をになった。メディアはジャーナリズムの言論統制を自らの手で行ったのである〔野口悠紀雄、一九九五〕。

カレル・ヴァン・ウォルフレンによれば、戦時からの連続性が残る日本のメディアシステムは、日本の権力構造の特質である政財官の固い結合、いわゆる「鉄の三角形」にプラスした「鉄の四角形」の構造を作り上げている。欧米のようなウォッチドック（番犬）の役割を果たすのではなく、マスコミもまた日本型官僚システムと癒着した支配者ということになる〔ウォルフレン、一九九〇〕。ウォルフレンは、「日本の新聞がほぼ一貫して見せる〝反体制〟の姿勢は、いたって表面的なものである。日本の新聞はシステムを〝真正面から本格的〟に論じることはない」と指摘する〔ウォルフレン、一九九〇〕。

確かに日本の新聞は汚職や政財界のスキャンダル報道は精力的に行う。しかし、〝容疑者〟とされて沈みかけた〝犬〟は力いっぱいたたくけれど、強いものはたたかないという性癖がある。権力の圧力に弱いということだが、憲法で保障された「言論の自由」があり、監督官庁も持たない新聞が肝心なときに腰が引ける理由はわかりにくい。

だがその産業基盤をみれば、新聞に影響力がある広告スポンサーや大銀行のほか、大新聞社は民放テレビ局を系列の子会社にしている。新聞社のテレビ政策にとって重要なことは、地方テレビの許認可権をめぐる政府との交渉である。テレビ局のライセンスを得ることは系列の親会社である新聞社の主要ビジネスのひとつだが、これが新聞論調に及ぼす影響は無視できない。

戦前、戦後を通じて全国各紙が今日の巨大部数を獲得するに至った経緯と歴史については、第四章で詳細に述べた。商業新聞が一朝一夕に達成した数字ではない。そこには長い苦闘の歴史があった。しかしながらその苦闘の歴史がジャーナリズムとしての純粋な試練に重なったのかというと、話はそれほど単純ではない。

戦前、政府の干渉や軍部の検閲を受けていた言論抑圧の時代にも、大新聞の部数は着実に伸び産業基盤は拡大していったのである。日本の新聞発達史においては、ジャーナリズムとしての側面と産業的発展の側面が著しく乖離し、両者が背反する関係にあったことを指摘しておく必要がある。

イエロー・キッズといわれたアメリカのスキャンダル新聞には、ジャーナリズムの公共性をかなぐり捨てて利潤追求に走った歴史があるが、ジャーナリズムの公共性と産業的発展の形はアンビバレント（二律背反）なのである。

ジャーナリズムのこのような内部矛盾のあり方にはその国の文化的、社会的特質が色濃く反映する。言論の自由が抑圧されていた戦前の日本に対して、資本主義経済が発展して新聞が富を得る手段でもあったアメリカとの違いは明白だ。新聞社が企業体として会社を維持するための利潤を追求するのは当然だが、その利潤追求の方法や組織行動のあり方は、その国の歴史的背景や政治制度、文化によって著しく異なる。

ピューリッツァー賞よりは利潤の追求

高度情報化社会における先進諸国のメディアにとって、利潤追求という表層の欲望は同じに見える。どの国もメディア間のサバイバル競争は激化しているし、M&Aは急増している。利潤追求と商業主義への強い傾斜という点は日本も欧米のメディアも同じである。

二〇〇五年、ライブドアや楽天が、フジテレビやTBSへ触手を伸ばしたとき、大きな社会的反響を呼んだ。ところがメディアのM&Aは、欧米では日常茶飯事のことであり珍しい事件ではない。グローバル化が進んだ世界のメディア市場のなかで、日本のメディアはまだまだ閉鎖的だったことが改めて浮き彫りになった。

『ニューズウィーク』誌によれば、アメリカのM&Aの進行はすさまじい。メディア企業の数は八〇年代のM&Aの進行で減少してきたが、二〇〇三年にはさらに激減している〔「砕け散る自由の国のメディア」『ニューズウィーク』日本版、二〇〇四年八月四日号〕。いまやメディア企業の経営者を集めると、「大きめの電話ボックス」に収まる、というのだ。

CNNを傘下にもつタイム・ワーナー、FOXをもつメディア王マードックのグループ、三大ネットワークのABCをもつウォルト・ディズニーなど、たった五人ほどの巨大オーナーがアメリカのメディアを実質的に支配している〔前掲『ニューズウィーク』日本版〕。

そうした中でジャーナリズムの危機がいかに進行しているか。メディア技術の進歩でメディアが多様化し、同時に情報やニュースが断片化する。市場原理の中に投げ込まれたメディアの競争は激しくなり、〝売れる〟ニュースと情報だけに特化して生産される。利潤原理だけでメディアが働くようになると、ジ〝売れない〟ニュースや情報は切り捨てられる。つまりメディアがもつ最大の武器である「ジャーナリズムの役割」が失われるのである。

ャーナリストの編集能力は劣化する。

断片化した情報に満足し、ゴシップを好む消費者の側もメディアの編集機能やジャーナリズム性を要求しなくなり、自分の嗜好に合う情報だけを買うようになる。

一九九〇年代以降、日刊紙の発行部数は一一%減少し、テレビのニュース番組の視聴率は三四%も低下したという。アメリカにおけるこうしたジャーナリズムの衰退の結果、「真実のニュースとうわさ話の区別のつかない世代が増えている」という。二〇〇六年前半の国会を揺るがした民主党の永田偽メール事件は、アメリカと同様の事態が日本にも及んでいることを示した。

ジャーナリズム精神とは、世の中の真実の出来事と実像を求めることであり、疑いの目でニュースを見ることだ。真実でも嘘のゴシップでも面白ければどっちでも良い、という考えはジャーナリズムにはない。ジャーナリズムとは真実でなければならないのだ。従ってこうしたジャーナリズムの危機は「民主主義の危機」でもあるのだ〔前掲『ニューズウィーク』日本版〕。

とはいえ情報化社会で過剰な情報にふりまわされている現代人は、しかつめらしい「ジャーナリズム」など求めてはいない。ニュースや情報は娯楽と同義語にすぎなくなる。

近年、米国ジャーナリズムの金字塔である調査報道の落日と新聞のテレビ化、ビジュアル化がいわれる。ピューリッツアー賞を受けた名門紙の調査報道班が解散され、全米一四〇〇人の記者のうち二一％が五年以内にジャーナリズムの世界から去りたいと答えたというアンケート調査がある（一九九二年一一月、インディアナ大学教授による調査結果を、下山進、一九九五が紹介している）。また『ワシントン・ポスト』で二〇年近く続いた個性的なコラムが廃止されたことで、同紙のリベラリズムのダウンサイズが指摘されてきた。コラムニストのコールマン・マッカーシーは、「ポストのコラムの中身がリベラルすぎたということだろうが、この背景にはバジェット（経営）問題がある」と語っている［Punishing the PRESS Columbia Journalism Review March/April 1997］。

保守化の傾向を強めてきた最近の米国では、リベラルの旗は新聞の読者獲得のために有利な条件ではなくなった。これを裏づけるように、米国ではＭＢＡという経営学修士のディプロマ（学位）をもった人材によるニュースや報道の企画や介入がメディア界の流れになった。つまり、新聞やテレビの編集局はジャーナリストではなく、経営学のスペシャリストが支配するようになった［Doug Underwood, 1995］。

アメリカの新聞が〝日本化〟した？

アメリカの新聞がテレビなどの電子メディアに押されて読者を失い、新聞社の倒産が目立ち始めた一九八〇年代、読者と市場のマーケティング調査によって経営が悪化した新聞社の再建が行われた。そのときのリストラに動員された人材は、経験や知識のあるベテラン記者ではなく、大学院で経営学を修めたフレッシュなビジネスマンの卵たちだった。彼らは、専門のマーケティング技術を駆使して読者が求める新聞記事やニュース、情報を綿密に調査し、従来のニュース企画や報道内容をあらためさせた。

こうした手法の導入で最も成功したのが、『USAツゥディ』である。テレビ映像を意識したカラフルで豊富な写真入り紙面、ビジュアルな読みやすさ、人種や学歴を超えた万人向けの親しみやすさ、ショッピングや買い物情報の満載、車とスポーツ、娯楽情報に力をいれた大衆紙だ。『USAツゥディ』の紙面内容からは、ジャーナリズムとは何かという問題意識は影を潜めた。新しい新聞にとってそうした設問はもはや過去の遺物のように見える。

読者は固い話題や説教を嫌うようになっており、言論や批判のジャーナリズムではなく、楽しさいっぱいの、あくまで嗜好を満足させる情報サービスを求めている。『ニューヨーク・タイムズ』や『ロサンジェルス・タイムズ』のような伝統ある高級紙も、こうしたメディア界の流れを無視できず、紙面デザインの変更、記事の短縮、読者の欲求を最優先する方針に切り替えた［Doug Underwood, 前掲書］。

ところで、米国で実際に新聞を手にしてみると、写真を掲載せずに活字だけに徹する『ウォール・ストリート・ジャーナル』は別格としても、『ニューヨーク・タイムズ』などの高級紙と日本の全国紙の紙面を比較してみると、日本の全国紙は『USAツゥディ』の紙面構成に近い。ビジュアル化を意識した紙面、写真の多様、派手なカラー印刷、感情的な喜怒哀楽を盛り込んだ文章、スキャンダルの重視などの紙面展開は、発行部数が巨大な日本の大新聞が取り組んできたことである。
その意味で、『ウォール・ストリート・ジャーナル』のような素っ気ない活字だけの日刊新聞を日本で見つけることは難しい。遅まきながらビジュアル化した米国の新聞が、〝日本化〟しているのである。

日本では、特にバブル経済崩壊後の長期不況によって、一九九〇年代の新聞や放送、出版などのメディア業界の経営は悪化し、広告が減少するなどして産業基盤は深刻な打撃を受けている。リストラ圧力による組織内の不協和、不祥事の露呈、販売・視聴率競争の加熱、記事・番組の低俗化、ゼロサム・ゲームによるシェアの奪い合いが続いている。

日本の新聞業界にとっても活字離れ、新聞離れをどう食い止めるかが深刻な課題だ。追い打ちをかけるように、インターネットや情報通信分野の新しい情報産業が台頭してきた。また従来の非メディア産業だった商社、流通、金融などの巨大企業や外国情報資本がM&Aによって日本のメディア市場への参入を狙っている。既成メディアの将来は極めて厳しい。

これまで、タテマエとされてきた新聞ジャーナリズムの経営理念は次のようなことだった。「新聞社では、販売・広告、それにその他事業も含め、営利活動を重視する必要があるのは、新聞社の経営基盤を確固たるものとし、自由な言論の独立性を保障する経済的に重要な役割を演ずるからだ、と理由づけられ、信じられてきた」〔桂敬一編、一九九五〕。

新聞は「公器」とされており、その公器を支える経営の問題に関して、読者は多くを問いかけることがなかったのである。監督官庁がない企業は新聞社だけということからも、その特別視がわかるだろう。言論機関である新聞社は誰にも監視されることなく、言論の自由を謳歌してきた。

公器という言葉には社会的な公正の具現者という響きがある。米国のメディア産業は熾烈な競争を強いられてきたが、日本の新聞社は株式の持ち合い制度、再販価格維持制度など、さまざまな法的規制に守られ保護されてきた。〝公器〟としての新聞は、言論の自由の砦として手厚く法の庇護を受けてきたのである。

日本のジャーナリズムは経営がいくら悪化しても、米国の新聞界のような熾烈なM&Aや倒産劇からは免れてきたのである。非合理的な販売手段が公正取引委員会の勧告を受けようが、「言論に対する外部の干渉から自由になるため」という大義によってくぐりぬけてきた。

新聞販売店の非合理的な寡頭競争のありかたを見ても、米国のようなMBAのスペシャリストは日本の新聞界には不必要であったことがわかる。大学院で学んだMBAという人材のかわりに、日本では法の保護と護送船団に守られた独自の販売店経営法があり、たとえ独禁法に抵触しかねない販売手段であっても言論機関の特権の旗のもとでは、恥ずべきことでもなかったのである。

公共性と経営の矛盾

ジャーナリズムのアキレス腱は、報道の公共性を標傍する一方で、これを支える経営の矛盾である。経営をめぐる日米のアキレス腱の質には違いがある。エレノア・ウェストネーは、日米の新聞産業の相違を、「日本の新聞は長期的な組織重視の成長志向が特徴だが、アメリカの新聞は短期的な利潤追求の志向が強い」と指摘する［Westney, 1996, 前掲書］。

日本の新聞は時に、短期的な収益を無視しても、長期的な経営戦略にたって会社全体の利益を追求する。しかし、株主への配当を重視する米国の新聞は短期的な利潤を追うために、競争紙との差別化や隙間（ニッチ）を狙った多様な経営戦略を展開する。

米国では新聞経営は収益率の高いビジネス分野である。一九八六年における米国のプレス産業の収益率は一九％と高いが、日本の場合、一般企業の収益率を大きく下回っている。日本の新聞がピークにあった一九八八年でも二・二から四・七％に上昇したものの、米国の水準にははるかに及ばない。

このほか米国のメディア産業はM＆Aや資本提携によって他産業や他企業とのグループによる依存関係が強くコングロマリット化する傾向が強いが、日本の場合、新聞社の親会社、子会社という内部的な系列関係によって垂直的な支配構造を持っている。新聞社とテレビ局、広告会社、製紙会社は相互に縦の系列関係で結合しているのである。

さらに日本の新聞社は特定のメインバンクから多額の投資資金をローンで借入してきた。公器を自認する日本の新聞には公共性に対する社会的要請があり、新聞自身もそのことをたえず意識している。このためのタテマエと経営の本音の行動が乖離することが多いのである（一九九七年二月、マードックに買収されていたテレビ朝日の株式を朝日新聞社が約六〇〇億円で買収したが、これは朝日が短期的な収益を目指す経済行為ではなく、朝日新聞グループの長期的な影響力維持の要請が強く働いている）。

日米メディア産業は、同じようにマーケットの獲得競争に邁進しているように見えても、日本のメディア産業は米国にくらべてはるかに長期戦略を組み、影響力拡大のアグレッシブな市場行動をとる。こういう日本の新聞経営は公器をうたう紙面の背後に隠れて見えにくい。

経営の内実と紙面の顔とが著しい乖離をきたして読者を戸惑わせているのが、日本型メディアシステムの大きな特徴といえるのである。さらに日本のメディア研究では、観念的なメディア論やメディアの理想型をモデルにした社会的、政治的な役割の重視が強調されるだけで、現実のメディア産業全体に対する関心が希薄だ。「経営戦略がメディアの内容に関連する意志決定とどう結びつくかは、評価、判断の分析が複雑でむつかしい。だから日本のメディア研究者たちはこの問題を避けて通り、ほとんど追求しない」とウェストネーは指摘している［Westney, 前掲書］。

しかし、メディアのコンテンツ（内容）を理解しようとすれば、当然ながら、中身を支えるハードウェアとしての経営体を知る必要がある。コンテンツの妥当性、信頼性はそれが盛られた器を吟味してはじめて評価できるものとなるからだ。

日本型のジャーナリズム産業は、護送船団に守られて組織巨大化の願望を反映してきたが、新聞社は互いに衝突を避けながら狭い水路を並列行進するスーパータンカーなのである。

狭い水路を走るスーパータンカーが衝突を回避するためには、進路の変更ができない。朝日が左、読売が右、という進路は狭いマーケットの事情もあって、容易に変更ができない。

アメリカの新聞社の利潤追求はあくまでマーケットに依存しているから、その競争の本筋は、販売方法ではなく編集内容と紙面の勝負である。

読者にアピールすれば新聞は売れる。マーケティング・リサーチにたけた経営学のスペシャリストが新聞社やテレビ局のニュースルームを支配するのはそのためである。米国の地方紙や大衆紙の場合は、紙面にクーポン券をつけたりして顧客の関心を引きつけることがあるが、レベルの高くない新聞の場合はクーポンの中身で読者が新聞を選ぶことが多い。ちなみにアメリカの新聞の平均発行部数の八四％は、発行部数五万部以下の地方紙だ。地方都市で二紙以上が競争しているところは約二〇％で、一都市一紙体制が定着しつつある。

しかし『ニューヨーク・タイムズ』や『ワシントンポスト』のような中央紙は、日曜版などの広告がめっきり増えたという事情はあっても、紙面内容以外のサービスはしない。『ウォール・ストリート・ジャーナル』は紙面に写真すら使わないポリシーを貫いている。

紙面より販売の〝腕力〟で売る

日本の大新聞は紙面内容よりも販売手腕で売ることで知られている。地方紙は地ダネを優先して差別化をはかっているが、一面記事などは共同、時事配信の全国ニュースが載り、全国紙とあまり変わりばえのしない紙面構成が多く見られる。

その意味で、全国紙、地方紙とも編集内容ではあまり違わないが、販売方法はがらりと異なるのである。販売店ネットワークを基盤にした日本型販売競争にとっては、紙面内容が似ているほうがかえって販売店が売るのに都合がよい。なぜかというと、どの新聞でも中身は同じだから、紙面以外の景品があったり無代紙が多いほうが読者に受けるからだ。日本の新聞の多様性の欠如は、販売戦略を容易にさせる体質をもっていたのである。一般の日刊紙に比べ、多様性に富んだ紙面競争で勝負するのは、スポーツ紙や夕刊紙のほうである。

全国紙の場合、どこかが値上げすると業界が横並びに上げてゆくし、A紙が読書面の刷新をすると、すかさずB紙がその後追いをするという状況がある。新聞社内では紙面の刷新の可否について、A紙の社長からB社の社長に直接相談があったなどの噂話が出回ることがある。A紙の記者がB紙の動向を、紙面とは別のレベルで気にするようなことが起こるというわけだ。

新聞の印刷から販売各店への発送システム、販売店経営の他紙との共同など読者の目に触れないところでは、各社相互の共同関係が成立している。朝日と読売は一九九四年四月から青森県と秋田県で共同輸送を開始、一社でトラック一〇台分が節約され、年間で四〇〇〇～五〇〇〇万円の輸送費が節減されたという［田村穣生・鶴木眞編、一九九五］。

ウェストネーが注目するように、新聞の産業論的分析は日本型組織としての新聞経営の実像を解明する上で重要な部分なのである。「新聞の勝負は紙面ではなく販売の腕にかかっている」としばしば記者が自嘲的に語ることがあるのは、これを示唆している。

米国の新聞にも宅配システムは導入されているが、街頭売り全体の一割弱程度のものであり、日本のように販売店の全国ネットワークを意味するものではない。紙面クーポンをつける地方紙はあるが、景品や無代紙をつけるといった販売手法はない。

アメリカには再販価格維持制度はないから、昨日の新聞がディスカウント価格で売っている。米国滞在中、高価で分厚い日曜版を翌日まで待って買った経験のある人は多いだろう。

またアメリカのメディア産業や新聞の収益は販売よりも広告収入の比重が圧倒的に高い。たとえば一九九五年度の『ニューヨーク・タイムズ』の広告収入は七〇％である［『ニューヨーク・タイムズ』九五年次報告書］。一九八〇年代半ばの全米の広告収入はGNPの二・四三％だったが、経済成長期のピークであったにもかかわらず同時期の日本の場合、〇・九二％にすぎず、この数字はチリ、ボリビアなどと同じ水準で世界二三位である。しかもバブル経済の崩壊によって、九〇年代以降は再び低迷している。広告産業の規模で見る限り日本は世界の経済大国のレベルにはない。経済大国にしては少ない広告産業のパイの支配者は電通や博報堂である。電通は新聞広告の二〇％、テレビ広告の三〇％を独占している［Westney, 前掲書］。

広告収入への依存が低く、販売収入に頼らざるを得ないのが日本の新聞だが、販売収入の五〇％以上は新聞社の収入にはならずに販売店経費にあてられ、公表される発行部数の一〇％以上が幽霊部数になっているという報告がある［Walker, 1982］。いうまでもなく景品や無代紙の押しつけは違法行為である。公正取引委員会からしばしば違法性を指摘され、そのたびに自粛の声明が新聞紙面に出るが、違法販売行為がなかなか改められないところに日本的特殊性があるだろう。

また販売店集団が新聞社に対する圧力団体であり、新聞販売の勧誘法において社会と摩擦を引き起こすようなことも、しばしばある〔前掲、「新聞の病気」。同誌に「新聞拡販団」のルポがある。販売店問題や販売方法をめぐりしばしばスキャンダルが起こり、新聞社の紙面のタテマエとどろどろの販売の乖離が表面化する〕。販売店は編集内容に圧力をかけることがあることもしばしば指摘される。

言論機関である新聞社には、テレビなどの他メディア産業のように監督官庁もなく、株の内部持ち合いが法的に認められているから、外部のいかなる干渉を受けることもなく独立した経営ができる。憲法二一条「言論の自由」の条項に守られて検閲もない。そうした恵まれた環境の中では、新聞社がかかえる販売店集団は数少ない圧力団体に属するのである。

広告収入の比率が低いことは、新聞がスポンサーの圧力には比較的強いことを意味するし、ローンは抱えていても、経営の相対的な独立は、銀行からの圧力や政治的な圧力からも自由でいられる。日本の新聞は、経済界や政界、官庁などの支配層に対する影響力は強い。新聞の最大の問題点と弱点は、編集面の記事からは窺い知れない、隠れた水面下の販売方法にある。一部紙面を拡張すると一月の新聞代よりも多い販売促進の謝礼金が出たり、電気製品などの途方もなく高価な景品をつけてまで部数を増やそうとする新聞社のコスト感覚は外部からは窺い知ることができない。

部数が増えれば広告料金に跳ね返るという理由はあるが、その合理的な計算の根拠は曖昧である。広告料金はその時代の好不況に左右される。また必ずしも部数だけが広告料金の算定基準ではない。部数トップの読売がすべてのジャンルで広告料金が高いわけではない。部数第二位の朝日が依然として広告料金の高水準を保っているジャンルは多い。読書面などの書籍広告では圧倒的に朝日の優位が言われている。

販売寡頭競争が紙面を変質させる

朝読戦争に代表された巨大全国紙の販売寡頭競争が、日本の新聞とジャーナリズムの質をいかに変質させたか分析することは、ジャーナリズムの研究にとって重要な課題である。新聞の理想型を設定し、「かくあるべし」という議論をいくら繰り返しても、新聞はそのような理想型からますます離反した行動をする。紙面やジャーナリズムへの影響を分析・研究するには、産業面の解明と分析が不可欠なのである。たとえば読売新聞が、巨費を投入して名古屋で部数拡大を果たし、その部数を合わせて日本一としたことの産業論的な意味はいまだに解明されてはいない。

読売の部数拡大主義は、ただちに短期的な収益に見合う利害を反映したものではない。これはウェストネーが指摘する「日本の新聞の成長志向、巨大化指向」を表す格好の素材である。日本の新聞ジャーナリズムの巨大化指向の背景には、利潤追求や経済行為を超える別な野望、つまり権力への接近と支配力、影響力の獲得がある。しゃにむに業界トップの座を目指すこうした企業の成長志向は、ひとり新聞社だけではなく、多くの日本の大企業に共通している。このような日本企業の過剰ともいえる巨大化志向が、一九八〇年代に欧米との経済摩擦を起こす要因になった。〝株式時価総額世界一〟をめざして違法に走り破綻したライブドアの行動は、上述した日本型企業の巨大化指向を体現している。

官庁や銀行、企業にディスクロージャー（情報公開）をいいながら、じつは自分自身がもっとも閉鎖的で、内部の腐敗や問題点をかくしている。日本経済新聞社会長の金銭スキャンダルが週刊誌や外国の新聞で取り上げられたとき、「自らのガヴァナンスはどうなっているのか」という声が経済界などで上がった。

一九八〇年代中期以降、日米の新聞社はバブル経済に煽られて新聞以外の新しい産業へ触手を伸ばそうとした。CATV、サテライト事業、データベース、文字放送などが一体化した「ニューメディア事業」である。そのなかで新聞をワン・オブ・ゼムとして総合メディア事業の一環と位置付けた。新聞は、従来のように「作った新聞を売る」時代から「売れる新聞を作る」という方向に紙面を変容させることになる。新聞社は新聞で得た利潤をベースに、製作過程の電子化、ビデオテックス、電子データベース、CATVの展開、文字放送などの総合情報産業への脱皮を目指し、ニューメディア事業への大規模投資を行った。これによって銀行からの借入金の増大、他企業との提携関係が深まる結果になった。

そうはいっても、「売れる新聞」という考えは、日本では米国ほどのインパクトをもたない。『USAツゥデイ』は売るためのさまざまな戦略を組み立てており、紙面からもその気迫が伝わってくる。記事はコンパクトで、質の高いスポーツや娯楽情報があり、適度な写真、インテリ向けの読み物などもそれなりに工夫していて、読んで楽しい紙面であることは確かだ。しかも日本の夕刊紙、スポーツ紙、タブロイド紙のようなスキャンダルやセックス記事もない。

〝売れない新聞でも売る〟のが日本の新聞販売店の腕であり、新聞社のパワーなのである。いい新聞を作っても販売のパワーがなく、整備された販売店ネットワークがなければ新聞は一部も売れない。かりに『USAツゥディ』のような新聞を日本で作ったとしても成功するかどうかわからない。それが日本の新聞界の常識である。

民放テレビの支配権を握る新聞社

日本の新聞ほど政治的、社会的なパワーをもっている新聞は世界でも稀である、といわれた。かつて世界の有力一二新聞の調査報告書で朝日新聞をとりあげたマルティン・ウォーカーは、「国会議員の約半数は朝日を読み、大学教授や科学者の大多数は朝日の読者である。また会社経営者、政府官僚、プロフェッショナルな人々の四〇％もが朝日を読んでいる」とその広範な影響力を指摘した［Walker, 前掲書］。

一九九〇年代以降、新聞そのものの影響力の低下や憲法問題や歴史認識で朝日のリベラルな論調の後退が顕著になって、ウォーカーが指摘したことは時代の趨勢に合わなくなっている。しかしそれでもなお、朝日や読売の日本社会における影響力は小さくはない。

先にも述べたように新聞の経営は、全国のテレビ局の系列化のほか多様なメディア産業の系列化にまで及んでいる。系列化した情報ネットワークを通じて、日本の大新聞はコンテンツやニュースの領域で影響力を全国的に行使できるのである。

ハーバード大学ライシャワー日本学研究センター元所長スーザン・ファーは、日本の大新聞社は民放テレビの支配権を握るなどして単独で情報コングロマリットを形成していると指摘している［Susan J. Pharr, Media as Trickster in Japan 前掲、Media and Politics in Japan］。

ニューヨーク・タイムズは、米国東海岸地域のベッドタウンで小さなCATV局を経営してはいるが、それは新聞の宣伝普及を目的とし、地域社会のニーズを優先したものなので、テレビネットの支配権をめざすものではない。放送法で言論機関の寡占が禁止されている米国では、三大ネットワークのテレビ会社を新聞社が支配することは、ありえないことである。既述したようにマードックが手放したテレビ朝日の株を親会社の朝日新聞が買収したことで、朝日新聞社の所有株式は五〇％ラインを超えた。アメリカから見れば、このような株式の買収は言論機関の寡占いがいのなにものでもないが、朝日は亀裂が入りかけたテレビ朝日に対する支配権を回復したのである。

朝日グループだけではなく、読売系の日本テレビ、毎日系のＴＢＳ、産経系のフジテレビ、日経新聞系のテレビ東京など新聞社と民放テレビ局はセットになっている。こうした系列化によって、全国のテレビ局に番組、ニュース配信、人事、営業面の各部門に新聞社の支配権が及んでいる。とはいえ、新聞社はテレビ局への支配でどのような収益をあげたかというと、この点は具体的には明らかではない。朝日の株主配当金はマードックから買収した株式譲渡代金六〇〇億円の出費と比べてどれほど見合うものであろうか。

「朝日グループは、日本の一〇七テレビ、ラジオ局のうちの四七局に投資しているが、放送への投資で収支のバランスシートを崩している。他事業であげた収益は全収入のわずか〇・五％で、テレビ、ラジオ投資部門では損失になっている」とウォーカーは分析している［Walker, 前掲書、この調査は一九七八―七九年時点のものだから、朝日系列のラジオ、テレビ局数はさらに増えている。この内容は当時の朝日新聞幹部へのインタビューによって明らかにされたものだ］。

収支バランスを無視しても系列テレビ局に投資し、ニューメディア事業に投資するのが日本の新聞社の特徴である。このような経済合理性のない投資の実態は、通常の企業であれば株主総会などで批判されるはずだが、新聞社は株式を公開せず、少数のオーナーや幹部社員らで株を持ち合っているから、経営上の問題で批判を受けることがほとんどない。かりに内部批判があったとしても、株は社内政争の具につかわれ、問題が外部にもれることはあまりないのである（『週刊文春』『週刊新潮』などの週刊誌が大新聞を標的にしたスキャンダルや内部告発記事を掲載することで、読者はときに新聞社経営の実態を知ることになる）。

またテレビ局は国の許認可を受けていることでもわかるように、新聞やほかのメディアとくらべ、放送局経営は極めてハードルが高い。放送事業免許は日本ではごく制限されており、新会社設立は大新聞社や大企業や行政が関与しないとできないシステムになっている。

特殊法人のNHKは民放キー局の二―三倍程度のサイズを持っていることから見ても明らかだが、日本のテレビ産業はアメリカのように広告産業を巻き込むほど巨大化してはいないし、経済的なパワーも少ない。総務省（旧郵政省）が新規の放送事業に放送免許を出すことをしぶる理由は、少数の局のほうが管理がしやすいためという説もあるが、既存の放送メディアがプレッシャーをかけて、新規参入を認めたがらないことも影響している。

新聞社やテレビ局が放送事業の拡大と新規参入を好まず、さらには自らのテレビ事業の拡大を望んではいない背景には、視聴率競争で広告のパイを分け合うリスクもあるが、親会社の新聞社の意向が強く反映していると考えられている。親会社である新聞社が放送局の拡大を望まず規制に加担する理由として、ウェストネーは、「新聞が広告収入を増やそうとしたときに、テレビに広告収入の資源を奪われないように牽制しているからである」と分析している［Westney, 前掲書］。

テレビの政治的、社会的影響力の増大に対する新聞の嫉妬もあるだろうが、新聞社はテレビが対等のライバルにならないように、法の規制をうまく利用してコントロールしているということになる。約三〇年前からじわじわとテレビの国民への浸透力は拡大し、七五年のNHK調査ですでに日常生活で最も必要なメディアとしてテレビをあげた人が四四％、新聞をあげた人が四二％と、テレビの影響力が新聞を抜いている。また民放テレビの広告収入は八〇年代に新聞を上回った。

一九九〇年代になり、テレビの社会的なパワーは誰の目にも明らかになり、新聞をしのぐ勢力になったことで資本を蓄積し、新聞社とテレビ局の力関係の逆転も起こってきた。いくら系列親会社といえども新聞社が一方的に経営や人事でテレビ局を支配できる時代ではない。しかし、ニュース報道の流れに関する限り、新聞社とテレビ局の支配関係は崩れてはいない。朝日―テレビ朝日、読売―日本テレビ、毎日―TBS、産経―フジテレビ、というニュース報道の新聞社支配は、系列キー局を通じて全国のテレビ局に及んでいる。

太平洋戦争終戦時にGHQによって作られた「電波三法」は、もともと報道や言論に対する政府行政権力の介入を防ぐのが目的だった。電波三法は、アメリカのFCC（連邦通信委員会）の放送行政をモデルにしていた。新しい法律によって、戦前は単なる大本営の宣伝機関だった放送が、まがりなりにもジャーナリズムの一翼を形成するようになったのである。放送の自由を原則とし、放送局の許認可に当たっては、事業者の自由、自立性に任せるという考えが強かった。しかし一九五一年のサンフランシスコ講和条約によって日本は独立国となり、放送の許認可権を担当する監督官庁は郵政省に移管された。

もともと言論に対する政府権力の介入を防ぐために作られた電波三法だったが、国営放送のNHKはもとより、民放も政府にコントロールされることになって戦後の放送界の言論の自由に対する誤解と混乱が始まったというべきであろう。

電波行政が郵政省の管轄に移ったことで政府の干渉を受けやすくなったが、電波割り当てに関しては、「集中排除原則」が存在している。米国と同様に言論機関の寡占を防ぎ、言論の自由の抑圧を防ぐための法的装置である。旧郵政省も「放送事業にできるだけ多くの事業者の参入と放送の自由化を促進して言論報道の自由市場を形成する」とその理念をうたっている。

しかしながら、放送の許認可業務に政治の介入が起こり、テレビ局の系列地方ネット拡大をはかる大新聞の戦略と意思を反映した「一本化工作」という名のマスコミ界の談合によって、集中排除原則法の理念が空文化していった点は見逃せない。例えば、新聞各社によるテレビ免許の申請において、一本化工作という形で各社が共同歩調をとった札幌地区の例が報告されている［服部孝章、一九八八］。

服部によれば、一九八六年、札幌地区の民放局設立の計画に対して、北海道新聞系列、日経新聞系列、朝日系列、読売系列などの新聞社系列に加えて、中央のテレビなど一七六社からの免許申請があった。これを調整し一本化するための工作依頼が、地元の有力者である北海道経済連合会会長に郵政大臣名でなされた。郵政省はこの一本化工作は談合と利権獲得の動きと見なして、審査基準を厳しくし、ダミーなどを使った免許申請方法を禁止し、既成マスコミからの役員の流入や影響力の排除をうたった新基準を一九八六年から導入した。

マスコミ界の談合による一本化工作とそれを受けて作られた郵政当局の厳しい審査基準は、民間レベルの放送事業への参加意欲をそぎ、国民を電波行政から遠ざけてしまった。このようなテレビ局の系列化に影響力があったのは、元首相で当時郵政大臣だった田中角栄の構想に端を発するといわれるが、全国五紙とキー局ネットワークの関係の調整にあたって、「政治的な処理がおこなわれたことはほとんど疑問の余地がない」と高木教典は指摘している［服部孝章、前掲書］。

大新聞による複数系列局の支配禁止などの「集中排除規制」のほうは骨抜きになり、電波の有限性と希少性を理由にした、「免許規制の緩和政策」に対してだけは慎重な姿勢がいまだに続いている。電波を使わないインターネット放送に対しても放送法の規制を加えようとする動きがあるが、これなどは放送法の理念から大きく逸脱している。既成のマスコミと政治の蜜月関係のもとにある日本の放送送行政は、世界メディアのグローバリゼーションの流れから取り残されるだけであろう。

官僚組織、縦割りの新聞社

日本の新聞社の系列会社への支配と人事を含む影響力の拡大は、中央官庁の役人が支配下の組織や民間企業に天下りする構造によく似ている。その意味で、日本の新聞社は民間企業でありながら官僚組織に似ている〔前掲『新聞の病気』所収の「朝日若手記者座談会」では、支局勤務の記者が本社と支局の官僚組織なみの従属関係について話している〕。新聞社の組織そのものが巨大化指向を持っており、融通がきかない部単位の人事システム、社会部、政治部、経済部などが横の連携なしに独自に動くなど縦割り取材の在り方も、官僚組織の特性を備えている。

記者にも入社の仕方によって、キャリアとノンキャリアのような差別があり、キャリア組はラインに残り、非キャリア組は書き手として編集委員などの職種にとどまることが多かった。官庁の硬直性を批判する新聞社が、官庁の真似をした組織を作っている姿は、戯画といってもいい。

明治維新に出来た日本の新聞社が官庁の権威ある組織を真似して会社作りをしたのは致し方ないことだった。民間会社ながら帝国大学出身の記者をたくさんかかえた新聞社は、それだけで権威が高まったのだ。官庁や政界を取材してよい情報を取るためにも、かつての銀行のＭＯＦ担当（大蔵省担当）のように、有力官庁や政財界の中枢に人脈とコネクションをもつ有名大卒の高学歴記者が必要だった。

数千人もの社員をかかえ、その家族や販売店、グループ企業も入れると、ゆうに数万人の人間を養っているのである。日本の新聞社は巨大な浮沈空母の道を目指すしかなかったわけだ。

メディアの誤報と訴訟の多発

名誉毀損にかかわる訴訟事件でメディア側が敗訴し、多額の賠償金を支払うケースが一九九〇年代以降の米国で急速に増加した。NBCテレビはゼネラルモーターズ（GM）に対する調査報道の誤報で謝罪し、ABC、CBCテレビはたばこ会社から起こされた訴訟に敗れて、一〇〇億ドルの損害賠償金を支払えという判決が下された［"Punishing the Press", Columbia Journalism Review, March/April 1997］。

反社会的な金融投資、危険な食品、環境破壊への警鐘などをテーマにした調査報道で、米国の三大ネットワークが敗訴した事件は、調査報道を志す米国のジャーナリストの士気を大いに砕いた。一連の敗訴によってジャーナリストたちは法解釈と格闘するだけでなく、報道の公共性に対する自信まで喪失しはじめている。

さらにアトランタのオリンピック広場爆破事件で犯人の嫌疑をかけられたガードマンに対して、NBCテレビは和解金として五〇万ドル以上の損害賠償金を支払ったと伝えられる。法廷での判決以前にNBCは手をうったのだが、ガードマンのターゲットはCNNや他のメディアへと向かった［前掲、Punishing the Press］。ガードマンはすべてのメディア訴訟で勝訴し、約一〇億円の損害賠償金を得たといわれる。

米国におけるこのような名誉毀損訴訟のターゲットは主としてテレビに向けられている。ギャラップ調査によると、米国では早くから新聞より全国ネットのテレビのほうがジャーナリズムとしての社会的な信頼度が高いという事情があり、訴訟の対象もテレビが中心なのである。

ＮＨＫ調査ではテレビの信頼度は日本でも高い数字が出るが、まだ活字メディアの新聞の信頼度が高い。信頼度という点では、日本では伝統のある全国紙の影響力が強いこと、ＮＨＫは別として民放テレビのニュース支配権を新聞社がにぎっているなどの点があげられる。しかし選挙や災害などの大ニュースのときは、テレビの信頼度は米国と同様に新聞をはるかにしのいでいる。

テレビの影響が強まる中、バブル経済崩壊後の日本では巨大メディア間の争いが増えてきた。佐川急便会長所有の土地売買問題で、読売新聞とＴＢＳが裁判で争った事件をはじめ、朝日新聞の珊瑚報道事件、ＮＨＫのムスタン王国のドキュメンタリーやらせ事件などを他紙や他局が大きく報道し、バッシングした。二〇〇五年には朝日新聞がＮＨＫの従軍慰安婦に関する番組制作に政治圧力があったと報じ、誤報だとするＮＨＫと朝日新聞は真っ向から対立し、番組や紙面を動員して争った。

メディア訴訟や名誉毀損事件では米国のように多額の賠償金が支払われるケースは日本では見あたらない。メディア被害は多発しているが、表だった訴訟へ至るケースは、アメリカに比べてはるかに少なかった。和を尊ぶ日本的な文化風土に訴訟はなじまない。日本のメディアも名誉毀損に対して鈍感だったが、誤報をされたり名誉を毀損された側もあえて裁判に訴えることをせず泣き寝入りすることが多かった。

また言論の問題は言論で解決すべしという日本的な考え方も訴訟を回避する要因であった。さらに裁判が長引くことも理由のひとつで、たとえ名誉毀損で勝訴したとしても賠償金の額は少ない。

近年、日本で起こった主な名誉毀損事件を見ても、一九七三年に日本共産党が産経新聞を相手取った反論権の主張、一九八一年の雑誌『諸君！』（文藝春秋）五月号の記事に対する朝日新聞記者・本多勝一の反論掲載と慰謝料請求事件などがあるが、裁判所はいずれの請求をも却下している。

犯罪報道の誤報に関する人権侵害と名誉毀損については、一九八四年のロス疑惑報道にからむ被告（当時）の三浦和義が行った約二〇〇件に及ぶメディア訴訟がある。このうち一九九〇年から九四年末までに出された判決では、原告の請求を認めたものが七七件で、賠償金の合計は三七五万円だった。このなかには、読売新聞の「『ナイル殺人事件』に犯行のヒントを得たとの記事に対する名誉毀損で五〇万円の損害賠償金が含まれている〔マスコミ倫理懇談会全国協議会『マスコミ倫理』一九九四年一二月号〕。三浦の請求の三割を裁判所が認めたわけだが、合計で三七五万円という損害賠償金の額は巨大メディア産業がうろたえるような高額の金額ではない。最近、名誉毀損の賠償金の額は高くなってきてはいるものの、数億円単位の高額な賠償金を課せられるアメリカと比較すればまだまだ低い。その意味でも日本のメディアは名誉毀損に対する罪悪感が希薄なのである。

メディア被害に遭った人がたとえ裁判で勝ったとしても長期化する裁判費用の負担は賠償額には見合わない。また誤報の影響で社会的なダメージを受け続ける。ペンの暴力というが、一度報道された内容を訂正させ、謝罪させることは極めて困難な作業なのだ。松本サリン事件の冤罪報道事件はその端的な例である。

誤報ややらせ事件などでマスコミが事件の当事者になるばあい、記事や番組を担当した疑惑の人物は決して表面に出ず、広報や上司が出てきてあれこれ釈明して頭を下げる。当事者が何も説明しないと、実際の事件のプロセスが陰蔽され事実関係を解明できなくなる。メディア業界は、当事者自身の責任を明らかにし、はっきりと疑惑についてコメントする習慣を作る必要があるだろう。それによってメディア自身の振る舞いを読者、視聴者に対して透明化するのだ。

今後、日本でもメディアによる名誉毀損事件はアメリカなみに増加し、深刻化すると予想される。メディア被害を防止するために、米国のように会社が倒産しかねないほど高額な損害賠償金を裁判で課すことも必要になってくる。高額な賠償金を課すことで人権侵害の責任がどれほど重いかという自覚を促すことができる。

そもそもメディア訴訟は言論レベルの論争を超えた問題である。本来、ファクト（事実）を報道すべきジャーナリズムが、報道内容の事実性をめぐり裁判で白か黒かの事実関係を争うのは、自己矛盾だ。しかも裁判に直面したメディアは自身の罪を容易に認めようとしない。たとえ報道が事実でないことが明白になっても、会社を守るために確信犯となり、自らジャーナリズムの役割を放棄することが起こるだろう。

一九九〇年代の日本でメディア間の訴訟が増加し、メディア同士が足を引っ張り合って相互に社会的な信用を失墜させていった様子は、「日本型メディアシステム」のひとつの終着点のイメージを形成している。報道内容の信憑性の判断を裁判所に仰ぐのは、第四の権力といわれるマスメディアの権威の喪失である。あるいは自ら第四権力の独立した位置を放棄することにつながる。

ここは今一度、ジャーナリズムの原点に立ち返り、表現の自由と責任の原則を再認識すべきであろう。戦後GHQによって与えられた日本の表現の自由は、メディアの営利主義に引きずられ、言論とは何かという本質の論議がぬけたまま、責任不在の書く自由、書き得の自由へと変質してきた。営利目的で他人の名誉を傷つけるのは明らかに言論の自由のはきちがえであり、犯罪行為である。

パリでダイアナが事故死したとき、パパラッチの追跡が事故原因を作ったという報道が行われた。そのとき『ル・モンド』は「世界のパパラッチ」特集を組み、世界のスキャンダル・ジャーナリズムの紹介をした。ヨーロッパのパパラッチは、皇室や有力政治家、スターなど社会的な強者をターゲットにするが、日本のパパラッチは社会的弱者や普通の市民に牙をむける、という内容の記事があった〔『ル・モンド』一九九七年九月二日付〕。日本のメディアは強者に弱く、弱者に強いと見ているのである。これと同じ指摘を、戦前に石橋湛山がすでに行っている〔石橋湛山、一九三六〕。

犯罪報道の人権侵害、名誉毀損、プライバシー侵害、反論権の確立などメディア被害救済の制度化については、欧米で確立しているNPOによるオンブズマンや市民メディア倫理委員会の試みなどを広範に取り入れ、責任の原則を早急に確立する必要がある〔塚本三夫、一九九八・堀部政男、一九九五を参照〕。市民社会と協同でメディアの論理基準や枠組みを作る積極的な努力もしないで、メディアの暴走に手をこまねいているのでは、日本のジャーナリズムの存在理由が問われる。

ジャーナリズムの原点は「言論の自由」を深めること

われわれはいま、ジャーナリズムとは何か、という根本的な問題に立ち返る必要がある。近代社会になぜジャーナリズムが登場し、世論が作られるようになったのか。民主主義という政治システムのもとで、ジャーナリズムにはどんな役割が求められているのか。またジャーナリストになるためには、どんな教育やトレーニングが必要か。

これらを理解するにはジャーナリズムの歴史やシステムに関わる深い知識がいる。

日米では新聞のシステムや販売、営業のあり方がまったく異なっていることは、既述した。全国紙一社の発行部数は日本が一〇倍ほど多いが、収益構造やコングロマリット化したメディア企業グループのサイズは、米国が日本よりはるかに巨大である。どちらが良くてどちらが悪いという比較ではなく、相互の欠陥と長所を比較研究することで、現状の改革のためのビジョンが見えてくる。

いうまでもなくジャーナリズムのあり方には国の政治制度や国民性、文化が反映している。それぞれの国や地域には異なったジャーナリズムが存在するのは当然のことだ。日本のジャーナリズムは日本の歴史と伝統文化の基礎に根ざしている。

たとえば日米とも異なる韓国のジャーナリズムは、従来、記者クラブ制度などで日本の仕組みの影響が強かったが、近年、記者クラブ改革が急速に進んで独自のジャーナリズムを形成している。アメリカでも、フランスでも、イギリスでもドイツでもそれぞれの国の歴史と文化に根ざしたジャーナリズムが存在している。

第二次世界大戦中にナチスドイツの影響下にあったドイツやフランス（ヴィシー政権）の新聞はすべて廃刊され、戦後、新しいスタートを切った。

ジャーナリズムが伝統や文化に根ざすのは当然のことだが、ジャーナリズム成立の基盤は普遍的な基準である言論の自由だ。言論の自由が保障された民主主義の社会でなければジャーナリズムは存在できない。

周知の通り、言論の自由の考えは、ヨーロッパに先駆けて市民革命が起こったイギリスで深化を遂げた。劇作家ミルトンが言論の自由を訴えた書物『アレオパジティカ』（Areopagitica）を書いたのは、一六四四年である。ミルトンは当時の検閲条例を批判し、「自由な公開の勝負で真理が負けたためしを誰が知るか」といった。

ミルトンから約二〇〇年後、ジョン・スチュワート・ミルは『自由論』（On Liberty）を書き、自由思想をさらに深めた。「言論表現の自由は決して政府権力によって抑圧されてはならないこと、思想の公開の市場での討論を経れば、みえざる手によって真理が勝ち残る」とミルはいった。

このようなミルの思想は自由放任経済（レッセ・フェール）を説いたアダム・スミスの近代経済学の思想と通底している。それぞれ個人が自由な経済行為をしていても、やがては〝神の見えざる手〟によって市場は安定均衡する、というおなじみの市場経済論である。パン屋は市場の安定のことを考えることなく、自分の利益に忠実に価値のあるパンを焼いて売れば良い。

言論も同様で、周囲を気にすることなく個人が正しいと信じる意見を自由に述べることが重要なのだ。言論のアレーナ（闘技場）が現れ、闘争を繰り返すうちに、やがては見えざる手に導かれるようにして、正しい言論が勝ち残り、普遍的かつこの世の真実の言論が現れてくる、という予定調和の考えである。

およそ近代市民社会は、スミスのいう自由経済の市場原理とハーバーマスが提起した言論（世論）の公共圏によって発展した。経済の自由と言論の公共圏は、近代市民社会と近代文明の発展にとって、車の両輪であった。

コーヒーハウスやサロンなどの自由な言論空間から発生したイギリスのジャーナリズムは、独立戦争をへたアメリカで最も発達した。アメリカの独立と建国の理念の形成は、「言論の自由」の基盤によって支えられた。自由な民主主義国家の建設はアメリカ精神そのものとなったのである。建国の祖のジョージ・ワシントンは植民地軍司令官だったが、ジャーナリストの側面があった。

アメリカの言論の自由は、一七九一年、第三代大統領トーマス・ジェファーソンが民主主義の根幹となる「修正憲法第一条」を制定して進化した。ジェファーソンは、「新聞の批判の前に立つことのできない政府は当然、崩壊すべきである」という有名な言葉を残している。

しかしながら一方、言論の自由は新聞を売るための口実としても利用され、イエロー・キッズなどで知られるイエロー・ジャーナリズムが続出した。スキャンダル新聞を売りまくって巨万の富を築いた新聞成金のハーストやピューリッツアーなどの新聞王が輩出した。

しかしアメリカ・ジャーナリズムの本領は、権力の監視とマクレイキング（Mucraking）と呼ばれる腐敗の追及で、権力の腐敗を読者国民の前に明らかにする調査報道だった。アメリカのジャーナリズムの原点はマクレイキングの伝統に支えられたフリープレスである、と掛川トミ子はいう［掛川トミ子「アメリカのフリープレスへの一視角」、前掲『自由・歴史・メディア』所収］。

一八五一年、ヘンリー・J・レイモンドによって創刊された『ニューヨーク・デイリー・タイムズ』（ニューヨーク・タイムズの前身）は、「意見よりもニュースに重点を置いた。世界各地のニュースを提供し、公共の利益に関わるすべてのテーマを自由に論議した。読者を煽動したり、興奮させるのでなく、偏見を理性に代え、情熱を冷静な知性に代える」という編集方針を掲げた。知的レベルの高い都市の市民が読者だった。

一八七一年、創刊二〇周年で、同紙は「ニューヨーク市政腐敗の追及キャンペーン」を始めた。トウイード一派といわれる州知事グループが、ニューヨーク市政の中枢を牛耳って腐敗政治を行っていた。同紙は一年以上の歳月をかけて腐敗グループの、詐欺、汚職などの克明な資料を集め、紙面に掲載していった。

トゥイード一派は、ニューヨーク・タイムズの株の買収などを行って圧力をかけてきたが、タイムズは屈せず、腐敗グループの命運は絶たれたのである。この腐敗追及記事によって『ニューヨーク・タイムズ』の地位は確立された。マクレイキングの手法は、事実の追求によって記事の正しさを証明し、新聞に公共性を持たせることに成功した。これがアメリカのジャーナリズムが独自に作り上げた報道のスタイル、すなわち「調査報道」（Investigative Reporting）である。

スーパーマンはジャーナリストの憧れ？

映画やテレビドラマでおなじみの「スーパーマン」は、米国の地方の新聞社を舞台にしたドラマである。スーパーマンのいる新聞社が地元の政治腐敗、悪徳ボスと戦うストーリーだが、このドラマのコンセプトは「マクレイキング」だ。スーパーマンは普段は普通のさえない記者だが、いざというときに変身して新聞社と仲間の危機を救い、見事なスクープの手助けをする。スーパーマンの力があれば、空を飛んで取材にゆき、会いたい人物にインタビューができる。スーパーマンの透視の力があれば金庫や資料庫の中で眠っている機密書類をどこからでも見ることができる。何でもできるスーパーマンは新聞記者の憧れであり、その憧れをドラマにしたのが、「スーパーマン」だろう。

だが、マクレイキングがすべて良いジャーナリズムかというとそうではない。行き過ぎた腐敗追及やメディアの侵害はしばしば糾弾され、訴訟が繰り返されてきたからだ。

それでもなおアメリカのジャーナリズムがファクト（事実）の証明に精力を注ぎ、調査報道を重視する根拠はどこにあるかというと、それはアメリカのジャーナリズムの闘いと苦闘の歴史に深く根ざしていることがわかる。

独立前のアメリカの新聞をとりわけ悩ませたのが、「政治的誹謗罪」の罰則だった。権力者や政治家の腐敗を記事に書くと、すぐに「政治的誹謗罪」で投獄され、多くの新聞記者が監獄に送られた。

これを改善しようとしたのが、投獄された新聞記者の弁護を務めたハミルトンだった。ハミルトンは「名誉毀損や政治的誹謗の罪は、その内容によって判断されるべき」という「免責理論」を裁判所で展開した。つまり、記事が政治的誹謗や名誉毀損にあたるかどうかは、記事の内容が事実かどうかで争うべきだと主張したのである。

独立半世紀ほど前の一七三四年のことだが、ハミルトンの主張は認められ、事実の証明によって免責するという免責の原則が確立された。これを期に、ファクトを捜しだして記事を書く、というアメリカのジャーナリズムの調査報道の伝統がスタートしたのである。

現代では新聞がファクトを書くことは、アメリカだけでなく全世界のジャーナリズムの共通基準となっており、これに疑念を唱える人はいない。日本のジャーナリズムも事実を証明できてから記事を書くのが、ジャーナリスト教育のイロハであり原則だ。

一九七一年六月、ベトナム戦争がでっち上げられた事実によって引き起こされたという記事を掲載した『ニューヨーク・タイムズ』のペンタゴン・ペーパーのスクープ、ニクソン政権の腐敗を追及して大統領を退陣させた『ワシントン・ポスト』のウォーターゲート事件のスクープなどは、米国の調査報道の金字塔とみなされている。

ペンタゴン・ペーパーのスクープ記事が掲載された一九七一年六月一三日の朝、ニューヨーク・タイムズ社長パンチ・ザルツバーガーは、アメリカの権力機構が変わってしまうほどの衝撃が起こったことを悟る。「大統領が倒れるかもわからない。アメリカの憲法政治の三権のバランスに変化が起こるかもしれない。そして、ニューヨーク・タイムズひいてはアメリカの報道機関の役割、さらには世界のほかの大国の報道機関の機能さえ変えてしまうかもしれないものなのだ」とザルツバーガーは考えた〔ハリソン・ソールズベリー、一九九二〕。

隠された事実を掘り出して書くというジャーナリズムの世界基準を作ったのは、アメリカのジャーナリズムである。世界のジャーナリズムは濃淡の差はあるが、アメリカのジャーナリズムの影響を受けて進化してきた。

前述したように、言論の自由の思想を生み出したのはイギリスで、これがイギリスの名誉革命や市民革命の原動力になった。この思想はフランスなどヨーロッパ大陸に流れ込み、フランス革命や二月革命、七月革命、パリ・コミューンなどの市民革命を引き起こした。フランス革命では憲法で言論の自由が保障されたが、貴族出身の詩人シャトーブリアンは、「憲法が出版の自由を与えたのでなく、出版の自由が憲法を与えた」といった。

市民革命期のヨーロッパではおびただしい新聞やパンフレットが発行され、新聞やメディアの結社が作られた。文豪バルザックの『ジャーナリズム博物誌』は、新しく台頭した第四階級としてのジャーナリズムの喧噪と生態を活写している〔オノレ・ド・バルザック、一九八六〕。

バルザックによれば、当時のヨーロッパでは、ジャーナリストとは近代の新しい知を担う人、という意味で使われていた。初期のころには、芸術家、作家、思想家、学者など文筆に携わる者たちが、ジャーナリストと呼ばれていた。アダム・スミス、モンテスキュー、ボダン、ルソー、グロティウス、ベンサムなどの高名な思想家たちも、ジャーナリストの範疇に入っていた。

やがてペンで一旗あげて金儲けをたくらむ物書きや出版業者たちの巣窟のようになってジャーナリ

ズム界が荒廃してゆく姿を描いたのが、『ジャーナリズム博物誌』である。

バルザックが描いたジャーナリズムは文筆の世界の様相であり、文学的、思想的な価値観に貫かれていることがわかる。そこにはアメリカのジャーナリズムのファクト（事実）至上主義とは異質なジャーナリズム観が見られる。

アメリカ・ジャーナリズムは事実発掘による政治性と世論形成力、ヨーロッパのジャーナリズムは知的志向、文学的表現、芸術文化への傾斜というふうにそれぞれジャーナリズムの文化基盤は異なっている。

同じヨーロッパでも、近代化に遅れて後進性が残っていたドイツでは、ジャーナリストの評価は全く違っている。マックス・ウェーバーは、『職業としての政治』のなかで、「ジャーナリストは一種のアウトサイダーとして、『上流社会』ではいつも、道徳的に最も劣った者を基準として社会的に評価される」という［マックス・ウェーバー、一九八〇］。

ウェーバー自身は、ジャーナリストの仕事は学者と同等の才能が必要だと評価しているが、当時のドイツ社会ではほとんど認知されない職業だったようだ。ジャーナリストがこのように低く評価されていたなかで、ワイマール時代に台頭した新聞はすべて独裁者ヒトラーの手で消滅させられた。

欧米から日本に流入したジャーナリズム

日本のジャーナリズムは明治維新に興り、江戸時代の瓦版の伝統を捨てて、欧米の言論の自由を模倣することでスタートした。序章でも触れたが、ペリーが将軍に贈った贈答品の中に、電信機、汽車のミニチュアに並んで新聞があった。

第四章で詳述したが、明治維新の新聞の主流は政治の権力闘争に加担する政論新聞だった。政論新聞が衰退した大正時代の一時期に商業新聞の言論の自由は開花したが長続きせず、戦時下になって新聞に対する国家の検閲体制は完璧になり、新聞は戦争協力への道を歩んだ。

戦前の日本でジャーナリストという職業が社会的に低く見られていたのは、後進国ドイツと同様であった。

太平洋戦争後、GHQによるプレスコードや検閲、指導期をへて、憲法が発布され米国型の言論の自由が日本に入ってきた。言論の自由が憲法の制度として確立したのは、戦後のことである。しかし明治以降、歴史上の曲折を経て今日にいたった日本型言論の伝統的な立脚点は、権力からの距離とのバランス関係でできた「不偏不党」という立場だったことに変わりはない。

日本の新聞は、読者や国民の反応より政府権力側の空気をたえず気にせざるを得ない歴史的な環境があった。発行禁止処分を逃れ、かつ読者を失わないための最善の方法が「不偏不党」であり、紙面の是々非々主義を貫くことであった。戦中は「不偏不党」を投げ捨てて戦争協力に走ったが、戦後、GHQとの軋轢のなかで再び「不偏不党」に戻った。

「不偏不党」には、言論の自由を認めながらも、権力や社会とどのようにして折れ合い、妥協するかという、日本の言論機関のしたたかな戦略が隠されている。日本のジャーナリズムは、米国のように事実を冷徹に追求するよりは、事件にまつわる「喜怒哀楽」の感情で読者の関心を引き善悪の価値判断を追求することが多い。

日本のマスメディアは真実としてのニュースを提供するよりも、価値判断と喜怒哀楽の国民感情を全国ネットで形成してゆく社会的コミュニケーションの役割を任ってきた。読者、国民は事件の証明された事実をニュースで共有する前に、喜怒哀楽の感情を共有する。これによって先入観（ステレオタイプ）が作られるのである。「大事故のやりきれない悲しみ」や「汚職政治家への怒り」「殺人犯への憎しみ」などだ。消費税アップは「良い」とか「悪い」とか感情的にいいあう。しかし、怒りや悲しみは時間の経過とともに静まりやがて消えて行く。怒りや悲しみが消えれば争点は消滅しなくなる。しかし感情的によって作られた事物の先入観だけは国民の記憶の中に沈殿して残る。

「「ニホン」のマスメディアの報道は、事実判断の通有よりは、価値判断（喜怒哀楽）の通有や再確認……の方に、より大きな力点を置いているように思われる」と公文俊平は述べている［公文俊平、一九九三］。

不偏不党を掲げながら大新聞は肥大し、発行部数を伸ばし、会社の図体はどんどん巨大化していった。不偏不党は歴史的な必然性の中で形成された言論の理念ではあったが、新聞社が世界に類例のないほど巨大化するのに最も好都合な枠組みになった。

しかし一九九〇年代に入ると、「不偏不党」から離脱し、主張する新聞の動きが活発になった。産経新聞、読売新聞は、歴史認識や安全保障、憲法改正問題などで自社の主張を打ち出してきた。横並び、画一的、多様性の欠如がいわれ続けてきた日本の新聞だが、ようやく構造的変化の兆しが見えてきた。

メディア研究と教育の課題

現代のマスメディアを考えるとき、最大の課題は、M&Aを繰り返しながら巨大化しコングロマリット化するメディア産業の分析と、その渦中にあるジャーナリズムの未来がどうなるかを予測することであろう。

多様なメディアが錯綜する情報化社会にあって、もはやジャーナリズムなど必要はない、という考え方もある。たくさんある中から自由にメディアを選択し、欲しい情報を受け取った消費者が自ら価値判断をして決めればいい、ということだ。そうはいっても人間社会でメディアが果たしてきた役割はそれほど単純なものではない。メディアと社会変革の関係については、ユルゲン・ハーバーマスが『公共性の構造転換』の中でつとに指摘している［ハーバーマス、前掲書］。

二〇〇五年九月の衆議院総選挙での小泉自民党の圧勝の主たる原因を究明するには、政治学的な分析より、選挙でメディアが果たした世論への相乗効果を研究するのが早道であろう。

しかしながらメディア研究にあたりコンテンツ分析にだけ任せておいてはいけない、というのが組織論の研究者エレノア・ウェストネーである。メディアの中身を知るにはその器である組織やシステムなどのハード面やマーケットの趨勢を分析することが必要、というのだ。

残念ながらこうした研究は日本のマスメディア研究の領域からこぼれ落ちてきた問題である。たとえば一九七二年のウォーターゲート事件のとき、アメリカのシンクタンク「RAND」は、ウォーターゲート事件報道のニュースの視聴率の異常な動きに注目した。ニューヨークやワシントン、ボストンなどアメリカ東部では通常、ニュースの視聴率は高い。しかしロスなど西海岸では、ニュースの視聴率は極めて低いのが通例だった。ところがウォーターゲート事件のときは西海岸のニュース視聴率まで急騰した。この事実に着目した「RAND」は、ニュースに新しい需要が生まれているという報告書を発表した。

RANDレポートの予測どうり、八〇年代のアメリカにはCNNなどの新しいニュースチャンネルが立ち上がって、テレビニュースの戦国時代に突入していった。日本でもCNNの影響を受け、「ニュースステーション」、「ニュース23」などの新しいニュース番組が誕生したのである。

日本のメディア研究でしばしば陥りがちな欠点は、メディアの現実の姿を見ないで無意識のうちに、欧米的なメディア論の影響下にある価値観のもとで日本のメディアを観念的に批判することが多い点だ。欧米ジャーナリズムの言論の自由やメディアのあり方が主観的に理想化された基準で見れば、日本のメディアは遅れたものとなる。確かにそういう面はあるが、良し悪しは別にして日本には独自のメディア文化が存在している。

まずは己の姿を正確に知ることが重要だ。日本のメディア産業の現場に根ざした経営や実態分析から遊離した結論が出てしまうと、改革の手がかりが得られなくなる。またメディアの仕事に従事している現場の作り手やジャーナリストの賛同も得にくくなる。

こうした問題は、大学や研究機関におけるメディア教育や研究部門だけではなく、ジャーナリスト教育の在り方にも関連してくる。アメリカの多くの有力大学にはジャーナリズムの専門学部や大学院があり、ジャーナリズムや関係の仕事へ進む学生たちの多くはこれらの学部の卒業生である。ジャーナリストになる人は大学院で修士号をとるのが普通だ。

大学や大学院では実技も含め、プロのジャーナリストになるための基礎教育が行われる。メディア関連教科だけでなく法律や経済、文化、歴史の知識からインタビュー方法、取材の実技、記事の書き方などのカリキュラムを通してプロのジャーナリストの養成を行う。ジャーナリズム教育を受けてジャーナリストになり、関連産業に進むアメリカの教育システムは、日本とは比べようもない層の厚さを形成している。

日本の場合、上智大学、関西大学、同志社大学など一部の私立大学の文学部や社会学部のなかに新聞学科やマスコミ専攻を置いているが、旧帝大クラスでいうと東大に旧社会情報研究所（元新聞研究所）がありジャーナリズム研究を行ってきたほかは、皆無といえるだろう。

近年、新興の私立大学や女子大に情報学部、メディア情報学部などの名を掲げた大学が林立している。ジャーナリストになりたい、メディア関係の職業に就きたい、テレビ局に入りたいという学生が急増しているため、少子化時代の学生集めのために急ごしらえで作られたものが多い。しかしそういう勉強をした学生を現場は採用したがらない、とメディア関係者は考えている［筑紫哲也、二〇〇四］。

「メディアを勉強すると頭でっかちになる」というのは現場の誤解であるが、そういう学部で勉強してきた学生が現実の職場で役に立たない、というのも確かだろう。メディア学と称して、コンピューターの情報処理やゲームなどを教えているところが多い。看板にいつわりがあれば、役に立たないのは当たり前だ。日本のメディア教育は現場と遊離している。筑紫が指摘する「現場の反知性主義」が勉強してきた学生を嫌うというのは、大学に対する買いかぶりではないかと思う。

実際、にわか作りのメディア学部できちんとしたメディア教育、ジャーナリズム教育が施されていると考えるのは、幻想に近い。学生の質の問題以上に、メディアやジャーナリズムをきちんと教えることができる教員の質量ともに乏しいのが、日本の現実である。

日本ではジャーナリストやメディアのスペシャリストの養成は、マスコミ各社や個別のメディア企業が行っている。この教育の内実は一般企業の社員教育と変わらない。社員教育は社風のしつけやモラルや愛社精神を養うものだから、狭い自社意識が旺盛になり、普遍的なジャーナリストの教育とはなじまない部分がある。

このような社員教育を通じて養成される日本型ジャーナリストは、朝日記者、読売記者、毎日記者、日経記者、NHK記者、TBS記者、テレビ朝日記者というように会社員としての肩書きの世界に属する。しかもこれらの肩書き記者の間の互換性は乏しく、別な会社に移籍してそこでもジャーナリストとして通用するとは限らない。つまりジャーナリストの共通の職業的基準や価値観が存在しないということである。日本の大学教育や専門教育がこの分野にほとんど関与していないのが一因だ。

社内教育で育った日本のジャーナリストのオピニオンの幅の狭さと同質性について、元ニューヨーク・タイムズ東京特派員クライド・ハーバーマンは、「自民党支配の五五年体制が三三年間続き、野党は三三年間もうまく支配されていたように、日本ではテーマによらず、出てくるオピニオンの幅が極めて狭小である」と述べている［Westney, 前掲書］。

なぜかといえば、日本の記者のほとんどがジャーナリストとしての専門教育（米国でいえば大学院レベルのジャーナリズム・スクール）を受けてはおらず、それぞれの会社の社員教育の中で、しかも終身雇用を前提として記者が養成されていることに起因する。このため愛社精神に鼓舞されて他社より一刻も早くニュースを取り、リークによる特ダネ記事を書きたがる記者はたくさん育つが、会社を超えて社会に貢献するジャーナリズムを考える記者はなかなか育たない。

日本におけるプロフェッショナルというと、「わが社精神」に満ちた得ダネ記者を指す。特ダネ記者は他社に先駆けてニュースを書くのだが、当局の取材源に密着することで、発表ネタなどの事前リークを引き出すのが目的だ。時間がたてば誰でも取れる〝時間差特ダネ〟が日本では最も幅を利かすことになる。自前の問題意識と取材でこつこつと調査を積み上げてゆく「調査報道によるスクープ」はほとんど出て来ない。

現代日本のマスメディアやジャーナリズムの社会的な影響力の大きさを考えれば、プロフェッショナルを育成すべき公教育の不完全を嘆いてもいられない。読者、消費者に開かれた透明性の高い企業経営を行い、内部情報を公開し、質の高いジャーナリストを養成するなどの社会的責任が、メディア企業体にはある。その責任の重大さを深く自覚すべきである。

「公器」といいながら、都合によってはプライベートな企業だと居直って、自社都合の組織拡大や利潤追求に走っていいわけはない。日本では公共性とジャーナリズムの関係が、教育分野でも、企業意識のレベルでも、いまだにはっきりと位置づけられていない。

メディアをめぐる巨大な空洞が存在しているのだから、古びた大学や制度疲労したメディアに代わって、新しい教育システムとメディアシステムが台頭してくるチャンスは大いにある。メディアのプロフェッショナルやジャーナリストを目指す若者は、いたずらに門戸の狭い既成メディアへの入社を考えるのでなく、新しいメディアを立ち上げる未踏の道作りにチャレンジすることを勧めたい。

第六章　テレビと第四の権力、テレポリティクスの台頭

大統領や首相はテレビが決める？

　政治的影響力にかかわるテレビ神話が形成されたのは、一九六〇年代のアメリカである。以来マスメディアは、立法、司法、行政に並ぶ第四の権力と呼ばれるようになった（第四階級としての新聞という言い方は十八世紀のフランス革命後に現れた）。

　一九六〇年のケネディVSニクソンの大統領選挙は、初のテレビ討論によって決着がついたといわれる。勝敗を分けたのはテレビ討論におけるケネディの魅力的なルックスと振る舞いにあったと、多くの観察者は信じた。ニクソン陣営の失敗は、ニクソンのテレビ演出の手法を間違えたメーキャップ・アーティストにあると言われた。

　テレビ画面に映るケネディはクールで上品に見えたが、ニクソンの額には汗がにじみ落ち着きがなかった。汗かきのニクソンにはエアコンの室温設定が高すぎたのである。またケネディの目線はカメラを意識して視聴者に直接向かっていたが、ニクソンの視線は討論相手のケネディに向けられていて、視聴者を意識していないように見えた。

テレビに映るケネディは大衆の好感度を増す要素を十分に備えており、直後の世論調査では、テレビを見た人々のほとんどがケネディの勝利を確信した。ところが、討論内容をラジオで聞いた人々の圧倒的多数は、ニクソンが勝つと判断していた。ニクソンの政策は堅実であり、語り口には論理性もあった。

映像メディアであるテレビは物事を表層のイメージでとらえるので、話の論理構成や説得力は必ずしも問題にはならない。しかし音声メディアのラジオは純粋に議論の中身を伝える。にもかかわらずテレビの作ったイメージに政治のベテランだったニクソンは敗れた。

この映像を見ていたニューヨーク・タイムズ記者へドリック・スミスは、「アメリカの政治では耳よりも目の方がはるかにパワフルになった」といった［Schudson, 1995］。

テレビ政治（テレポリティクス）の登場である。

ラジオもメディアであり、ラジオを通じて伝えられる人間の声もメディアである。声の質の好感度が問題になり、純粋にメッセージの中身だけを伝えるわけではない。しかし映像で外見をそのまま映すテレビと比較すると、ラジオはトークの論理性や内容に依存するメディアだということがわかる。もしも世の中のメディアがラジオだけだったら、ケネディの強いボストンなまりの英語は聴取者の不興をかったかもしれない。

テレビの登場で、米国の大統領選挙のあり方は大きく変化した。以来半世紀、アメリカの政治は、このときのケネディVSニクソンの闘いの教訓を過剰なほどに学んだのであった。

アメリカの大統領はテレビが決める。そしてテレビを中心とする映像メディア戦略を駆使したイメージ選挙が重要視されることになる。ケネディVSニクソンの選挙戦モデルが、現代の米国大統領選挙の原点になったのである［Matthews, 1996］。

一九八〇年代になると、ハリウッド出身のレーガンとカーターの選挙戦ではいっそうこの傾向は強まった。レーガンは映画俳優時代の経験を生かして視覚メディアを動員することを考え、大衆人気を獲得するイメージ戦略を巧みに利用した。

レーガンはテレポリティクスの手法を駆使したのである。アメリカの中央政界に基盤がなかったレーガンは、テレビのイメージ戦略によって大統領選挙に勝利を収めた。さらに大統領就任後も効果的にテレビ演説を利用して、大統領の足を引っ張る邪魔な議会を飛び越し、直接、国民に語りかけることに成功した。

こうしたレーガンのテレビ戦略は、単なるテレポリティクスを超えて、ポピュリズムと呼ばれることがある［大嶽秀夫、二〇〇三b］。

ポストレーガン時代の一九九六年の大統領選挙では、一九六〇年のケネディ、ニクソンの選挙戦のアナロジーがしきりに語られた。

共和党候補の大富豪フォーブスは、自ら所有する各種のメディアをフル活用して、当初の共和党の選挙戦をリードした。CNNテレビの人気番組ラリーキング・ライブのトークに娘たちと登場し、華麗なる一族をイメージ演出した。

クリントンも政治的な争点のアピールと同時に、サックス奏者としてのタレント性と若さを売り込み、若い世代の人気を集めていた。

米国大統領選挙ではいかにしてメディアを味方につけるかが、勝負の分かれ目になる。各候補者たちは地方新聞社をM&Aで買収したり、グループ関連企業を通じてテレビ局への影響力を強めたりしながら、メディア戦略を練るのである。スピンドクターといわれるイメージ戦略のプロも活躍する。

情報化社会の大統領選挙では、政策の内容よりテレビを意識したイメージ戦略が優越する。一九九六年の大統領選挙のとき、活字メディアの老舗の『ニューヨーク・タイムズ』の論説はテレビが主導する過剰なイメージ選挙に対して危機感を表明した。

権力の中枢で仕事をしているワシントンのジャーナリストたちは、プレスの自由とは相容れない権力欲をあらわにすることがある。「ワシントン・ジャーナリズム・エスタブリッシュメント五〇人」というような有力記者リストが非公式に出回ることがあるが、彼らは大新聞にコラムを書き、テレビ出演し、講演をこなすだけでなく、国会議員、政府関係者や財界人らと朝食会などでオフレコの緊密な関係を保ってジャーナリスト・ビジネスに励んでいるという。

CBSの花形だったダン・ラザーが契約金八〇〇万ドルをとり、プロ野球選手並の契約金で世間を驚かせたことがあるが、このような有名TVキャスターは別として、年収二〇万、三〇万ドル以上を稼ぐジャーナリストはそうたくさんはいない。このトップグループ入りを目指すジャーナリストの競争は激化する。

権力や富への接近とプレスの自由の間を揺れ動くのが、アメリカのテレビジャーナリズムの特徴といえるだろう。テレビジャーナリズムの世界には、アメリカンドリームの現代版が存在しているのだ。

しかしながら、テレビとは一線を画する活字ジャーナリストたちは、息の長い執筆活動を地道に続けている。生涯一記者の姿勢を貫くジャーナリストの層が厚いのもアメリカの特徴だ。

報道の根本の哲学を模索し続け、ときには前線の取材もしたハリソン・ソールズベリーやデイビッド・ハルバースタムはその好例だ。一九七〇年代にウォーターゲート事件をスクープして、ニクソン政権崩壊のきっかけを作ったワシントン・ポストのボブ・ウッドワードは、二〇〇四年の大統領選挙を問う新著『ザ・チョイス』のPRのためにCNNに出たことがあるが、基本的にはテレビ出演はしないというポリシーをもっている［Woodward, 1996］。

日本では新聞記者として著名になったジャーナリストがテレビに進出するケースが目立つが、アメリカの傾向とは対照的なのである。

テレビ世論への構造転換

米国ほどではないが、日本でもメディアによる劇場型政治が進行している。二〇〇五年八月、郵政民営化法案の参院否決で衆議院を解散した小泉首相の〝刺客〟候補者擁立の手法は、まさに劇場型選挙を地で行くものであった。テレビ各局は、〝刺客〟として全国に放たれた女性候補や著名人の後を追い回した。それによって、未曾有の当選者を出した小泉自民党が生まれたのである。

日本でNHKのテレビ放送が始まったのは一九五二年だが、テレビは急速に普及し一〇年後には受信契約数は一〇〇〇万台を超えた。一九六二年の参議院選挙の全国区で、テレビ番組で人気を博していた藤原あきが一〇〇万票以上を獲得し、タレント候補のさきがけになった。当初は娯楽本位だったテレビだが、これを契機に選挙への影響力が認識されるようになった。

一九七二年、首相・佐藤栄作（当時）は、退陣表明の記者会見の場で、「新聞は大きらいだ。新聞記者の前では話したくない」といって、新聞記者を退席させテレビカメラの前で話したことがある。新聞によって退陣に追い込まれたと感じていた佐藤は、直接、視聴者にアピールするテレビの本質を直感的に見抜いていたのであろう。

一九九三年、自民党一党支配に終止符をうち、細川連立政権が生まれたときの衆議院総選挙で、テレビをはじめとするマスメディアの報道は過熱し、日本新党ブームが起こった。このときテレビ朝日報道局長・椿貞良は自民党政権を倒すよう報道内容を指示していたとして、放送法でうたう公正な報道義務に違反しているという疑惑をかけられて国会に喚問された。

椿事件とは、裏を返せば、遅まきながら日本の政治家たちがテレビの影響力の大きさに驚愕したという意味を持つ事件であった。政治家もテレビ局自身もテレビの政治的影響力にかんするアメリカの教訓を軽視していたのである。

第四章でも述べた通り、椿をはじめテレビ朝日が意図的に偏向報道を行い、反自民党勢力を支持していたことを証明する証拠は何もなかったのである。

テレビカメラは政治家の人相、風貌、語り口を映し出し、その人生、生き様に至るイメージをさらけ出す。これらは新聞などの活字メディアでは容易に伝わらない。映像は、本筋のストーリーを離れて、ノイズを伝えるからである。政治家の人格を透視するかのようにして見せてしまうのは、テレビの最大の強みであろう。テレビの好感度指数の延長線上にスター性や人気という名のイメージができあがり、そのイメージが怪物のようになって一人歩きする。

新聞ならオフレコはあるが、テレビカメラの前では「ここだけの話」というオフレコは通用しない。先進国で大衆人気を背景にしたカリスマ的政治家の登場は、メディア時代の民主主義が作り上げた新しい政治のスタイルとなった。

ケネディ、レーガン、クリントン、ブッシュJr.、ブレアなどのカリスマ型政治家にはメディアとの蜜月を意識的に演出するという特徴がある。テレビが作るポピュリズム、といわれるゆえんである。

こうしたメディアへの露出と演出によって長年にわたる政権基盤を維持した小泉首相は、欧米型政治家に最も近い存在といえるだろう。

小泉ワイドショー内閣の誕生

自民党一党支配が崩れ、細川連立政権が出来たときテレビの影響力は著しく、前述したテレビ朝日の椿事件が起こった。新聞がリードしてきた活字の世論形成からテレビ的な映像がリードする世論へと、世論をリードするメディア構造が変化したのである。

さらにはテレビが娯楽メディア一本から政治的なメディアへと変化、変質したことを顕著に示したのが、二〇〇一年の小泉政権の誕生である。

小泉政権は「ワイドショー内閣」といわれ、テレビが生み出した政権といわれた。その小泉政権が誕生して、しばらく二人三脚が続いた田中真紀子外相の人気もテレビが作り上げたものだった。田中外相時代に噴出した外務省の不祥事や鈴木宗男議員のスキャンダルもテレビの存在なしに語ることはできない。というより、テレビのパワーが政治の流れまで変えてしまったということができる。テレビ報道がなければ鈴木議員の失脚も逮捕もなかったかもしれない［「田原総一朗氏に聞く」前掲書、柴山哲也、二〇〇四］。

田中外相と外務省とのバトルが繰り広げられたとき、新聞などの活字メディアはおおむね田中に批判的だった。女性週刊誌を除く活字メディアは、田中が外務大臣の資質に欠けているとか外交が分からないなどの理由で田中批判を繰り広げ、外務省擁護の報道をしていた。

田中のような資質の外務大臣を組閣の目玉に据えた小泉政権の大衆人気が盛り上がったことに、新聞は警戒感を示したのであった［柴山哲也「小泉劇場が生み出した『ワイドショー公共圏』」『論座』二〇〇一年八月号］。

二〇〇五年八月、小泉の持論の郵政民営化法案が参議院で否決され、衆議院解散・総選挙モードへの突入前夜に小泉と会談したあとで、つまみのチーズを手にして元首相森喜朗は、「もはや変人以上だな」と記者たちの前で小泉を評した。しかしそういう〝変人・小泉〟の政権基盤の実態がどのようなものか、的確な政治学的分析はなされてはこなかったのである。

「構造改革」を掲げて政財官の癒着の構造にメスを入れようとする小泉の政治手法は、既得権益に守られた官僚や保守本流の自民党政治家から反発をうけることは必至だ。自民党総裁選挙には勝ったものの、小泉の自民党内の権力基盤は弱く、財力が豊富な派閥の実力者でもなかった。しかしそれなのに小泉の総理の座が歴史的な長期政権に数えられ、存続してきた理由は何か。

小泉政権の持続を支えたのは、プロの政治集団ではなくひとえにテレビ的で大衆的なワイドショー人気であった。マスメディアによる世論調査でも、小泉の支持率は悪くても五〇％前後にとどまっていたのである。ワイドショー人気に支えられた支持率の高さこそが小泉の政権基盤だった〔前掲『論座』〕。

従来、日本の政治風土研究に関しては、「国対政治」という言葉がキーワードであった。国対政治とは、ある法案や案件を国会審議で通す際に使われる資金、つまり国会対策に使われる金のことである。法案通過に際して、金は与党だけでなく野党にも配られる。ある米国在住の政治学者は、日本の政治を分析する主要な指標として、与野党の国会対策に係わる資金力と政治力学の動向を分析してきた。（筆者がハワイ大学の客員研究員をしていたとき、ハワイ大学政治学部教授から消費税法案通過の際数十億単位の金が、国会対策費として使われたという報告に接した）。

実力者の領袖が金を派閥の議員に配ることで日本の政治風土が成り立っているという悪しき常識は、田中角栄の政治手法いらい今日まで連綿と続いてきた。ところが小泉自民党はこの常識を破壊してしまったのである。その意味で小泉がしばしば演説でいった「自民党をぶち壊す」という言葉は当を得ていた。

小泉は金ではなく、メディア、つまり情報を自らの政治基盤の資源として利用する手法を日本で初めて発明したのだ。その意味で小泉は現代のグローバルな情報化社会の寵児でもある。

小泉内閣の成立は、日本型の古い政治文化の枠組みを越えて、新たなメディア論の課題として浮上してきた。しかし日本のおおかたの政治学者は古い政治学の枠組みから離れることができず、メディア論の視点から小泉政治を分析するツールを持たなかった。それが小泉政治の評価や批評を大きく混乱させる原因にもなってきた。

一九八〇年代から一九九〇年代にかけて、日本の「政治とメディア」の関係に本格的でアカデミックな分析を加えたのは、主として米国の政治学者やメディア学者たちであった。

ハーバード大学ライシャワーセンター教授の文化人類学者スーザン・ファーやUCLAサンディエゴ校教授のメディア学者エリス・S・クラウスたちが、明治大学教授竹下俊郎ら日本の研究者も交えて『日本におけるメディアと政治』という共同研究書を一九九〇年代の半ばに発表している。

この本では日本の新聞とテレビの産業形態からコンテンツの特徴、政府や与党に密接なNHKに関する詳細な調査研究が行われており、同書を読めば現代メディア現象としての「テレポリティクス」のイメージが鮮明に見えてくる内容である〔前掲、Media and politics in Japan〕。

久米宏の「ニュースステーション」などが高視聴率番組になるころから、日本の政治文化はテレビを中心とするメディアの影響を強く受け、自民党保守政治は変質してきたのだ。

本書の文脈に照らして分析していけば、未曾有の技術革新と情報化を遂げた豊かな日本で、小泉政権のようなメディア的特質を持つ政権が生まれることは必至だったのである。

小泉政権の誕生には時代の必然性があった。

前述したように二〇〇一年の自民党総裁選では、テレビのワイドショー主導で「小泉・田中（真紀子）」ブームが起こり、小泉政権に対する有権者の強い支持が生まれた。こうした背景から、ポピュリズムとテレビ政治の関連が急浮上してきたというわけである。「テレポリティクス」という言葉が登場し、テレビが政治に及ぼす影響が問題視されるようになった。小泉現象のメディア学的分析は、日本の政治学、社会学の新たなテーマになったわけだが、問題意識としては遅きに失したといえる。

先に引用した『論座』の特集「テレビ政治がとまらない」は、このときのテレポリティクスの始まりを伝える内容であった。活字メディアの経験者たちが作る同誌の企画には、新聞は影響力の面でもテレビに越えられたのではないか、という危機感が存在していた。

テレビはポピュリズムか

メディア界、学界の混乱と危機感に対応するように、大嶽秀夫は現代日本政治を分析するキーワードとして「ポピュリズム」という用語を多用し、小泉内閣誕生をテレビ政治との関連で分析を行った［大嶽、前掲書］。ちなみにポピュリズムという言葉の定義は、労働組合をバックにした米国の人民党の歴史に由来する。またラテンアメリカにおける政治革命の状況を説明する用語としても使われた。近年では、レーガンの政治手法のように、保守主義的傾向をもつ政治家がメディア戦略を駆使して大衆的な人気を獲得する政治形態を指して使われている。

私は二〇〇四年秋の日本マスコミュニケーション学会において、ワークショップ「テレビ政治とは何か――小泉ワイドショー内閣現象の考察」で発表を行ったことがある［日本マスコミュニケーション学会二〇〇四年秋期大会、二〇〇四年一一月六日、東京・武蔵野大学で開催。司会は谷藤悦史・早稲田大学教授、討論者は阿部潔・関西学院大学教授だった］。

ポピュリズム現象に関しては、マス・デモクラシーの必然的帰結との見方はあるが、そのメカニズムは、既存のマスコミュニケーション研究、世論研究を踏まえた適切な分析が必要である。活字メディアの新聞研究分野では相当の歴史的蓄積があるものの、テレビの政治的影響力の研究、特にテレビが作るジャーナリズムの研究や分析については極めて不十分なのが現状だ。

大嶽の著作には日本のマスメディアを俯瞰的に見ている特徴がある。NHK、テレビ朝日、TBS、日本テレビ……朝日新聞、読売新聞、週刊文春……という著名なメディア各社の論調や政治的体質を並列的に分類し、それぞれのメディアの差異を語っている。

しかし現代のメディアの多様化、複雑化、重層化の構造はこのようなスキームだけでは捉えきれない。既存の大メディアの対比でいえば、朝日・毎日＝リベラル、護憲、親中国、読売・産経＝保守、改憲、親米、といったステレオタイプのイメージ分類に収斂してゆく。大嶽が行っているテレビ局の色分けにしても、テレビ朝日＝朝日新聞、TBS＝毎日新聞、日本テレビ＝読売新聞、フジテレビ＝産経新聞、という分類の図式が、暗黙のうちに反映している。つまりは新聞系列下にある民放テレビ局は親会社の新聞社の社論を反映する、というお定まりの図式に終始してしまうことになる。

こうした分析方法はステレオタイプのメディア解釈を生み出す。読売や産経の憲法改正論や中国への強硬姿勢に対して、ハト派に執着して腰が引けている朝日、毎日のグループという分類がそうである。これは大嶽が批判する五五年体制型の言論図式の罠に、自らも落ちているように見える。

新聞論、テレビ論の領域だけではなく、インターネットが普及した現代の複雑なメディア状況をとらえきるには、別の分析枠組みが必要となる。テレビ朝日プロデューサー（当時）日下雄一は、既存のテレビ局のコンテンツは、それぞれの局がもつステレオタイプのイメージや垣根を越え、番組そのものの個性が際立ちはじめていると指摘している。

「プロジェクトX」や「冬のソナタ」などの人気番組は、従来のNHKイメージを超えたブランド人気を獲得したし、テレビ朝日の「テレビタックル」はタカ派の論客を集めた硬派の政治談義を内容とするにもかかわらず、人気バラエティ番組並みの一七、八％の高視聴率をキープした。

いまや視聴者はテレビ局を選択して番組を見ているのではなく、「プロジェクトX」「冬のソナタ」「ニュースステーション」（のちの「報道ステーション」）「サンデープロジェクト」「ニュース23」というように、局の垣根を超えて番組を見ている。ワイドショーも同様である。いわばそれぞれの局という単位を超えた、キャスターや出演者の個性によって、番組の国内グローバリゼーションが進行し、視聴者はテレビ局とは無関係に自分が好む番組を選択して見る時代になった〔「日下雄一氏に聞く」柴山哲也、二〇〇四〕。

「消費者優位」の時代がメディア・マーケットにも押し寄せているのである。良し悪しは別として視聴者である消費者が番組内容を決める時代に入った。テレビプロデューサーは、局のイメージから脱却していかにして視聴者に受ける番組を提供するかに腐心するしかない。

NHKの内部不祥事の表面化によって、料金不払いが拡大しているが、内部不祥事の有無とは無関係に、国民一世帯から機械的に視聴料を徴収するシステムそのものが、機能不全を起こしているのである。NHK問題の本質もまた、新聞が直面しているのと同様、多メディア化と消費者が主導権を握った情報革命に由来しているというべきなのである。

新聞の凋落とテレビの台頭が浮き彫りにされ、さらにはテレビ政治とポピュリズム論が隆盛になった。一九九〇年代不況の進行と会社のリストラ、年金不安、断ち切れない政財官の癒着、天下りと官僚天国に対する大衆のフラストレーションは、非合理的な感情をバックにしている。

〝自民党をぶち壊す〟と、構造改革をぶち上げて誕生した小泉内閣は、このような大衆のフラストレーションを吸収し、八〇％に届く高支持率をキープしながら政権基盤を強固にしていった。

小泉政治はファシズムに傾斜するという論調が現れたのも、テレビ人気に支えられた高支持率への違和感が反映されていたと見ることができるだろう。

小泉―田中コンビのワイドショー人気がポピュリズムの域を超えて、ファシズムの危機だとする旧来型の政治学の図式が採用されたのもこのころだ。テレビによって動員された大衆人気の盛り上がりは、ヒトラーがラジオや映画などのメディアを大衆動員に使ってファシズムを作ったとする論議と重ねられた。

このようなテレビ・ポピュリズム論がファシズム論に拡大されて活性化した根拠には、新聞を中心とするエスタブリシュメントの活字メディアと新興のテレビ・メディアの対立という図式が介在していたのであった。

とりわけ外務省と田中外相（当時）の対立の構図の深層には、新聞とテレビの対立が反映していたのだが、テレビポピュリズム論は、こうしたメディア界の深層で展開される活字VS映像（テレビ）の対立と主導権争いの諸相を見落としていた。

「新聞は外務省寄り、テレビは田中寄り」と、「サンデープロジェクト」で田原総一朗が語っていたが、田原は問題の本質を見抜いていた（「田原総一朗が反論する――テレビ政治はポピュリズムではない」『論座』二〇〇一年八月号）。

テレビがわかりやすい映像を通じて大衆の感情に訴えるメディアである以上、テレビ時代の世論がテレビによって動かされることは当然のことだ。しかしこれまでの活字メディアは、テレビの政治的な影響力を過小評価し、テレビのジャーナリズム性を低く見ていた。

小泉内閣の誕生とは、活字メディアの周辺にいたプロの政治ジャーナリストたちが、「ありえないと信じていたこと」が現実に起こった。それによる狼狽が新聞などの論調にかいま見えていたのである。

テレビポピュリズム論には、活字メディアとこれを取り巻く周辺の政治家や政治ジャーナリストの困惑が反映されていた。政治部記者や政治評論家や古いタイプの政治家の言葉は大衆を動かすことができなくなった。つまり旧体制は権威を失ったのである。

田原総一朗は、「言葉が政治を、時代を動かす」と指摘している。小泉も田中も官僚の答弁の棒読みでなく、自分の言葉で話した。これが言葉と情報に敏感になったテレビ視聴者のニーズをつかんだにすぎない、と田原は言うのである〔前掲、『論座』〕。

しばしば指摘されてきたことだが、新聞の政治部記者の書く記事は、永田町の政治プロの世界に近すぎて読者にはわかりにくい。複雑な政局の読みと政治人脈がからむうえ、国対政治の裏で金が動く永田町の〝村社会〟の政局を読みこなす目は普通の読者にはない。興味はあっても分からないのが政治記事という通念がある。

普通の常識人の目から見ると、政治家の言動はわからない。そのわからない言動がそのまま新聞記事になってしまっている。歯科医師連盟から記載漏れの一億円の政治献金を受けたという疑惑に対して、橋本元首相の「受け取ったのは事実だろう」と答えた言語感覚は、常識人にはわからないのである。

法律解釈上はどうあれ、疑惑に対する道義的な責任を取らなくてもいいのだろうか、と考えるのが常識人である。普通の人は税金をまけてもらうことなどできないし、日常の仕事や行動にしても、細かく規定されたルールや法のもとで暮らしている。自分たちと同じ基準が適用されない政治家が国民の代表として存在していることが、わからないのである。

無力な庶民はテレビのワイドショーを見ていて、「自民党をぶち壊す」と気勢を上げる小泉首相や「外務省は伏魔殿」とほえたてる田中外相の発言を支持して溜飲を下げていた。小泉や田中は、テレビを通じて普通の人の茶の間に入り込み、プロの政治家らしくない普通の言葉で話した。新聞の政治記事や古い体質のエリート官僚や政治家、評論家のいうことは信用しなくても、小泉や田中の直截な発言に視聴者は共感した。この共感が世論調査の高支持率に表れ、戦後最大ともいわれる長期政権、小泉内閣を支えたのである。

しかしながら、田中外相が辞任し、政権の人気が低迷するにつれ、小泉首相の言葉はわかりにくくなっていった。「人生いろいろ」「自衛隊のいるところが非戦闘地域」などの本来はわかりやすいはずのフレーズが逆に、人気の基盤を掘り崩すようになった。

小泉人気を作り上げ、やがては人気を下げていった一連のメディア現象を分析すると、時々のワイドショーを盛り上げる大衆のしたたかな目が養われている、ということができる。浮薄なワイドショーではあるが、大衆は自分たちが求めるものには貪欲であり、琴線に触れたニュースには敏感に反応する。しかしながら飽きて捨てるのも早い。

持続的な大衆動員を必要とするファシズムを決して生み出すことができないのが、現代のメディア社会の特徴である。なぜなら、情報化社会を根底から動かすのは上から命令するリーダーではなく、情報を選択する一人一人の市民であり、消費者であるからだ。

一九六〇年代、テレビ時代を予想して「地球が狭い情報村になる」と予言したメディア論の泰斗マクルーハンは、「もしもあの時代にテレビがあったらヒトラーは生まれなかったであろう」といっている［マーシャル・マクルーハン、一九八七］。

マクルーハンがいう通り、多様なメディアが錯綜し情報があふれる現代には、ヒトラーのようなファシストは生まれない。北朝鮮の金正日のような独裁者が権力を集中維持できているのは、北朝鮮が情報化社会ではなく、メディアが独裁者の手中に握られているからだ。ファシズムとは、言論の自由を封殺しコミュニケーションの社会的回路を独占することでしか成立できない。

情報革命の現代の大衆は多様な情報入手手段をもっている。政界のインサイドストーリーは週刊誌やインターネットに出ているし、大マスコミの裏話もごまんと出ている。外国の情報も簡単に入手できる。問題は真偽が定かでない、というだけだ。民主党の永田メール事件のように、うっかりしていると国会議員まで〝ガセネタ〟に引っかかってしまうのだ。

さらには情報革命によって、これまで情報を独占していた政治家、官僚、新聞記者の地位が低下したのである。プロたちによって独占され、隠蔽されていた情報がどんどん世の中の表に出てゆくからだ。こうした中で圧倒的な情報伝達の影響力をテレビが行使しているのである。

テレビ・ジャーナリズム確立の背景

小泉政権成立の意味をメディア論として考察すると、日本のテレビジャーナリズムは確立期に到達し、活字と同等のジャーナリズムの本流へと押し上げつつある、と位置づけることができる。

アメリカの例を見ると、NYタイムズなどごく少数の一流新聞の権威は揺らいではいないが、メディア全体でいえば、テレビの信頼度が新聞を上回る傾向は、一九八〇年代から現れている。すでに述べたようにアメリカのギャラップ世論調査やNHKの調査などによれば、アメリカではテレビが主流であり、日本でも一九九〇年代以降はテレビの影響力が新聞をしのぎつつある［Michael Golay and Carl Rollyson, 1996］。

一足早く、一九六〇年代に「大衆とテレビ」というテーマに遭遇したアメリカでは、ケネディVSニクソンのテレビ討論以来、半世紀にわたって論議され研究されてきた課題だった。

アメリカでは巨大広告会社やスピンドクターたちが、政治家をタレントや役者に変身させるイメージ戦略を練るために活躍してきた。政治家のテレビ戦略を立案するスピンドクターについてウォルター・クロンカイトは、「当意即妙に都合良く事実をねじ曲げる専門的能力の持ち主」と述べている［ウォルター・クロンカイト、一九九九］。

半世紀遅れで日本にもアメリカと同様なテレビ時代が到来した。これを象徴したのが小泉ワイドショー内閣誕生である。小泉のテレビ戦略を作った人物、つまり日本では初のスピンドクターと目される人物が飯島勲秘書官である。

飯島秘書官が考えたとされる小泉のテレビ戦略には以下のようなことがある。

二〇〇一年小泉内閣が誕生して間もなく、ハンセン氏病訴訟で国が熊本地裁で敗訴したとき、控訴しないという小泉首相の生中継のテレビ談話が流れた。本来なら官房長官が記者会見でこれを正式発表すべきところだが、その前にテレビカメラの前で小泉は話してしまったのである。小泉がこれを語ったのは官邸の廊下だった。

首相が官邸と国会の間を歩いているときのいわゆる「ぶらさがり取材」は、テレビカメラの音声はオフにしておくという記者クラブの取り決めがあった。この取り決めを改め、テレビカメラのマイクをオンにしてぶら下がり取材するように記者クラブに働きかけたのは、飯島秘書官だった。歩きながらの「ぶらさがり」ではなく、立ち止まっての「ぶらさがり会見」である。

ハンセン氏病控訴せず、の談話発表は小泉の「立ち止まり会見」の実験場となった。このときの立ち止まり記者会見の手法は、小泉のテレビへの露出度を急増させるきっかけになった。以降、小泉はこの立ち止まり会見によって、人間味と個性を強調したワンフレーズのメッセージを次々と送り出していった。

飯島の中にあった小泉のイメージアップ戦略は、「活字よりテレビ、一般紙より週刊誌」であり「より普通の人に受ける媒体を優先する」ということだった。その意味でいうと一般紙よりもスポーツ紙のほうがメディア露出効果が大きいのである〔上杉隆「アドリブ宰相とその演出家」前掲『論座』〕。

負傷した足の痛みを押して優勝した貴乃花に、「感動した」という有名な台詞を吐いた小泉のパフォーマンスがスポーツ面を大きく飾った。このとき飯島は国技館で特別にスポーツ紙記者を小泉に会見させていた。これがきっかけになって、スポーツ紙数社が官邸記者クラブに加盟することになった［上杉、前掲論文］。

小泉ワイドショー内閣の成立から長期にわたって小泉政権の基盤を支えるにあたり、このように演出された飯島のメディア戦略が大きく寄与していた。

しかし飯島の計算やメディア戦略はあったにせよ、アメリカのような巨大メディア資本をバックにして情報操作を演出するプロのスピンドクターとはいえない。〝零細なスピンドクター〟というべきであり、むしろ飯島の脳裏には、大新聞やＮＨＫといった行儀の良いメディアが捉えきれていない大衆の欲望やニーズがひらめいていたのではないか。

テレビが作る「公共圏」とは何か

「公共圏」（Public Sphere）とは、メディアが働く場であり、言論のアレーナ（闘技場）といわれる。すなわち公共圏とは、世論や公論を生み出す言論空間と考えてよい。しかし当然ながら、世論、公論は予定調和的に出現するわけではないから、公共圏とは自由に言論を戦わせるアレーナなのである。自由と民主主義の実現のための「闘争の場」ということになる。

「公共圏」は、フランクフルト学派のユルゲン・ハーバーマスが一九六〇年代に提起した概念だが、当時のフランクフルト学派はマルクス主義の強い影響下にあった。しかし人間社会の発展と進化の動因は、マルクス主義の唯物史観が唱えたように経済や物質だけでなく、人間の心に作用し働くメディアの影響力は無視できない、としてメディア分析を行ったのが、フランクフルト学派であった。

新聞は近代の市民革命と共に発達したメディアであり、市民の自由な言論空間である公共圏を生み出した。しかし資本主義が発達するにつれ、商業主義にまみれ資本主義的な退廃と不道徳を助長するメディアに堕落する。「公共圏」はブルジョワ階級の利益を代弁する言論空間にすぎない。ブルジョワ的に堕落したメディアのみが生存競争に勝ち残ることで、市民革命時に新聞が担っていた「市民的公共圏」は衰弱し消滅した。従って資本主義的退廃に陥っていないメディアは、社会主義革命に奉仕しなければならず、未来に可能性のあるメディアは、プロレタリア革命ののちに出現すると、フランクフルト学派の人々は考えるに至ったのである。

革命的メディア論の典型はアドルノの音楽理論に見られる。アドルノはクラシック音楽からシェーンベルグの前衛音楽にいたる音楽分析をしながら、資本主義社会における音楽の退廃と無意味性を批判し、プロレタリア音楽の創造を提起した［アドルノ、二〇〇二］。

フランクフルト学派のメディア公共圏論は、下部構造の経済決定論と唯物論が席巻したマルクス主義の全盛期にあっては、顧慮されることが少なかった。

ところが、一九八九年のベルリンの壁の崩壊とこれに続く東欧、ソ連の崩壊は、フランクフルト学派が否定的に評価していた「市民的公共圏論」を再評価する契機を与えることになった。

ブルジョワ的退廃の象徴とみなされていた西側のテレビの影響力が、東欧革命の原動力になったからである。テレビが形成した「革命的公共圏」は、従来の活字メディアの公共圏とは大きな相違があった。西側のテレビ映像を秘かに見ていた東ヨーロッパの民衆は、西側には抑圧体制や貧困が少なく、個人の自由とより良い生活があることを認識したのである。ピクニックを装って西側へ脱出する民衆の流れは大規模な東欧革命を作りだす原動力になった。東欧革命を目撃したハーバーマスは、前著『公共性の構造転換』を書き直し、テレビが作った公共圏に対する新たな考察と意味を加えた。

東欧革命は、かつての市民革命のように前衛党や軍事力によって指導されたわけではない。しかも革命の本質は非軍事的であり平和革命であった。

ハーバーマスは、「変革それ自身がテレビによる連鎖過程だった」と述べている［ハーバーマス、前掲書］。「東ドイツ、チェコスロヴァキア、ルーマニアでの大変革は、たんにテレビによって中継された歴史的事件であるだけでなく、変革それ自身がテレビによって中継された歴史的事件であるだけでなく、変革それ自身がテレビによる中継・移送という様式でおこなわれた連鎖の過程だった。マスメディアが決定的であったのは、たんに全世界への拡散という感染効果に関してだけではない。広場や街頭でデモに参加している生身の大衆の存在は、一九世紀や二〇世紀とはちがって、それがテレビを通じていたるところに現出するようになって、はじめて革命的権力を発展させることができたのである」とハーバーマスはいう［ハーバーマス、前掲書］。

東欧革命は西側のテレビの介在なしにあり得なかった。テレビの特性は意図されたメッセージだけを伝えるわけではない。映像には制作者が意図しないノイズが映る。ノイズは制作者の意図を裏切るメッセージを発する場合がある。西側文化は資本主義の退廃にまみれ貧富の階級差がはなはだしいという政治宣伝とは裏腹に、背景に西ベルリンの町並みが映り、デパートのショーウィンドウが映る。町を歩いている人々の表情は明るく服装も華やかで楽しげであり、ショーウィンドウにはきらびやかな商品が並んでいる。西側には東欧にはない自由と経済の繁栄がある。西側テレビのノイズは、東欧の人々にそういうメッセージを送り続けた。

東欧世界の人々が密かに立てたパラボラアンテナから流入した西側のテレビ映像は、ついには民衆の心を変革する教育効果を蓄積していったのである。

ハーバーマスは東欧革命時に西側テレビが作った新しい公共圏を分析して、一九六〇年代に行った悲観的な見方を超える積極的な評価を下した。

しかし現代のマスメディアの巨大化と利潤主義、有名人志向などへの傾斜は、ハーバーマスが考える市民的公共圏とは無縁のものである。現実のテレビ的公共圏のあり方を率直に評価することができないのは当然だ。テレビの有名人志向を、ハーバーマスは「公共圏の再封建化」という。現代のテレビの特性は「合意」より「知名度」を重んじ、優先させる。「知名度の高さ」が、「信頼性」に直結するような「公共圏」は、有名人たちが作る新たな〝封建社会〟だと、ハーバーマスはいう［ハーバーマス、前掲書］。

民主主義にとって、マスメディアの持つ可能性はアンビバレント（背反的）なものだと、ハーバーマスは指摘している。使い方しだいで良くも悪くもなるのがテレビなのである。

日本の垂直型公共圏の地滑り

小泉ワイドショー政権誕生が日本の公共圏にもたらしたメディア論的な意味を、東欧革命でハーバーマスが提起したテレビ公共圏論をもとにして考えると、これも「公共圏の構造転換」のひとつであったと私は考える。

縦型、垂直型だった日本型公共圏が地滑り変動を起こし、欧米型の水平型公共圏に近づいてきている。

以下に縦型、垂直型の日本型公共圏の地滑り構造転換の仮説について述べてみたい〔縦型、垂直型公共圏については、柴山哲也、前掲書、二〇〇一参照〕。

本書の第四章で、日本の公共圏は欧米のような水平型のモデルを採用できないことを指摘した。欧米型の市民革命を経験していない日本社会で、新聞が主導した日本の公共圏は、官尊民卑の日本文化を反映した縦型＝垂直構造をしている。

新聞が代表してきた初期の活字メディアは、支配層（お上）と被支配層＝庶民の間に割り込んで、両者の意思疎通と調整役を果たしてきた。私はこれを「垂直型公共圏」と定義することにした。さらに明治憲法は日本の主権者を天皇と規定しており、日本の公共圏は天皇制の意味空間と密接な関連をもって形成された〔花田達朗、前掲書〕。

欧米における公共圏は政治権力と市民は平等で水平型の関係にあり、マスメディア（新聞）は国民・市民の世論形成機能を担った。しかし日本の場合は、支配エリート層のお上と庶民の間の橋渡し、コミュニケーションをはかる調整役の働きをしてきたという位置づけである。新聞はお上と庶民の間に割り込み、新聞が作る論調がそのまま庶民を代弁する世論として機能してきた。つまり明治維新から今日に至るまで日本の世論の大部分は、巨大発行部数を持つ大新聞が作ってきたのである。

明治維新の政論新聞が社会の木鐸を名乗り、大正デモクラシーをリードした朝日、毎日などの商業新聞が時の政権との確執と蜜月を繰り返しながら、昭和の国家主義、軍国主義体制に呑み込まれていったプロセスは、新聞が形成した垂直型公共圏の特徴を物語っている。日本国民の総意というものは大新聞によって僭称されていったのである。

大新聞と共に戦時体制に巻きこまれた日本型公共圏は、花田がいうように、しだいに天皇制の意味空間に呑み込まれた。

戦後も「不偏不党」を掲げた大新聞が国民（庶民）に代わって言論の自由を代理行使してきた。憲法で言論の自由は保障されたが、官僚機構、大政党、大企業、労働組合、伝統的宗教団体など大組織の大きな声と利害は新聞に反映されてきたが、読者である庶民大衆の声なき声が新聞の活字に届くことは少なかった。

しかし戦後民主主義が深化し、先端の情報技術がもたらす情報化社会が発展し、テレビやインターネットの影響力が拡大する中で、国民の高学歴化、個性化、個別化が進んだ。もはや十把一絡げに大衆とか庶民とかという言葉で国民をくくることは不可能な時代になったのである。

一九九〇年代の急速な新聞離れは、日本社会の特質だった縦社会の解体現象と平行して起こってきた。新聞の論説の建前のお説教よりは、テレビワイドショーの本音のトーク、2ちゃんねるなどのインターネット掲示板での真偽不明な噂話などが、大新聞の建前の言論、権威主義的な言論の構造を破壊し、情報やニュースのリアリティを深めていったのである。

そこに新しい言論空間が生まれる。信憑性が怪しく何でもありの言論空間ではあるが、少なくとも個人が自由にものをいう空間があり、多様な言説が行き交うアレーナを形成している。このアレーナは、言論空間としての公共圏にとって最も重要な要素である「双方向性」を備えている。大新聞の権威より妥当性、真実性が問われ、論争の競争によって評価される空間なのである。

さらに金融、経済のグローバリゼーションは一国主義の思考枠組みを解体し、日本内部の諸領域にはびこる旧体制の変革を迫ることになった。構造改革、規制緩和、痛みを伴う改革という前代未聞の課題が日本社会全体に突きつけられたのはこのためだ。

いうまでもなく日本を経済大国に押し上げるのに指導的役割を担ったのは、霞が関の優秀な官僚である。明治以来、国家を担うエリート官僚は庶民を指導し支配する〝お上〟の代理として、戦前戦後を通じて君臨し続けてきた。しかし国民生活にあれこれ干渉する国家主義的な官僚機構は、国全体の発展を妨げるだけでなく、物心のさらなる豊かさと自由を求める国民生活の桎梏になってきた。こうした旧体制の官僚機構を改めることが、政治課題の第一目標となったのは時代の必然の流れであった。

お上と庶民という階級的な縦型の図式は崩れ、官僚は納税者である国民のためにサービスを行う者という、水平型の定義に改められたのである。かつて一億総中流化といわれた豊かな経済大国の国民は主体性をもった消費者となり、個性化、個人化の社会が到来した。明治以来、和を尊び、確固として続いてきた官僚国家、官尊民卑の日本文化の伝統は崩壊せざるを得なくなった。

政府は主権者であり、納税者である国民の付託を受けて、安全と財産を守る、というアダム・スミス的な近代市民国家の定義が、ようやく日本にも根付いてきたというわけである。

そこへ「自民党をぶち壊す」という革命的フレーズをひっさげて、旧体制の破壊と構造改革を掲げた小泉内閣が登場したのである。日本社会の変動の進行のなかで、垂直型公共圏が地殻変動を起こし、地すべり的に水平型に移行するなかで、新たなテレビワイドショー公共圏は生み出された。

これが、小泉ワイドショー内閣誕生の歴史的、メディア史的意味であり、私は「ワイドショー公共圏」と命名した〔柴山哲也、前掲『論座』〕。

お上と庶民を結びつけて大新聞が作った日本の縦型公共圏は、テレビがリードし始めた新型公共圏の変動のプロセスのなかで、欧米型の水平な公共圏に近づきつつあるのではないか。これが本書で私が提起する「ワイドショー公共圏」の仮説である。さらにまたこれは旧来の新聞の役割の終焉を意味している。

庶民にとって雲の上のエリート集団だった外務省が伏魔殿と指弾され、田中外相によって外務省のトップが罵倒される様子がテレビの国会中継で映し出される。テレビカメラは容赦なく外務省のベールの一端をはがし、リアルな姿を映し出していった。これは庶民が初めて目にする光景であった。

次のような女子大生の調査レポートがある。「いままで井戸端会議で政治の話などしたことのないおばちゃんたちが、道路財源や外務省のことを話題にするようになった。ワイドショーのおかげで政治が田舎のおばちゃんにも身近になった」〔柴山哲也、前掲書〕。

政治と無縁な生活を送っていた庶民が、テレビのワイドショーを通じて政治は人間臭く面白く身近なドラマであることを知ったとすれば、ワイドショー政権の誕生は、政治に無関心だった日本の庶民の政治意識をアップさせたことになる。

長年、新聞がリードしてきた垂直型の公共圏は、政治のプロ、政治家、政治記者、大学教授、評論家たちが普通の人には理解しにくい政治用語を操りながら、独占していた。庶民はこのような特殊な政治空間の言葉から疎外されていたのである。しかしワイドショーを通じて庶民にも政治が理解できるようになり、井戸端会議や床屋談義で世の中への鬱憤を晴らしてしてきた庶民のインテリ化という副産物を生んだ。

新聞が独占してきた垂直型の日本の公共圏は、ワイドショー公共圏によって浸食され、無力化され、呑み込まれていったのである。従来の垂直型公共圏を担った政治家、新聞記者、大学教授、評論家の権威の失墜を招き、彼らはテレビカメラの前でタレント化していった。このようなメディアの地殻変動によって垂直型公共圏は解体の道を歩み始めたのである。必然的に、日本の世論のあり方も変化した。

日本型公共圏の地殻変動の震度と大きさは、テレビワイドショーに大きくリードされながら、日進月歩の技術進化を遂げるインターネットのブログや掲示板などによって増幅されたことはいうまでもない。

テレビ映像の魔力

メディアが伝える現実と本当の現実の取り違えについて、セルバンテスが『ドン・キホーテ』で描いている。贋の物語は良くできていればいるほど真実の物語になってゆくという危うい寓話である。テレビはこうしたメディアのマイナスの特性を備えている。テレビでは生映像でリアルタイムであることを印象づけることが重要だ。徹頭徹尾作り物である映画の映像とは全く違うのである。

テレビのドキュメンタリーが完成度を求めれば、〝やらせ〟を容認せざるをえない。しかし〝やらせ〟はテレビの名声にとって最悪のスキャンダルになる。だからこそ、完成度を求める〝やらせ〟より、いかにもリアルで本当らしく見せるための〝やらせ〟こそ、テレビの本質になってゆくのである。

米国のニュースキャスターの草分け、ウォルター・クロンカイトは「ややこしいことを避けて通るテレビは、求めようとする知識の水準を引き下げるものでしかない」という。また「テレビは、優れた新聞の代わりにはならず、テレビにだけ依存していると民主主義の屋台骨が危うくなる」と警告している［クロンカイト、前掲書］。

にもかかわらずテレビは、現代のメディアの中の影響力の王者であることに変わりはない。クロンカイトが指摘するように、同じマスメディアであり、報道機関であっても、テレビと新聞のメディア的特性は全く異なる。

活字の新聞は「記録性のメディア」であり、映像のテレビは「記憶性のメディア」と筑紫哲也はいう〔筑紫哲也「テレビ・ジャーナリズム論の陥穽」前掲『日本のジャーナリズムとは何か』所収〕。テレビ映像は、視聴者の喜怒哀楽の感情に直接、訴える。九・一一のツインタワー崩壊の映像や大災害の映像は、大きなショックを与え、精神的なトラウマを残す場合すらある。映像は時として暴走する。その意味でテレビ映像は、筑紫がいうように、人の心にイメージを刻みつける記憶性のメディアといえるだろう。

これに対して新聞が現代史を刻む記録性のメディアであることは広く認知されている。しかしテレビとはいかなるメディアか、については多様な論議がある。

クロンカイトはテレビ・ジャーナリズムを、「サウンドバイト・ジャーナリズム」といっている〔クロンカイト、前掲書〕。一言、二言のフレーズを切り取ってニュースの全体を伝えようとするのが、サウンドバイト・ジャーナリズムとしてのテレビの特徴だ。

しかも衝撃的なニュースは視聴者の喜怒哀楽の感情を激しく揺さぶるわりに、情報量は少ない。テレビには時間の制約という宿命がある。このために事実の圧縮、議論の単純化、説明の省略などにより、ニュースは事実から歪められる。その上、視聴率を求めるショーアップによって、ニュースが加工されるのである。

結局、「テレビニュースは優れた新聞の代わりにはならない」とクロンカイトは結論づけた。テレビが優勢な時代ではあるが、テレビだけに依存してニュースを得ている人は、民主主義社会における市民として成熟した政治意識をもてなくなる恐れがある。

活字と映像――その特性の比較

いうまでもなく、メディアとしての活字と映像には、それぞれの特性と歴史がある。

グーテンベルグの活版印刷革命以降、民衆の識字率がアップして世界に活字文化革命が起こった。宗教改革もそのひとつである。画像（イコン）を排して活字（聖書）を重視することでイメージの偶像崇拝が否定され、聖書の読み直しが広範に行われて宗教改革が進行した。

宗教におけるイメージとしての映像（画像）が否定され、新しいメディアである活字が文化の主導権を握ったのである。ヘーゲルが『歴史哲学講義』で述べたように、ビザンチン帝国における偶像破壊派と擁護派の大論争があった。しかし活字文化は偶像破壊派に勝利をもたらすことによって、宗教改革が起こったのだ［ヘーゲル、一九九四］。

活字メディアの興隆によって、ルネサンスが開花し、学問、芸術、科学技術、都市が発展し近代文明が形成された。マクルーハンは、大著『グーテンベルクの銀河系――活字人間の形成』のなかで、近代社会で活字文化が果たした功績の歴史を細部にわたって描いている。

マクルーハンは一九六〇年代に、活字の衰退と電子技術に支えられたテレビの台頭を予言し、地球は狭い情報村（Global Village）になる、といった〔マクルーハン、前掲書〕。九・一一同時テロやイラク戦争、インド洋大津波、ロンドンの同時テロなどの衝撃的なニュースは瞬時に世界をかけめぐり、地球の人類は同じ情報を共有する。世界が同じニュースの包帯によって結合する。衝撃のニュースをリアルタイムで全人類が知ってしまう現代は、まさにマクルーハンが予言したとおりの「地球情報村」になっている。

活字によって滅んだように見えた中世のイコン（画像）が、二〇世紀後半のテレビという新しい装いのもとに再登場したと考えることもできる。

フランソワ・トリュフォー監督の映画に「華氏451度」というSF作品がある。活字をよむことが禁止され、テレビだけが許されている独裁政権下の未来社会が舞台である。反抗する読書好きの知識人は、シェークスピアやミルトンなどの本に変身加工されて社会から追放され、書物の森をさまようという物語である。活字の受難時代を描いた寓話だ。

キリスト教の神学論争で出現した宗教的偶像の破壊は、人間の魂の内部に侵入する神の具体的なイメージを危険視したためである。偶像崇拝を助長する宗教画像から離れて、活字としての聖書を禁欲的に読むことを奨励したのが、宗教改革の本質なのである。

来たるべきテレビ時代を予言しながらも、自らは活字人間そのものだったマクルーハンに影響を与えたイギリスのリーヴィス夫妻は、「人間の堕落は大衆メディア文化によって進行する。従って本物の識別能力をもった少数者は偉大なる古典を詳細に読むことで内面の回復をはかるべきである」という考えをもっていた［マクルーハン、前掲書］。マクルーハンは師の教訓を精神の糧として大衆メディアを批判的に分析したのである。

日本では大宅壮一が「テレビは一億総白痴化」といったが、洋の東西を問わず、活字人間から見たテレビは、低俗でいまいましい存在であった。しかしながら、そういうテレビの特性が世界中の民衆を巻き込み巨大なメディアに成長し影響力を奮う時代が到来した。マクルーハンはそんなテレビ映像の魔力を次のように分析している［マクルーハン、前掲書］。

因習的な文字文化人は、テレビが受動的な視聴者にふさわしいメディアであるとみているようだが、それは違う。テレビは何より創造的、参加的反応を要求するメディアである。テレビは既存の世界の輪郭を不鮮明にする「近視」のメディアであり、だからこそ視聴者は自分の役割を望み、社会への深いかかわりを望むのである。

それは視聴者が深層意識のなかで世界に関与したいと願う衝動ともいえる。テレビはまた知覚を麻痺させる作用をもっている。

例えば、一九六二年、ケネディ大統領を暗殺した犯人として逮捕されたリー・オズワルドは、護衛警官の人垣に囲まれていたにもかかわらず、ジャック・ルビーという男に射殺された。警官たちの動きが鈍く、犯行を防げなかったのは、カメラの放列の中で、警官たちが麻痺に陥っていたためである。「人を魅惑し引きずり込むテレビの魔力が、人々の知覚に独特の作用を及ぼす、とマクルーハンはいうのだ。警官たちは、カメラの放列を見ただけでその場にのめり込んでしまい、任務の感覚をなくしてしまった。

テレビは人々の感覚を沈静化させてしまうのである。さらにまたルビーが大勢の警官や市民たちの前でオズワルドを射殺したのを見ていた大衆の反応も冷静で落ち着いていた。

このあと行われたケネディの葬儀には、全アメリカ国民を葬式の過程に関与させるというテレビの力を大いに発揮した。「これに比べれば、新聞、映画、そしてラジオでさえも、消費者向けの包装用器具にすぎない」とマクルーハンはいう［マクルーハン、前掲書］。

私はかつて湾岸戦争時のテレビが臨戦状態の沈静化に役だっていることを指摘したことがある。また阪神大震災のとき、延べ一万人に近い大量のメディア関係者がカメラを持って現場取材に入り、空からは報道のヘリコプターが地上の災禍を映していた。

被災した阪神地域の住民が秩序を重んじて落ち着いた行動をとり、大きなパニックを生まなかったことが世界の賞賛を浴びたが、このような状況を作り出すのに、テレビカメラの放列が関与していたと考えることができる。被災した人々はたえず自分たちに注がれている膨大な数のテレビカメラを意識していたはずである［柴山哲也「マスメディアも崩壊した」『諸君！』一九九五年三月号］。

さらに、一連のオウム真理教事件で幹部の村井秀夫刺殺事件のときにも、同様の状況がテレビ映像で映しだされた。刺殺事件のとき、マスコミに囲まれた中で村井は殺された。視聴者はリアルタイムでこの事件の映像を見ていた。現場には、マスコミ報道陣だけでなく、オウム信者、野次馬、警察官がたくさんいたが、犯人を阻止することができなかった。

この事件現場を特徴づけた最大のポイントは、ごったがえす報道陣とテレビカメラの放列にあった。マクルーハンの分析を適用すれば、テレビカメラを前にした人々はカメラの前で感覚麻痺を起こしていたのである。

この点では犯人も刺殺された村井も同じ心理状態に陥っていたのではないか。腕を刺された村井は一瞬、戸惑いの表情をみせているがすぐに取り繕ったようだった。テレビカメラを意識した村井のこの取り繕いが次の致命傷の一撃につながったように見える。テレビカメラがなければ、犯人と村井は派手な格闘を演じたかもしれない。村井は致命傷を避けることができたかもしれない。報道陣や警察官が犯人を阻止すべく手を出せなかった理由は、距離が離れていたとか、人垣の陰で見えなかったなどという説明よりも、ケネディ暗殺事件のさいのオズワルド射殺をめぐるマクルーハンのテレビ分析の論理で解釈することができる。

テレビ映像の魔力はおざなりのメディア論では処理しきれない。人間の深層心理にまで到達して影響を与える映像効果の多面的な分析が必要である。

新聞がテレビに歩み寄る

テレビ時代の到来を予言したメディア学者のマクルーハンも、アメリカのテレビ時代を築いたニュースキャスターのクロンカイトも、活字の役割の重要性を深く認識していた。

アメリカのテレビ・ジャーナリズムは、活字メディアが築いたプレスの自由の延長線上にある。電波利用に関わる規制は大資本によるテレビ局の寡占を防ぐためであり、放送事業への新規参入や偏向を理由に言論の自由を抑制するものではない。

アメリカのテレビは歴代の大統領選挙を見てもわかる通り、政治的影響力は絶大なものがあり、ギャラップ調査でもわかるようにジャーナリズムとしての権威は新聞を上回る力をもっている。湾岸戦争からイラク戦争にいたるテレビの活躍は、ジャーナリズムのテレビ化傾向をいっそう顕著にした。

テレビの台頭で、ニュースの現場中継はあたりまえのようになった。何か事件が起こると、何をおいても現場にテレビカメラが置かれる。テレビカメラはひたすら現場の絵になる光景をライブで追いかける。

テレビに引きずられた新聞記者は、リアルタイムのテレビ映像を見ながら、取材したり、記事をチェックしたりすることがある。野球、サッカー、相撲などスポーツの取材でもテレビ映像は取材源の一部になる。近年ではどこの新聞社にも、取材用のモニターテレビが多数セットされている。

後発だがアメリカの全国紙に成長した『ＵＳＡツゥディ』の編集室には天井から何台ものテレビ受像器がぶら下がっている。新聞社はテレビから取材したことをできるだけ隠したがるが、カラー印刷と派手な見出し、写真の多用、ビジュアルでコンパクトな記事、読みやすい文章で読者を獲得している新興の『ＵＳＡツゥディ』は、公然とテレビ的新聞という編集方針を打ち出している。

こうした新聞のテレビ化、ビジュアル化のなかで、老舗の『ウォール・ストリート・ジャーナル』

だけは、一切写真を使わない方針をつらぬいている。顔写真にかえてイラストを使っている。「一枚の写真は一〇〇〇の活字に勝る」というのがUSAツゥディなどのビジュアル路線の新聞だが、ウォール・ストリート・ジャーナルは、「一の活字は一〇〇〇枚の写真に勝る」と活字メディアの伝統をかたくなに守っている。

アメリカに先んじて、日本の新聞や活字メディアではビジュアル化による紙面作りが進んできた。記事は薄く、写真やイラストを多用した紙面作りである。漫画、劇画文化の浸透という日本的なメディア環境も影響しているが、グラフィクスやカラー写真を多用する活字メディアのビジュアル化は、本来の活字部分を削減する努力のたまものでもあった。いわば活字の自己否定なのだが、活字だけがつまった紙面は〝黒い紙面〟として嫌われるようになった。

活字メディアのビジュアル化の流れは、ジャーナリズムとしての中身ではなく、ひたすら部数拡大を至上とする経営上の観点から取り組まれてきた。ビジュアル化は、新聞だけでなく、硬派のニュース週刊誌や論壇誌にまで及んだ。週刊誌や月刊誌の模様替えやリニューアルの方向は、硬派の中身をソフトな外装で包もうとする工夫だった。バブル経済の崩壊を境にビジュアル化を掲げた雑誌の統廃合が続いた。

テレビ時代の新聞ニュースの変化の事例として、元共同通信ワシントン支局長・藤田博司は、「アメリカ南部で起きた竜巻のニュースや山火事のニュースなどの災害ものを、本社が要求する頻度が高まった」という［藤田博司、一九九二］。

アメリカの地域災害のニュースが日本の新聞に出ることは稀だったので配信しなかったものが、災害をCNNなどのテレビで見た本社デスクから注文がくるようになったというのだ。

テレビ的にいえば、山火事や竜巻のニュースは絵になるということである。テレビのインパクトは絵そのものだから、ニュース価値や内容がいかに優れていても、「絵にならない」素材は捨てられる。湾岸戦争、阪神大震災、オウム事件、ペルー人質事件、九・一一同時テロ、イラク戦争、ロンドンの同時テロ、太平洋の大津波などの大事件は絵になるテレビの事件の要求を十分に満たす大ニュースだった。自宅でテレビを見る人々のほとんどは、災害や事件に巻き込まれた当事者ではない。

大災害や戦争がスペクタクルなテレビの見せ物になっている。阪神大震災の直後を取材したときの、「マスコミはヘリを飛ばすならせめて上空から水でも供給してくれないかと思った」という被災者の言葉を思い出した〔前掲、柴山哲也「マスメディアも崩壊した」『諸君！』〕。

夕飯時の団らんのなかでテレビニュースを見ている人々にとって、災害は対岸の火事であり、たとえ悲惨なニュースであろうとも一種のエンターテインメントとして見てしまう。他人の不幸は、いま火の粉をかぶっていない人々にとって、娯楽になりうる。テレビのニュース映像はそういう非情な面を持っている。

一方通行のテレビ映像は視聴者の深い潜在意識を刺激し、場合によっては悪魔の喜びを発掘し、道徳や理性を麻痺させる。いかに残酷で悲惨な映像であろうとも、送られてくる映像に対して視聴者は責任の取りようがない。できることといえば、スイッチを切ることくらいである。そういう意味でテレビ・ジャーナリズムは、真実のニュースを伝える以上に、民主主義とは相反する「合意のねつ造」や情報操作や大衆のマインドコントロールの役割を担うことが多い。この点は、ノーム・チョムスキーが『メディア・コントロール』の中で詳細に述べている〔チョムスキー、二〇〇三〕。

終章　オンライン・ジャーナリズムの可能性

ブログ（Blog）は既成メディアを凌駕するか

コロンビア大学で発行しているメディア研究専門誌『コロンビア・ジャーナリズム・レビュー』（CJR）に、「オルターナティブメディアの新時代」という特集記事が掲載された［The New Age of Alternative Media CJR, September/October 2003］。

オルターナティブ・メディアとはもう一つのメディアということだ。つまりメーンストリームの巨大メディアに対抗する新しいメディアとして、インターネットのブログ（Blog）が台頭してきたと同誌はいう。

一九六〇年代以降、サブカルチャーとしてアンダーグラウンド的な評価をされてきたマイナーなメディアが、インターネットの表現技術の進歩によって、新時代のジャーナリズムを担う可能性が出てきたというわけである。なぜ、このようなメディア状況が生まれてきたのであろうか。

ブログとは、個人がインターネット上で発信するツールで、日記形式のＷＥＢサイトだ。これらがWeblog（ウェブログ）、またはBlog（ブログ）と呼ばれるものだ。アメリカを中心としたインターネットユーザーたちが、インターネット上で見つけたおもしろいコンテンツやニュースに対してメモ（ログ）をつけだしたのが始まりといわれている。プログラムにそれほど詳しくない人でも簡単な操作でブログを作成できるサービスが開始されて、ブログの利用者は急激に増えた。

ブログが社会的に認知される契機になったのは、二〇〇一年九月一一日の米国の同時多発テロ事件である。当時、事件に関する様々な情報がインターネット上に出回り、テレビなどの既成メディアでは紹介されない安否情報や救援情報、ローカル情報、復旧作業の呼びかけなどが、ブログを通じて流された。この事件でブログは社会的な広がりを見せ、全米社会に認知されるメディアとなった［ブログの説明は、livedoor Blog, http://www.livedoor.com/blog.html/ 二〇〇五年九月二五日確認］。

九・一一同時テロに続くアフガニスタン戦争、イラク戦争、二〇〇三年の米国大統領選挙などの大きな出来事を通じて、ブログの活動が爆発的な勢いで増えたと『コロンビア・ジャーナリズム・レビュー』は述べている［前掲、CJR］。

イラクのアルグレイブ刑務所における米軍の残虐行為の写真がアメリカのマスコミに漏れ、新聞やテレビで大きく報道されたことで、世界世論の怒りを招き、ブッシュ政権を揺るがせる事件に発展したことで、米国民の厭戦気分が高まった。従来なら、たとえ刑務所で捕虜の虐待が行われていたとしても、密室の出来事が外部に知られることはない。軍が厳重に情報管理していたはずのアルグレイブ刑務所の内部の虐待写真が外に漏れることなど、インターネットのブログの介在なしにあり得ないことだった。刑務所の同僚の兵士が撮った写真が、コンピューター画面を通じて何らかのブログに送信されたと考えられる。

ブッシュ大統領の軍歴疑惑報道が捏造だったことを立証したのもブログである。軍歴疑惑を報じたCBSテレビの看板キャスター、ダン・ラザーはニュース番組から降板した。

最も堅固に守られていたはずの軍隊内部の機密情報ですらインターネットを通じてやすやすと外部に流出する。ホワイトハウスで起こったクリントン元大統領のルインスキー・スキャンダルも同様だが、いかなる権力であれ、内部の不祥事や腐敗を組織内に押さえ込んで隠し通すことは不可能な世の中になった。

二〇〇三年の一一月二六日から二七日のサンクス・ギヴィング・ディに、牧場で休暇をとっていたはずのブッシュ大統領がバグダッドの米軍基地を電撃訪問して兵士の労をねぎらったニュースは、世界を驚愕させた。このときの極秘訪問はブッシュ夫人はおろか、チェイニー副大統領やパウエル国務長官にも直前まで知らされなかった。事前に情報が漏れると戦地に乗り込む大統領の安全が危うくなる。家族や政権の側近にも漏れないよう徹底した情報管理が行われたのだが、実は十数人ものジャーナリストとカメラマンが大統領に同行していた。

このときのブッシュの〝危険な〟バグダッド電撃訪問に関する詳細なレポートは、既成のメディアではなくウェブサイトに載った。

クリントン・スキャンダルのスクープで有名になった「Drudge Report」である。それによればバグダッドへ同行したメディアは、ワシントンポスト、AP、ロイター、AFP、ニューズウィーク、

TIME、ブルームバーグ、FOXテレビの記者やカメラマン、プロデューサーなど十数人だったとされる。

記者たちは、休日にもかかわらず午後八時半にアンドリュー空軍基地に集合するように指示された。旅行の目的は明らかにされないまま、携帯電話、パソコンなどの通信機器を置いて空軍機に乗り込んだ。

飛行機が飛び立って初めて、飛行機には大統領が乗っており、バグダッドを訪問することが告げられたという。ブッシュ政権に批判的な報道をしていたニューヨーク・タイムズやNBCなどの三大テレビネットワーク、CNNはクルーからはずされていた。このプロジェクトは一〇日前からホワイトハウスで極秘裏に練られたという。

ブログによってわれわれは既成メディアが伝えない事件の奥の事実や詳細な背景を知ることが出来るのである。

日本でも個人のブログや日記サイト、「2ちゃんねる」など若者の人気サイトが隆盛で、アメリカで流行するブログと並んで爆発的に拡大している。しかし既成メディアが発掘できない戦時下のニュースや米軍の残虐行為などの暴露を行ったアメリカのブログにくらべ、日本のブログは仲間同士のコミュニケーションや趣味、噂話の域を出ず、ジャーナリズムとしての事実の究明と公益性を意識したメディアに発展するかどうかは、未知数だ。筑紫哲也が、「トイレの落書きに近い」とTBS「ニュース23」(一九九九年七月一五日)で発言して物議をかもしたことがあった。

しかしマスメディアの誤報や取材不足、過剰報道、人権侵害、偏向報道などに対しては、具体的な報道のウォッチをしながらリアルタイムで掲示板に書き込むなどして、既成メディアを監視する役割も果たしている。

既成メディアがウェブサイトからニュースの素材を得るという場合もある。二〇〇四年四月、イラクで起こった三人の日本人人質事件に際して、インターネット上で流れた〝自作自演説、人質やらせ説、狂言説〟などの様々な噂話がネットを駆けめぐり、それを既成メディアまでもが取り上げたことがあった。これに付随して「自己責任論」が噴き出して、真偽が不確かな情報に日本中が振り回された格好になった。このときの噂の根拠と出所、どのようにして情報が作られ流れていったかはいまだに解明されていない。

一九九九年の「東芝VSクレーマー事件」は、東芝製品にクレームを付けた匿名氏が、東芝側の対応を録音テープに取ったとして音声ファイルを自分のウェブページで流した事件である。このウェブサイトにはアクセスが数百万回にも達し、事件はマスコミでも大きく取り上げられた。社会的な反響の大きさに、東芝側は匿名氏への対応のまずさを謝罪することになった。

ネット上だけでは大きな社会的事件にはなりにくいが、そのニュースがマスメディアで報道されることにより、大ニュースになって世論を動かすことがある。

二〇〇五年には、ネット企業で急成長したライブドアがニッポン放送株を買収する事件が起こり、既成メディアの衰退という言葉が日本人の意識のなかで明確な形をとった。ニッポン放送はフジサンケイグループの支配権を握っており、ニッポン放送の支配権を握るとフジテレビの支配権を握ることができ、その向こうには産経新聞があるというねじれたメディアの構造が明らかになったのである。つまりニッポン放送の支配権を握ればフジサンケイグループという日本の巨大メディア・グループの掌握が可能だった。

ライブドアに続き、楽天が筆頭株主になってTBS株買収に乗り出したときも、TBSの株主構成の弱点が浮き彫りになった。

日本のメディアにはM&Aに対する危機感の不在があり、こうした脆弱な構造を持ちながら、これが放置されていたというわけだ。ライブドアのニッポン放送買収事件以前にも、世界のメディア王のマードックがテレビ朝日株を買収したことがあるが、このときの危機感は関連するメディア業界内部で醸成されただけだった。しかし今回は、広範なメディアのM&Aが現実として迫ってきたことが実感となった。同時にインターネット・メディアに対する関心が高まり、大衆の既成メディア離れが顕著になってきたのである。

近い将来、新聞の主流は紙の紙面から電子新聞（オンライン・ジャーナル）へ移行するという予想がある。韓国では市民参加のニュースサイト「オーマイニュース」などのネット新聞が急速に普及し、若者への影響力は全国紙を上回る勢いという（ソフトバンクは、二〇〇六年春から立ち上がる日本法人「オーマイニュース・インターナショナル」に約七億円の出資を表明した）。日本では「2ちゃんねる」の影響力も大きくなった。広島の原爆ドームの折鶴を大学生が放火するという事件が起こったとき、すかさず折鶴を作って復元運動を呼びかけたり、放送番組内容の矛盾をついてテレビ局に釈明させるなど、既成のメディアを監視する役割を果たすことがある［青木日照・湯川鶴章、二〇〇三］。

しかし紙の新聞のすべてがオンライン化してしまい、活字の匂いがする新聞がなくなることがあるだろうか。

ビジネスゴシップからスタートし、一九九八年にクリントン大統領のルインスキー・スキャンダルをスクープして有名になった前述のオンラインチャット「Matt Drudge」のブログ「Drudge Report」は、ワシントンポストのオンライン・ページへリンクを張っている。面白い情報に飢えてここを訪れた読者を伝統紙ワシントンポストへ誘導するためである。

ワシントンポストとリンクすることで、ウェブサイトの信頼性を高めるのが目的だ。伝統紙ワシントンポストの権威を借りて自らの情報の質的なイメージアップをねらっている。ポスト紙の側は、数百万アクセスがある人気ブログから読者が誘導されることで、新聞の部数アップにつながるというメリットがある。ウェブログと既成の新聞との間にはこのような共生関係が生まれているのである［Leonard Downie JR. and Robert G. Kaiser, 2003］。

オンライン新聞は収益を期待できる？

オンライン化という新時代の課題を背負った世界の有力な大新聞は電子新聞の実験に力を注いでいる。ポータルサイトに自社のニュースサイトを設けたり、インターネットに多様なニュースサイトを置いている新聞社が多い。しかしオンライン新聞購読に課金はしておらず、おおむね新聞購読の勧誘とPRに使っている。

ニューヨーク・タイムズは、当初、国際版のオンライン新聞に課金していたが、アクセスが急減したので取りやめた。しかし二〇〇五年九月から有料会員制サービスを開始し、会員だけが読める人気コラムを新設したところ、登録会員数は三カ月で三〇万人を超えたという〔「ブログは新聞を殺すのか」『ニューズウィーク』日本版、二〇〇六年三月一五日号〕。またウォール・ストリート・ジャーナルの電子版は、精度の高い金融情報が売りで、現在、七〇万近い読者がいるという〔前川徹・中野潔、二〇〇三〕。日本では朝日新聞が国際配信のオンライン新聞を有料化している。しかし既成の新聞で電子版に課金できるのは、ブランド力のあるメディアに限られている。

既成の新聞のオンライン化が始まったころの一日のヒット数は、朝日新聞が世界一で一日二五〇万回前後、アメリカのロサンゼルス・タイムズの百万回やニューヨーク・タイムズの五、六〇万回、フランスのル・モンド四万回、ロンドンのタイムズが一月三五〇万回、インドのザ・ヒンズー二五万回、中国の人民日報六―八万回などを記録した。またシリコンバレーの情報に力を入れているサンノゼ・マーキュリー・ニューズの場合、一日の紙面更新は数十回を数え、ヒット数五、六〇万回に達したとき、紙の新聞と同等の精力をオンラインに傾けるようになった〔『朝日新聞』一九九七年一月六日付「世界のニュースサイト」〕。

しかしこれらのサイトで使われたニュースや記事はオンライン用に作られたものではない。もとの新聞に掲載された記事やコラムを援用したものである。従って本紙の紙面を読んでいる人にとって、オンライン新聞は必要ではない。

新聞を読まない人や新聞を購読していない人に対してオンライン新聞を作っているようなものだが、インターネットの閲読者の多くは、サイトの情報を無料で利用しようとする。ネットオークションやショッピングには金を払っても、ニュースに金を払う人はほとんどいない。

ハンディで持ち運びができ、その場で広げて読める活字の新聞がなくなることはないだろうが、若い世代に浸透している新聞離れを見れば、既成の新聞の将来はあまり明るくはない。少なくとも、これまでのような成長、肥大化を続けることはむずかしい。

世界の新聞王といわれるマードックが買収した英国の名門タイムズは、将来、オンラインで金を稼ぐことをうたい、「新聞を超えるインターネット編集の確立」を目標に掲げている［前掲「世界のニュースサイト」］。

コストのかかる紙の新聞を発行し続けることは、ビジネスにとってリスクの大きいことだ。しかしオンライン新聞の目標はまだ達成されてはいない。現代の新聞社はそのジレンマの中で格闘している。新聞は、紙、印刷、発送、販売、読者を結ぶ複雑なルートで結ばれている。紙面の編集に必要な人件費、取材費などの経費に加えて、用紙、印刷、発送、販売にいたるシステムの維持には金がかかる。一〇〇〇万部に及ぶ巨大部数を発行する日本の大新聞は、ジャーナリズムというよりは社員を何千人もかかえる巨大なメディア産業で、浮沈空母を目指さざるを得ない。

オンライン新聞なら、紙はいらないし、印刷も不要、発送（配布）から販売までの経費もほとんどかからない。料金徴収をネット上のクレジット決済で済ませば、印刷から流通に至る全コストがほぼ不要になる。従ってオンライン新聞に必要な経費は、オフィス維持費、取材費と編集費、記者の人件費、通信費だけである。同じ新聞を作っても大幅なコスト削減ができるので、本来のジャーナリズムの仕事に必要な人材と資金を投入することができる。

販売競争も紙面だけの勝負となり、景品やクーポンをつける無用な競争はなくなる。膨大な紙を使わず、輸送のトラックもいらなくなるので地球環境にも優しくなる。一日で数千万部も発行されている日本の新聞が消費するパルプのために、東南アジアの森林が毎日、ひとつずつ消えてゆくといわれる現実もあるのだ。

オンライン新聞なら十数人のスタッフがいて、ワンフロアくらいのスペースがあれば、相当の力量を持った新聞が発行できる。しかし前述したように、オンライン新聞で購読料を稼ぐことは至難である。そうすると当面は広告料金だけで運営するビジネスモデルを作らないといけない。

ネット広告を出すにはアクセス数がポイントになる。一〇〇万回を超えるアクセスを獲得することが、広告で運営できるオンライン新聞のぎりぎりのラインという［前川徹・中野潔、前掲書］。つまり部数百万部の新聞を作ってはじめてオンライン新聞社は既成の新聞と太刀打ちしてやっていけるということになるのである。

現代人のインターネット利用時間は圧倒的に増えても、広告は飛ばして読むのがおおかたの利用者の方法だ。バナー広告は煩わしいし、広告サイトが勝手に画面に現れるとよけいに広告アレルギーを強めてしまう。ネット広告のビジネス化のために様々な戦略が練られているが、いまのところインターネットの広告ビジネスの行方は未知数だ。

オンライン新聞は実験的には成功しても、ビジネスとして採算ベースに乗せるとなると、困難なのである。オンライン広告料金の算定方法もまだ確立していない。電子マネーによる決済方法にも問題点が多い。またオンライン記事の信頼性の確保をどうするか、これが最大の課題である。膨大な情報ゴミの中から有用な情報だけをどのように選別し、差別化するかの有効な方法論を作り出す必要がある。

生情報とシミュレーション・ジャーナリズム

アメリカでは一九九六年に、二つの本格的な電子新聞が誕生して既成ジャーナリズム界の注目を集めた。この二つは世界のオンライン新聞のパイオニアというべきものだ。『Intellectual Capital Com』と『the Slate』である。前者は保守系、後者はリベラルと一応の立場があったが、既成のジャーナリズムができないこと、やってこなかったことを実験するというコンセプトを掲げた。生資料の掲載を売り物のひとつにしていた。

Intellectual がスタートした一九九六年初夏、民主党のクリントン政権が政敵の共和党員数百人分の身辺調査書をＦＢＩから入手したという事件が米国のマスコミを騒がせた。Intellectual はすかさず情報公開法を使って、ＦＢＩがホワイトハウスに漏洩したというファイルを入手してオンライン上で紹介した。この方法はルインスキー・スキャンダルの生資料を掲載したブログ「Drudge Report」やアルグレイブ刑務所の捕虜虐待の生映像公開の手法に引き継がれている。生資料を集め記者が取材した確実なデータをそのまま加工せずに読者のもとへと届けるのだ。

Intellectual のスタッフは、元大統領補佐官でロシア問題の専門家ブレジンスキー、ホワイトハウス経験者、ＢＢＣ放送の出身で元駐米イギリス大使のピーター・ジェイ、雑誌『ニューリパブリック』や『アトランティク・マンスリー』の発行人や社長を務めたジェームズ・グラスマン、ウォール・ストリート・ジャーナル論説記者らのジャーナリスト、シンクタンクの政策研究者、教育問題専門家、女性問題専門家、大学教授らの知識人集団である。将来、『ニューヨーク・タイムズ』や『ワシントン・ポスト』にとって代わる新聞をめざすと、刊行宣言でうたった。

いうまでもなくオンライン新聞にとって重要なことは、記事の信頼性をいかに高めるかである。新聞には記事の信頼性を保証する権威が必要になる。それがブランドだ。

将来、オンライン新聞がブランドとなる可能性や条件はありうるだろう。かりにオンライン新聞が世界的なジャーナリズムを作り上げるとすると、既成のニューヨーク・タイムズは、通信社のようにジャーナリズムの表舞台から退いているかもしれない。

オンライン新聞の記事に、「ニューヨーク・タイムズ発」というクレジットがつけられており、読者にとってニューヨーク・タイムズはすでに遠い存在になっているというストーリーである。日本でも著名なポータルサイトには、全国紙のニュースが断片的に載っているのを見ると、あながち近未来小説とはいえない。

Slate は、のちにマイクロソフト社が運営するオンライン新聞になり、一時、購読料を徴収していたが、現在はワシントン・ポストとニューズウイークが共同運営するオンライン新聞になっていて無料で読むことができる。このサイトはワシントン・ポストやニューヨーク・タイムズにリンクして、一流新聞のニュースやコラム、社説のザッピングができるのが特徴だ［http://www.slate.com/　二〇〇五年九月三〇日確認］。

二つのオンライン新聞に対抗して、すぐさまニューヨーク・タイムズは、新しいオンライン・ジャーナルの実験を行った。さらにハーバード、ＭＩＴなど一流大学や高級住宅街がある東部の特定の地域を選んで、『ボストン・グローブ』のような質の高いコミュニティ・ペーパーづくりを模索した［"ANNUAL REPORT 1995" The New York Times Company］。

オンライン新聞は、既成の新聞と同じニュースをウェブサイトに紹介するだけではない。ニューヨーク・タイムズは、『サイバー・タイムズ』というオンライン専用新聞の実験を行った。オンラインならではの特性を生かした新しいコンセプトを作り実験を行ったのである。

サイバー・タイムズの巻頭言には、「ペンは剣よりも強い、されど「コンピューター・シミュレーション」はペンよりも強いか？」とある［If the pen is mightier than the sword, is the computer simulation mightier than the pen? Cyber Times Oct. 9, 1996］。オンライン新聞は、「ペン」より強いもの、コンピューターの支えがある、ということだ。

シミュレーション・ジャーナリズムは、現実社会では実験できないが、現状が続くと明らかな危険や危機がやってくるというような近未来予測に適用する。環境破壊、エネルギー不足、人口問題、財政赤字、エイズ、医療保険、年金、軍事衝突……などの近未来図をコンピューター・シミュレーションで予測するのである。

サイバー・ジャーナリストは言葉によるレポートや主張の代わりに、ジャバコード（java cord）などのコンピューター言語を使ったシミュレーションによって、世界の近未来予測を伝える。シミュレーションによる近未来予測はわれわれの社会の近未来のイメージに重なる。

政府や与党が発表するタックス・プランが実現して五年後、一〇年後にはどのような現実が待っているか。年金改革プランは正しく機能するか。消費税アップの効果、減税の影響、健康保険制度改正の後遺症、整備新幹線の長期的得失と費用効果の計測、地方自治体の累積財政赤字の再建プランなどの案件を、個別のケーススタディとして、シミュレーションするのである。

『サイバー・タイムズ』は、Slate が発表した「乱交はエイズ感染の危険性を低下させる」というセンセーショナルな論文に対する反論をした。エイズの蔓延についてのシミュレーションを行い、結果を電子新聞で公表した。オンライン新聞 VS オンライン新聞の「エイズ論戦」である。

Slate の論文は、MITの経済学者マイケル・クレーマーによる微分方程式に基づく厳密な検証の結果としていた。乱交がエイズ流行の危険性を緩慢にする、という意外な結果の理由は次のようなものだった。「モデル集団のなかの男性は全員乱交の可能性があるとして、その中にごく少数の乱交型女性が混じっている」と仮定すると、少数の女性はすぐにエイズに感染する。その女性は次々に別の男性に感染させる。男性は妻に感染させる。しかし女性の側に乱交型が増えてくると、感染した女性の比率は減少するのでひとりの男性が感染女性と接する確率が減り、感染するチャンスも少なくなる。要するに、男女とも乱交型になるとエイズ感染のチャンスは低下するというのである。

これに対して、サイバー・タイムズが行ったシミュレーションは、まったく逆の常識的な結果を示した。四〇〇カップルのサンプルをコンピューター上にとり、カップルは毎夜ベッドを共にしたとする。このなかに乱交型の配偶者が若干混じっていて、乱交の相手に感染者がいると、コンピューターは感染者の広がりを示すようになる。乱交型の男女数が変化すると感染者数も微妙に変化するが、男性、女性ともに乱交型の比率が少ない場合は、全体の感染率は緩慢である。しかし、男性に乱交型が増えると四〇〇カップルの感染率は高騰し、さらに女性の乱交型が一〇％も増えると、エイズは急速に広まる結果になる。

Slate の記事は乱交を認めるのではなく、特定の乱交常習者がエイズ感染源であることを示唆しようとしていた。しかしサイバー・タイムズのシミュレーションでは、乱交常習者でなくとも、二〇〇日間に一度でも他の相手と浮気した場合、何年かたつと四〇〇カップルのうちの九五％から九九％が感染しているという恐ろしい結果が出ている。このシミュレーションがそのまま現実を映すわけではないが、エイズ感染の危険が日常的な生活の周辺にあることを示している。

このほか、サイバー・タイムズは、インターネットでの証券取引が主流になることで、「ウォールストリートのなくなる日」という衝撃的なシミュレーションをおこなうなど、新しい電子ジャーナリズムのコンテンツを模索してきた。恐らく、このようなシミュレーション・ジャーナリズムは二一世紀のオンライン新聞のモデルの一つになるだろう。問題はそれがどのようなジャーナリズムであり、既成ジャーナリズムとその質はどう異なるか、である。コンピューター技術は飛躍的に進歩したが、新聞のコンテンツや中身は旧態依然ということでは読者、視聴者にはインパクトをもたらさない。

サイバースペースとは何か

同じメディアといっても、紙の新聞、電波と映像のメディアのテレビと、インターネットは質的な相違がある。文字で読む新聞にしても、紙の新聞は活字であり、オンライン新聞はサイバースペースという電子空間を拠点にしている。オンライン新聞はディスプレイの画面上にあるわけではなく、オンライン上に存在している。われわれはサイバースペースのウェブサイトから目的のオンライン新聞をダウンロードして見ているにすぎない。それはテレビ画面とは似て非なるものである。

サイバースペースは「空間なき空間」(Spaceless Space)といわれ、人間と情報の関係体ネットワークである。しかもこの新しいネットワークが作る関係体は、従来の国家やコミュニテイの中にイメージされる関係体とは異質のものだ。すべてがサイバースペース(電脳空間)に存在する。

インターネットは、一九六〇年代から一九七〇年代のアメリカで軍事的な目的で発展し、大学間のネットワークで研究やEメールに利用され、ビジネスで使われるようになった新しいメディアである。政府や国際組織、企業や専門家だけではなく、一人一人の市民にとっても社会的、経済的、公的、私的活動にとってサイバースペースへの積極的参加が必要になってきた。コンピューター技術の進化という側面だけではなく、情報化社会に生きる市民たちの考えや意識が変わる。双方向で情報を選別し、自分で情報を吟味することで流行や嘘に騙されないようなメディア・リテラシーを身につけることが極めて大事だ。

メッセージを一方通行で押しつけるタイプのマスメディアは不要になり、生活スタイルは個人本意なものに変わる。コンピューターは、人々が知的な判断を下しながら日常を生きるために必要な情報ツールになる。マクルーハンがいうようにそれは自分の脳や感覚器官の延長であり、拡張である。サイバースペースに参加する人々のことを、「市民」に対して「ネティズン」(Netizen、ネットワーク市民、J・ネスビッツ)という。

自宅やオフィスからコンピューターを使って、インターネットにアクセスすると、そこには星の数ほどの膨大なネットワークがある。地球上のどこの国や地域からでもネットワークにつないであれば、簡単に文書や画像、写真、音声が入手できる。インターネット・マトリクスには世界中のウェブログとバーチャル・コミュニティが存在している。ユーザーは一カ月に一〇〇万単位で増加してきた。ホストコンピューターは一九八二年には世界でわずか二一三台にすぎなかったが、一九九四年には一七七万六〇〇〇台にまで急成長した。一〇年で一〇〇〇倍というすさまじい成長ぶりである。[Michael

R Ogden, 1994]。

サイバースペースでは価値観や文化の衝突はもちろん、戦争、国際紛争、核兵器や領土問題、資源問題などの大課題からファッション、スポーツ、映画、音楽、カルチャー、旅行、食べ物、ポルノから犯罪や自殺サイトにいたる多様な情報が混在し、意見が表明され、個人の趣味の世界が交錯する。たとえ偏向した狭い趣味や嗜好であれ、サイバースペースに同好者が集合すると、それだけでひとつの世界が出来上がってしまう。孤独な人でも仲間がたくさんできたと感じる。人間の頭脳の複雑性、多義性、多様性が目前で展開するのである。情報が集積する様子は宇宙の星雲に似ている。ネット上で人種、言語、文化、趣味、国境を超える複雑系としての人間と社会の特徴が増幅している。

個人の脳は、表現し感覚し、主張する自由、結社の自由、平等の権利といった理想を最大限に追求する習性をもっている。従ってこれらの表現を規制する試みは人間性に反することになる。サイバースペースとは、本来、検閲が困難で超越的なメタ・コミュニティである。現実の閉じた空間内の社会生活とは違う電脳空間の表現を国内法的な感覚で規制することは時代錯誤なのだ。

サイバースペースにおける人間（個人）は生身の肉体やコミュニティ、国家から切り離された情報的存在となる。人は実生活をしながら、サイバースペースでは抽象的、情報的存在になる。チャットに参加している人の、性別、年齢、名前、国籍などはわからない。確認のしようもないのである。情報化社会における人間は、二重の現実（肉体的現実と仮想現実）を生きることになる。このために現実とヴァーチャルな仮想現実を取り違えた悲劇が、青少年の犯罪などで顕著になりつつある。これは道徳教育の問題ではなく、メディア教育の不在が引き起こす悲劇でもあるのだが、そういう認識が日本社会には乏しい。この認識を深めるために、サイバージャーナリズムがもっともっと発展する必要がある。

サイバー空間を支配するのは誰か

たとえそれが仮想現実であろうと、（いや仮想現実であるからこそ）、実生活から遊離した人間が集まり、情報を交換し、共同体を形成するようになると肉体的現実のほうに影響を与える観念や思想が生まれてくる。仮想現実が本当の現実に影響を与える思想や観念を生産するのである。古代ギリシャの民主主義は都市アテネに形成された市民のフリー・フォーラム、広場から発生した。

また近代の市場は中世教会から離脱した市民の情報と物の交換の場であった。市場はプライベートな人間や権力や国家が管理する場ではなく、市民が自由に集まる公共の場として発展した。これらの新しいコミュニティも当初は仮想現実に近いものだったと考えられる。今日のサイバースペースは、古代アテネの都市空間の広場や近世の市場などと類似していると考えることができる。なぜなら、サイバースペースにおいても、実質的な人と物の交流は可能だ。すでに買い物や金融取引や証券取引もオンラインで可能になっている。将来、ビジネスも仕事も選挙の投票も学校の授業も医療も自宅にいながらコンピューター画面を通じてできる時代が来るかもしれない。人々は、劇場、展覧会、コンサート、スポーツ、サロンの会合など、生計を立てるための外出でなく、生活の充実と楽しさを求めて生身の人間と交流するようになる。

情報革命の現代には、経済やテクノロジーをコントロールしてきた政治、経済、市場の旧システムや権力が、より多くの自由や規制緩和を求める新世代との間で衝突を起こしている。

グローバル経済下における国家の弱体化、規制緩和要求、小さな政府の要求、情報公開による透明化などは、情報革命と密接な関係がある。われわれが現実と考えてきたものが旧体制となり、新しい現実はサイバースペースの側へシフトしている。

しかし、実際、サイバースペースとは何か、と問えば誰もわからないというだろうし、これといってうまい定義があるわけでもない。

重要なのはサイバースペースにおける政治的自由、表現の自由とは何か、そして電子空間は従来のわれわれの現実体験をどのように変えるかというビジョンである。サイバースペースの可能性は、コンピューターのハイテク技術の中にあるのではなく、豊富な情報を駆使して付加価値の高い知を創出する人々（ネティズン）の手中にある。ネティズンはサイバースペースに積極的に参加して知的、経済的、政治的、社会的な影響力を獲得する。ネティズンが旧社会を変えるパワーになり、これによって情報革命が進化するのである。しかしながら現状では、自覚するネティズンとは絵に描いた餅であり、サイバースペースの中に存在しているとはいえない。

いまのところネットワークは何かの権力の強いコントロールは受けてはいないが、ネットビジネスが支配している。自由な空間は狭められている。権力や巨大資本は自らの目的を遂げるためにサイバースペースへ接近している。サイバースペースは一見、匿名の無法地帯に見えるが、権力や巨大資本がその気になればこれほど乗っ取りやすい空間はないのである。ミッシエル・フーコーがいう円形刑務所（パプチノコン）の監視システムは容易に構築できるのだ。秘密の検閲、知らぬ間のプライバシーの侵害、偽の取引、情報の窃取やなりすましなどは日常茶飯事だ。

サイバースペースの自由をいかにして確保するか、プライバシーを侵害されず、権力や資本の専横を許すことなく、自由なネットワーク市民によるネット運営方法を論議することが、今後の中心的なテーマだ。草の根のサイバー民主主義をどのように育成するかについて、ハワード・ラインゴールドは、「政治的、経済的な権力がサイバー・スペースを掌握し、検閲し、計量し、商売の場にしてしまう前に、地球市民にとって活力ある情報交流の空間であることを確信することが重要である」と述べている［ラインゴールド、一九九五］。

ネット第一世代といわれるラインゴールドのような楽観論ではないが、悲観論でもなく、ネットの自由をいかにして守るか、をアメリカの憲法学者ローレンス・レッシグは提起する。「過去のちんけな反政府のレトリックの中にはない。現実はフィクションよりも厳しいのだ。政府は自由を破壊できるほどの力はあるけれど、でも自由を守るには政府が必要なのだ」と独自の主張を展開する［レッシグ、二〇〇二］。草の根民主主義の脆弱さでは自由は守れない。自由を守るには行政機能を持つ政府を味方に付ける必要がある、とレッシグはいうのだ。市場を支配する〝見えざる手〟は、商業を通じてサイバー空間をコントロールする技術を構築してきている。このままでは自由は消え失せる、とレッシグは考える［レッシグ、前掲書］。

知的所有権に対するオープンソース運動、プライバシー、言論の自由、独立主義というキーワードを再検討し、どのような価値が危機に瀕しているかを調査分析することで新しい価値観を創造する。古い価値を捨てて新しい価値を創造するのは、観念ではなくソフトウェアの技術である、とレッシグは主張する。商業主義によってプライバシーが侵害されるなら、プライバシーの侵害を防ぎ商業主義に対抗するソフトウェアを開発するしかないのだ。

要するに思惑のままに成熟したサイバースペースなどどこにもないのである。その不完全さは従来のコミュニケーションのメディアの歴史的教訓からも引き出すことができる。言語が発明され、時間と空間を越えて書くという伝達方法が生まれて以来、メディアは人間にとって便利ではあるが実に不完全なものだった。いまでもよく考えるとわからないコミュニケーションの形態がいくつもある。われわれの電話の会話はどこの場で行われているのか。ATMの変換の場は？　クレジット・カードの確認の場は？　通信とは「場」で行われるものなのか。実際、それは不可思議で、つかみどころのない人工物である。

SF作家ウィリアム・ギブソンは、われわれがとらえている世界の現実とは、様々な国の、何十億人もの操作者たちの手で作り出されている経験であるが、実はこれも幻想だということを描いた［ウィリアム・ギブソン、一九九九］。人間精神はこの現実よりもっと深い。なぜなら人間の頭脳システムの内部からコンピューターが抽出するグラフィクスは、信じられないほど複雑であり、心の中の空間には、星雲の束のようにデータが記憶集積されている。サイバースペースとはこうした人間たちの頭脳ネットの集積体であるということだ。

ともかく二一世紀には、こうしたサイバースペースが進化し、既成の二〇世紀型メディア（新聞、テレビだけではなくいまわれわれが使っているパソコンですら）は古びたものとなり、もっと本格的な双方向マルチメディア、匂いや感触から、想像力、感情のような人間生物的な五感を含むサイバースペースの世界が作られるだろう。脳と精神と感覚の拡張としてのサイバースペースに発展を遂げてゆく。

このことはロボットの進化によっても裏づけられている。

インターネットはノアの箱船だった

サイバースペースがもつある種の神学的、黙示録的要素は、冷戦時代に核戦争を想定し、人類滅亡のシナリオからの脱却、情報的サバイバルの必要から発想されたインターネットに端を発する。米国の有力シンクタンク、ランド・コーポレーション（RAND Corporation）は、核戦争の瀬戸際に立ったキューバ危機の後、一九六四年にインターネット計画を公表した。アメリカが核攻撃を受けても、国家の中枢機能や軍事通信網が麻痺しないようにすでにあるコンピューターラインを使い、中央のコントロール・システムをもたず、相互に連結するというコンセプトでデザインされたのが、インターネットである。

ネットワークを結ぶホストコンピューターはすべて平等に情報を共有するので、中央の司令塔をもたない。核戦争でひとつのホストコンピューターが破壊されても、他のコンピューターが代替できるようにした。このRANDシステムは一九六九年、ペンタゴンによって正式に採用された。やがてARPA（Advanced Research Project Agency）計画によって四つのスーパーコンピューターが結ばれ、インターネット（ARPANET）が誕生したのである［インターネットの原点と考えられるARPANETは、ランドの研究から生まれたとするのが通説であるが、実際にはARPAの研究室で、コンピューター・コミュニケーションの分散ネットワーク研究から生まれたとする説がある。前川・中野、前掲書］。

しかしながらいったん生まれたコンピューター・ネットワークは、必ずしも軍事目的にのみ使用されたわけではない。伝達スピードの早さ、便利さが思わぬ波及効果を生み、電子メールとして広範に使われるようになったのである。やがてニュースと情報通信の利用が加速度的に増加し、ネットは渋滞に悩まされるようになり、そのたびにシステム技術者は改良を加えた。

一九七〇年代を通じてARPANETは成長を遂げ、ネットワークを広げてインターネットのインフラを作っていった。共通の通信プロトコルとして知られるTCP/IPが発明されたことで、今日のインターネットの基盤ができあがったわけである。一九八〇年代になると、ARPANETは軍事的要素から切り離されて大学、研究所の研究を支援するネットワークとなり、ハワイからノルウェイにいたる地球規模で数千のコンピューターを結ぶグローバル・ネットワークとして広がった。これがサイバースペースと呼ばれるものである。

一九七〇年代にはスーパーコンピューター四台しかつながっていなかったものが、二〇年後の一九九〇年には、四二カ国で、数十万のコンピューターが結ばれ、多様なネットワークを形成するようになった。スピードと容量のより大きなラインが必要とされ、先進各国は情報ハイウェイ基盤の構築に国力を傾けるようになった。古くなったARPANETはすでにサービスを停止したが、インターネットは拡大を続けている。

現在ではパーソナル・コンピューターが格段に進化してコストダウンし、約五〇〇〇ページのデータでも一秒そこそこで送れるようになっている。ホストコンピューターは、一九八三年には二一三台だったのが、一九九四年には一七七六〇〇〇台になった。二〇〇五年現在、世界では約六〇〇〇万台のコンピューターがネットワークでつながっている［前川・中野、前掲書］。世界の五億人近くがコンピューターを使っており、一三七カ国でインターネットのEメール送受信が可能である。

情報のグローバリゼーションにともない、通信言語が英語中心という点に問題が生ずるが、コンピューターの言語識別能力や翻訳能力は格段に進歩すると見られており、日本語、英語、仏語、ドイツ語、アラビア語、ロシア語、中国語、スペイン語といった基幹言語だけではなく、太平洋諸島のネイティブ言語にいたるまで、翻訳ソフトを介して相互の言語によるコミュニケーションが可能になるだろう。

インターネットは、当初の軍事的な目的から大学・研究機関を経て、一九九〇年代に民間のビジネス用に解放された。IT産業やネット産業が知的所有権を堅固に固めながら、情報コンテンツをネットで売るビジネスを拡大し始めたのである。現在、インターネットをめぐる文化衝突の多くは拡大する商業主義から引き起こっている。インターネットを公共知の創造の場とし、自由とプライバシーをどのようにして守るかという、先述したレッシグの問題意識もここから発生している。

ジャーナリストに対応するシンボリック・アナリスト

『ザ・ワーク・オブ・ネーションズ――二一世紀資本主義のイメージ』を書いた米国の経済学者ロバート・ライシュは、知識情報化社会における新しい貧富の差の出現とこれらの課題を克服するシンボリック・アナリストについて言及している。その主張は以下の点である。

地球のグローバルな問題をどのように解決するか――エネルギー危機、環境汚染、民族・宗教戦争、人口爆発など。この諸課題を技術的に解決することが人類の生存条件に求められている。われわれはネットワーク型地球経済に組み込まれ、地球環境とともに生活している。どこかが豊かになればどこかが貧しくなるというゼロサム・ゲームのシナリオではなく、人類全体が豊かになるためのプラスサム・ゲームのシナリオを書く人間が必要とされる。

領土や市場や資源を奪い合うのではなく、問題解決の処方箋を書く知的創造者を、ライシュは「シンボリック・アナリスト」と呼ぶ。シンボリック・アナリストは世界の具体的な問題を発見し、解決の処方箋を書き、実現のための戦略を考える。これによって彼は新しい知識の生産者になる。これまでのジャーナリストは、世界の問題を発見して報道したが、もはやそれだけでは足らない。ジャーナリスト自身もシンボリック・アナリストになり、解決の処方箋を書かなければならないのだ。

シンボリック・アナリストは、国際紛争の火ダネになる石油に代わる新エネルギーを開発し、二〇世紀型石油文明に終止符を打ち、地球環境の汚染から人類を救い、石油や天然資源争奪のための国家間の戦争を回避させる〔ロバート・B・ライシュ、一九九一〕。

ネットをどのように利用し、サイバースペースの未来はいかにあるべきか。個人のビジョンと、ネットにかかわる社会のビジョンはどうあるべきか。より望ましいネット社会をどう育てるか——その方法論をつくることが緊急の課題であることがわかる。

ビジョンの欠如によってどんなことが起こるか。考えられることは国家や政府行政機関による大規模なネット規制であり、もうひとつは商業主義の席巻である〔The Network Nation (Starr Roxanne Hilts and others) は、すでに一九七八年に Netizen の概念と役割について提起し、サイバースペースの未来の可能性の二者択一性について述べている〕。

しかしいまだにネットはアナーキーで混沌とし、多様で変則的だ。権力がすべてを規制しているわけでも、商業主義が埋め尽くしているわけでもない。自由なサイバー民主主義の可能性はいまだに生き残っている。サイバージャーナリズムやオンライン新聞の可能性も十分に存在している。

電子ジャーナリズムには何が必要か

オンライン新聞が流行し、電子新聞にこそ新聞の未来があるという考えが広がっている〔青木日照・湯川鶴章、前掲書〕。世界に数十万もあるといわれるウェブログが新しいジャーナリズムに成長してゆくかもしれないというわけである。それはどのような未来イメージを描くのであろうか。確かにインターネット上には無数のウェブログが存在している。英語が中心とはいえ、日本語、中国語、アラブ語、フランス語、ドイツ語、スペイン語、ロシア語、韓国語など各国、地域の言語が使われている。危険な情報があり無秩序で信頼性のない虚偽情報に詐欺もある。ネット情報のセキュリティは個人が自己責任で判断するしかない。

そういう中でわれわれが課題とするジャーナリズムはどう変わるのか。その可能性は深まるのか、退化するのか。ジャーナリズムの仕事の本筋は、事実の発掘と論評である。ニュースに信憑性があり、論評に正当性があるかどうかは、ジャーナリズムに関わる記者の質を長年にわたって培われたブランドとしてのメディアの権威に依存する。その点、既成メディアの力量はオンライン・ジャーナリズムをしのぐ。

一九七〇年代、米国で情報ハイウェー構想が表面化したとき、新しい知の発信と、ジャーナリズムのあり方をめぐり、大学や研究機関で様々な論議が展開されてきた。これらの論争をへて電子新聞に対して求められたコンセンサスは、以下のようなことだった。

①市民のアクセスをいっそう深める　②伝統的な既成メディアに対抗して新しいオンライン・メディアが生まれることで情報マーケットが多様化する　③数千のメディアの出現によって市民の情報環境が変化する　④電子新聞は情報洪水のなかで有用な情報（主食としての情報）を選択し、情報マップを提供する　⑤電子新聞は公共に必要な情報を選択し、より民主的な公共政策の形成を促す　⑥プラ

イバシー侵害を防止する規制を新しく作る、などの点であった［Freedom Forum Conference. The Freedom from Media Studies Center, Columbia University, 1993］。

ジャーナリズムとしての電子新聞に求められるものは、情報洪水の中からいかにして有用なニュースや情報を選択して読者に示すかということである。情報マップの作成と主食になるニュース、情報を選び、公共政策形成に役立つアジェンダ（争点）をどのようにセットして世論を喚起するか。欧米でジャーナリズムが発明されてからずっと使われてきた「公共」（公共圏）という古い考え方も、情報革命下のグローバルな視野で新しく組み替える必要があろう。

情報の地球化、グローバリゼーションのなかで、何が「公共」なのであろうか。世界には多様な国、地域、民族、文化、人種が入り組み、政治や経済の制度が違い、資源と富が偏在し、戦争が起こる。しかしながら、情報のスピード伝播という点で、地球は瞬時で一つとなる。一つの情報やニュースを全人類が共有することができるのである。

拡散する地球レベルの情報を束ねるパワーと哲学の構築こそが、新しい「地球的公共」の考えなのであろうが、その姿はまだ見えてはこない。従来のジャーナリズムが求めた公共や言論マーケットのありかたは、所詮、各メディアが所属する民族国家の領域を超えるものではなかった。それぞれの地域、国から発信された情報は相互に主張があり別々の利害と文化の背景をもつが、それらの情報とメッセージの群れは衝突しながらもインターネット上でどのように折れ合いをつけるのであろうか。インターネットには、まずは新しい形態のメディアのアレーナが姿を現すのだ。例えば、中国の反日デモのときに見られた中国のブログと日本のブログの衝突は、インターネットにおける新型のナショナリズムのアレーナを出現させた。

既成のジャーナリズムが期待通りに機能したかどうかは別として、読者・視聴者がジャーナリズムに求めたものは世論を担う「公共性」の役割であった。しかしブログには公共性とはまったく無縁な個人的な趣味や放言、罵倒のたぐいが入り交じる。サイバースペースとは、ジャーナリズムの公共性とは逆方向の私的情報空間の集合体でもあるのだ。何でもありのネット空間が混沌としている日本で、その傾向は顕著であろう。江戸末期の瓦版を髣髴とさせるブログがひしめいている。

一方、公共性を担うはずの既成メディアは二〇世紀のテレビ文化の影響を強烈に受けた。大衆はテレビ漬けの生活を送るようになった。テレビニュースは衝撃の災害や事件、戦争、犯罪を好むが、視聴率を求めて消費マーケットにつきあうメディアの中身はビジュアル化し、広告スポンサーの力は増し、口当たりの良い娯楽やスポーツ、ゴシップ、芸能スキャンダルなどニュースのショーアップがテレビの主流になった。公共性から離反しても、大衆が欲する情報は、プライバシーの侵害やゴシップ狂い、グルメ情報や性風俗も含め都会の疲れたサラリーマンや若者の癒しと欲望にマッチするものだろう。欲望をかきたてる情報の安易さに慣れた読者・視聴者は、自分の日常生活圏を超えたグローバルな問題やむずかしい理屈や面倒な議論を嫌うようになる。口当たりのいい〝副食情報〟を求めて、刺激の少ない〝主食情報〟には目もくれなくなるのである。必用な情報を摂取しない読者・視聴者は情報の偏食をしていることになる。

テレビは病める情報社会を作ってしまう。これはマーク・セルツァーのいう「病理的公共圏」なのである〔キャロル・グラック「九月一一日――二一世紀のテレビ戦争」『現代思想』二〇〇二年七月号〕。

病んだ既成メディアは、ジャーナリズムとしての社会的信頼感をなくしていった。一方、主食をおいしく食べる努力を、受け手側も怠った結果というべきである。『大衆の反逆』を書き、大衆文化は安易へと堕落するといったオルテガの仮説がさらに深化している証拠だろうから、記事をやさしくかみくだいて説明する、活字を減らして画像を増やす、漫画を動員するなどで手を替え品を替えても根本的には解決しないだろう。口元まで食物をもっていっても食べない人をいつまで相手にしていても仕方がないのも確かだ。言葉を駆使し、いくらレトリックを用いても説明不可能なできごとは、われわれの社会に満ちている。

しかしながら理性を通じた言葉こそが事実と真実を語るのであり、映像や漫画は言葉をいっそう正確なイメージの中で捉えるための補助的な手段だ。テレビ映像であろうとも言葉による意味伝達が原点である。映像は感情的なインパクトを伴うが、言葉は理性を通して冷静にものごとを考えるよう促す。言葉がなくなれば理性を欠いた感情のトラウマが横行する世の中になる。日本のメディアの特徴は、「喜怒哀楽」の表現に敏感であり、ともすると感情的な「喜怒哀楽」の表現こそジャーナリズムだという誤解も存在している。

病理的公共圏から逃れて癒しを求める消費者は、事実や真実の探求心をなくし、欲望体系を刺激する情報だけを求めるようになる。疲れた人々はテレビやインターネットサイトをザッピングして欲望の情報を漁るのである。

オルテガがいったように、大衆文化堕落のもとを作ったのはほかならぬマスメディアである、という責任追及の声は、主としてメディア論の専門家たちが唱えることが多い。この世の悪の元凶はマスメディアが作っているという「マスメディア・スケープゴーツ論」は近年、大いに力を得ている。政治の堕落、経済の停滞、国民の愛国心の不足、道徳の欠如、子供の学力の低下、家族の崩壊、性の乱脈、外交の失敗、バブルの顚末、犯罪の増加、文化の腐敗などの社会の諸悪はマスメディアに起因するという考えがある。

しかしそれはメディアの力の誇張にすぎないと、キャロル・グラックはいう。「(社会がなぜこんなにも悪いのか) 説明できる権力の所在を突き止めたいと渇望するからなのだろう。それはオズの魔法使いの舞台裏を覗き込んで、メディアを見つけるようなものである。私が思うに、魔法使いは存在しない」[グラック、前掲書]。

メディアの意味を作るのは、資本家や消費者や政治的経済的利害関係者や評論家や学者たちであり、それは、「非常に複雑な相互関係、あるいは『共犯関係』」にある、とグラックは述べる。つまりメディアが拡大再生産するものは、社会が共同責任を負った「共通知」なのだ。

「(メディアの振る舞いは) 外部に問題の所在を求めたがる批評家や知識人にとって、格好の標的」になるが、「たんに批判するだけでなく、メディアと社会の両方を変革する」意志と課題を、批評家や読者、視聴者たちも負っている [グラック、前掲書]。文句のいいっ放しではすまないのである。メデイアを利用しながら、都合によってはメディアを悪玉にして自足している批評家やメディア学者、政治家たちは、社会に対して貢献していないといえる。

単純化から複雑化へ――変わる記事の書き方

サイバースペースの進化に伴い、「複雑系」というテーマが関心を集めてきた。従来の社会科学はある現象を単純化し、一つの法則や定義を導くことで社会現象を説明してきた。たとえば、経済発展の法則は抽象化した経済学モデルによって説明されるが、現実の経済は単純化したモデルのように動いているわけではない。実際にひき起こる物事は秩序から混沌（カオス）へと進んでゆく。

理論が動きまわる現実を説明できないのはなぜか。現実の経済は机上の経済学の理論よりはるかに複雑な動きを見せるからだ。金融や為替の日々の動きは静止画像ではとらえようのない複雑さである。そのような複雑な現実の動きをありのままの複雑さでとらえようとするのが複雑系理論である。経済だけでなく、国際関係や政治の領域でもあてはまることだ［科学革命の震源地といわれ、多数のノーベル賞学者を生んだ米国西海岸のサンタフェ研究所が生み出した新しい科学論である。M・ミッチェル・ワールドロップ、二〇〇〇に詳しい］。

この考えはジャーナリズムにもあてはまる。従来のジャーナリストは、事件をできるだけ単純化して記事に書き、説明しようとしてきた。ヘッドラインや見出しが付けやすい記事が良い記事とされた。複雑に記事を書く記者はプロフェッショナルとしてはまず失格である。記事を単純化して説明しなければ読者にはわからないと、編集長は考える。これは現場のジャーナリストたちを貫いてきた強迫観念のようなものである。

限られたスペースと時間のなかで簡潔に物事を伝えることのできる記者が優れたジャーナリストの条件だった。新聞もテレビもラジオも同じで、早く短く簡潔にニュース伝えることはジャーナリストの職人技とみなされていた。

逆三角形理論という文章理論がある。まず見出しに取れる文章を書き出して、そのあとに数行の前文を書く。前文では事件の全体の輪郭を描写する。短い数行の前文のなかにニュースの条件である5W1H（いつ、どこで、だれが、なにを、どのようにして行ったか。なぜ事件は起こったのか）をすべて盛り込むのだ。このあとにスペースに応じて本文を書き足してゆくが、限られたスペースに全文が新聞に掲載できるわけではないので、どこで文章を切ってもわかるような記事が求められる。

逆三角形の記事というのは、最初にニュース構成の条件である5W1Hを書き、順に重要なデータを付け足してゆくという方法である。これはジャーナリズムというものが誕生していらい、どこの世界でも変わらない記事スタイルの共通基準だった。

うまい文章とはそういう基準を満たした文章のことを指した。もちろん、国によってこうした逆三角形の書き方には差異がある。電話が発達した米国や日本のジャーナリズムでは、話し言葉が書き言葉に近くなっている。しかしロシアのように電話の発達が遅れた国の新聞には昔ながらの書き言葉のスタイルが厳然として残っている。文芸の伝統が強いフランスの新聞記事は文学的表現を好む。フランスの新聞には、逆三角形にこだわらず記者の文体を生かした自由な記事が掲載されることが多い。「逆三角形スタイル」を最も見事なステレオタイプにまで完成させたのは、戦後の日本の新聞であろう。客観報道を旨とするニュース報道には最も適したスタイルだ。日本の新聞では、どの新聞記者が取材しようとも、ほぼ同じ内容の記事になるので記者の文章は無個性でも良いのである。日本の新聞が同じように見える理由に、どこの新聞社でも踏襲しているこの逆三角形記事スタイルがあげられる。

しかしオンライン新聞の登場で、既成メディアの単純化した記事スタイルにも変化がでてきた。もともと複雑な背景を背負った社会現象を単純化して説明するのは無理なことで、単純化することで逆に事件の本質の理解を難しくしてきた。

イギリスBBC放送の記者経験のあるアーサー・ブリッグスは、逆三角形型の記事スタイルを逆転させよ、と主張している。「ジャーナリズムの役割はものごとの説明の単純化ではなく複雑化である。つまり読者・視聴者に事件の複雑さを理解させることがジャーナリストの使命である」というのだ[Gordon, 1995]。

ニュースを単純化しすぎたために、既成のジャーナリズムは複雑な事件の背景を読者・視聴者に伝えることができなかった。これを可能にするのがジャーナリズムのオンラインであり、インターネットだと、ブリッグスは述べている。ネットはだれに対しても平等に開放されており、記事量の制限はない。読者はリンクサイトをクリックしてゆくことでさらに詳しい説明のあるニュースサイトへ入ることが出来る。文字だけでなく、画像や動画をリンクさせ、マルチメディア化したオンライン新聞にすることも可能だ。

そのニュースに興味のない読者がそれ以上アクセスする必要はない。新聞記者は気が済むまで必要な記事を書き続けることができるし、読者は読まない権利をいつでも行使できる。つまりジャーナリズムの完全な自由市場が、ネット上には存在しうるのである。ブログがいまのように爆発的な力を持つようになったのは、九・一一同時テロからイラク戦争にかけてだが、被災地域の断片の情報、安否情報からグローバルな情報に至るまで、既成のメディアがカバーできない情報の空洞化が、ブログの台頭につながった。

戦争や災害だけでなく、政治への無関心層に対しても、具体的な事例を多様なリンクサイトによって説明し、社会貢献への行動を促すことができる。ジャーナリストたちがネット上のリンクサイトをうまく使いこなすようになれば、現政府の失敗を単細胞的に強調するスキャンダル型報道に陥ることなく、冷静な論点と現実的な問題の処理法を読者に喚起することができるはずである［Gordon, 1995］。

アカデミズムでもコロンビア大学の「自由メディア・フォーラム」（The Freedom Forum Media Studies Center）が、電子新聞の実験を含め、全米の研究者やジャーナリストを集めてミーティングや研究会を重ねてきた。読者がほしがる情報と必用な情報の間にはギャップがある。したがってメディアは読者が欲する情報だけ流せばよいわけではない。そのギャップを埋め、有用なニュースと情報、知識の価値判断と選別をどのように行うか――現場とアカデミズムが協力して新時代のジャーナリズムのための研究と実験を重ねてきたのである。

オンライン・ジャーナリズムが既成メディアと決定的に違うところは、受け手と送り手の双方向性である。工業化社会では、大量生産のシステムが、大量消費社会にうまく適応し、巨大化したマスメディアの強みだったものが、逆に欠陥になった。いまのマスメディアは一方通行の情報伝達システムしかもっていない。

しかしながら、どんな時代になっても、ジャーナリズムのありかたや役割の原点が変わるわけではない。正統派のジャーナリズムは電子新聞時代になっても衰えることはなく、その内容が大きく変わることもないとコロンビア大学「自由メディア・フォーラム」のレポートは指摘している。

アメリカ新聞経営協会のロジャー・フィドラーは、電子新聞への夢を「フィールド・オブ・ドリームズ」という報告にまとめた。フィドラーはいう。「新聞と紙の関係が切れても、ジャーナリズムのあり方や役割の原点が変わるわけではない。正統派のジャーナリズムは電子新聞時代になっても衰えることはなく、内容が大きく変わることもない」。技術が革新され、情報環境がいくら変化しても人間社会に役立つジャーナリズムの質は変わらないばかりか、電子時代のほうがよりよいジャーナリズムが生まれるチャンスがあるというのである［Roger Fidler, Field of Dreams, Media, Democracy and the Information Highway, The Freedom Forum Media Studies Center, Columbia University, 1993］。

日本で市民参加型のインターネット新聞『ＪＡＮＪＡＮ』を立ち上げた元鎌倉市長・竹内謙は、

「インターネットの信憑性が低いと思われているのは、そこで活動している人たちにかかわっている」といい、紙に書いたものでも「捨てられてゆくものはたくさんある」とブログのインタビューで語っている［「Grip Blog ～私が見た真実」二〇〇五年五月二六日取材、http://www.surusuru.com/news/］

とはいえ、アメリカでは巨大メディア資本が電子空間を利益追求の草刈り場に変えて、ジャーナリズムを弱体化させている。また日本では、インターネットメディアを牽引する新興ＩＴ産業が、既成メディアのＭ＆Ａに失敗し、その先頭を走っていたライブドアが違法ビジネスを摘発されて破滅の危機に陥った経緯などを見ると、インターネットに影響力ある新しいジャーナリズムの役割を期待するのは、いまだ夢物語の域を出ていないのだろうか。

主要参考文献

Th・W・アドルノ、渡辺裕編『アドルノ音楽・メディア論集』平凡社、二〇〇二年。

天川晃「三つ目の偶然」松田保彦ほか編『国際化時代の行政と法』良書普及会、一九九三年。

安藤良雄「戦時統合」有沢広巳監修『昭和経済史』日本経済新聞社、一九七六年。

青木日照・湯川鶴章『ネットは新聞を殺すのか』NTT出版、二〇〇三年。

『朝日新聞』一九四五年九月一五日付。

『朝日新聞』一九九六年一〇月二七日付、松山幸雄「権力と新聞」。

『朝日新聞』一九九七年一月六日付「世界のニュースサイト」。

『朝日新聞』一九九七年一月八日付。

朝日新聞社社史編修室編『朝日新聞の九〇年』一九六九年。

朝日新聞社百年史編修委員会編『朝日新聞社　大正・昭和戦前編』一九九〇年。

浅見雅男「雑誌メディアと世論形成」柴山哲也編『日本のジャーナリズムとは何か——情報革命下で漂流する第四の権力』ミネルヴァ書房、二〇〇四年。

朝森要「ペリー使節の日本派遣と米国内外の反響」『日本歴史』一四五号、一九六〇年七月号。

有山輝男「新聞の略史」稲葉三千男ほか編『新聞学』（第三版）日本評論社、一九九五年。

有山輝男『占領期メディア史研究』柏書房、一九九六年。

有吉正勝「米提督ペリーの日本来航とその世界史的意義　その二」『九州女子大学紀要』第八号、一九七二年。

オノレ・ド・バルザック、鹿島茂訳『ジャーナリズム博物誌』新評論、一九八六年。

マイケル・ブルームバーグ、荒木則之監訳『メディア界に旋風を巻き起こす男 ブルームバーグ』（第二版）東洋経済新報社、一九九七年。
「ブログは新聞を殺すのか」『ニューズウィーク』日本版、二〇〇六年三月一五日号。
Braw, Monica, THE ATOMIC BOMB SUPPRESSED: American Censorship in Occupied Japan, An East Gate Book, 1990.
ノーム・チョムスキー、鈴木主税訳『メディア・コントロール――正義なき民主主義と国際社会』集英社新書、二〇〇三年。
中馬清福『新聞は生き残れるか』岩波新書、二〇〇三年。
ウォルター・クロンカイト、浅野輔訳『二〇世紀を伝えた男クロンカイトの世界』TBS・ブリタニカ、一九九九年。
Cyber Times Oct. 9, 1996, If the pen is mightier than the sword, is the computer simulation mightier than the pen?
Downie, Leonard JR. and Kaiser, Robert G., The News about the News, American Journalism in Peril, Vintage Books, 2003.
Feldman, Ofer, Politics and the News Media in Japan, The University of Michigan Press, 1993.
Freedom Forum Conference, The Freedom from Media Studies Center, Columbia University, 1993.
Fidler, Roger, Fidler's Field of Dreams, Media, Democracy and the Information Highway, The Freedom Forum Media Studies Center, Columbia University, 1993.
藤田博司『アメリカのジャーナリズム』岩波新書、一九九一年。
福沢諭吉『西洋事情』巻の一。
福沢諭吉『新訂　福翁自伝』岩波文庫、一九七八年。
ベンジャミン・フルフォード『日本マスコミ「臆病」の構造』宝島社、二〇〇四年。
ウィリアム・ギブソン、浅倉久志訳『バーチャル・ライト』角川文庫、一九九九年。
Golay, Michael and Rollyson, Carl, Where America Stands, A New England Publishing Associates Book, 1996.

Gordon, Andrew C., Journalism and the Internet, Media Studies Journal Winter 1995 (Vol. 9 No. 1), The Freedom from Media Studies Center, Columbia University.

キャロル・グラック、梅崎透訳「九月一一日――二一世紀のテレビ戦争」『現代思想』二〇〇二年七月号。

デイヴィッド・ハルバースタム、筑紫哲也・東郷茂彦訳『メディアの権力』(1)、朝日文庫、一九九九年。

デイヴィッド・ハルバースタム、浅野輔訳『ベスト&ブライテスト』上・中・下、朝日文庫、一九九九年。

ユルゲン・ハーバーマス、細谷貞雄・山田正行訳『公共性の構造転換』(第二版)、未來社、一九九四年。

萩原滋編『変容するメディアとニュース報道』丸善、二〇〇一年。

濱屋雅軌『日米関係の原点――ペリー来航に関する研究』(第二版) 高文堂出版社、一九九八年。

花田達朗『公共圏という名の社会空間』木鐸社、一九九六年。

春原昭彦「記者クラブ」稲葉三千男ほか編『新聞学』(第三版) 日本評論社、一九九五年。

春原昭彦『日本新聞通史』四訂版、新泉社、二〇〇三年。

服部孝章「新聞と民衆」稲葉三千男ほか編『新聞学』(第三版) 日本評論社、一九九五年。

服部孝章「放送免許制度の課題」荒瀬豊・高木教典・春原昭彦編『自由・歴史・メディア』日本評論社、一九八八年。

ヘーゲル『歴史哲学講義』上・下、岩波文庫、一九九四年。

堀部政男「新聞とアクセス権」稲葉三千男ほか編『新聞学』(第三版) 日本評論社、一九九五年。

Humeston, Hellen., Origines of America's Japan Policy, 1790-1854, University Microfilms International, 1984.

サミュエル・ハンチントン、鈴木主税訳『文明の衝突』集英社新書、一九九八年。

石橋湛山「不祥事件と言論機関の任務――建設的批判に精進すべし」『東洋経済新報』一九三六年三月七日号。

石井孝『日本開国史』吉川弘文館、一九七二年。

岩崎千恵子「新聞事業のアイデンティティ危機」天野勝文ほか編『岐路に立つ日本のジャーナリズム』日本評論社、一九九六年。

岩瀬達哉『新聞が面白くない理由』講談社文庫、二〇〇一年。

掛川トミ子「アメリカのフリープレスへの一視角」荒瀬豊・高木教典・春原昭彦編『自由・歴史・メディア』日本評論社、一九八八年。

桂敬一編『日本の情報化とジャーナリズム』日本評論社、一九九五年。

「記者とウェブログ」「ジャーナリズム考現学」所収、http://halberstam.bologtrib.org/, 二〇〇四年一二月一八日確認。

北村肇『腐敗するメディア』現代人文社、一九九六年。

北岡伸一　市川洋一訳、巻末解説クリストファー・ソーン『満州事変とは何だったか』上・下、草思社、一九九四年。

桐生悠々編『他山の石』不二出版、一九九〇年。

小林裕子「アメリカで学んだジャーナリズムの精神」『新聞研究』一九九四年五月号。

「砕け散る自由の国のメディア」『ニューズウィーク』日本版、二〇〇四年八月四日号。

公文俊平「日本型モデルへのネットワーク・アプローチ」濱口恵俊編著『日本型モデルとは何か——国際化時代におけるメリットとデメリット』新曜社、一九九三年。

「日下雄一氏に聞く」柴山哲也編『日本のジャーナリズムとは何か——情報革命下で漂流する第四の権力』ミネルヴァ書房、二〇〇四年。

Le Monde, septembre 2, 1997.

ローレンス・レッシグ、山形浩生・柏木亮二訳『Code』翔泳社、二〇〇一年。

ハワード・ラインゴールド、会津泉訳『バーチャル・コミュニティ』三田出版会、一九九五年。

ウォルター・リップマン、掛川トミ子訳『世論』上・下、岩波文庫、一九八七年。

livedoor Blog, http://www.livedoor.com/blog.html/, 二〇〇五年九月二五日。

Machlup, F., The Production and Distribution of Knowledge in the United States, Princeton University. Press, 1962.

マーシャル・マクルーハン、森常治訳『グーテンベルクの銀河系――活字人間の形成』みすず書房、一九八六年。

マーシャル・マクルーハン、栗原裕・河本仲聖訳『メディア論――人間拡張の諸相』みすず書房、一九八七年。

前川徹・中野潔『サイバージャーナリズム論――インターネットによって変わる報道』東京電機大学出版部、二〇〇三年。

前坂俊之『戦争と新聞一九二六―一九三五』社会思想社、一九八九年。

ヒュー・マイルズ、河野純治訳『アルジャジーラ　報道の戦争』光文社、二〇〇五年。

『マスコミ倫理』マスコミ倫理懇談会全国協議会一九九四年一二月号。

Matthews, Christopher, Kenedy & Nixon, Simon&Schuster, 1996.

ロベール・メナール、大岡優一郎訳『闘うジャーナリストたち――国境なき記者団の挑戦』岩波書店、二〇〇四年。

三宅雪嶺『同時代史』岩波書店、一九六七年。

永井盡「アメリカ渡来に付色々寄せ集め記」雄山閣編輯局編『幕末維新の研究』雄山閣出版、一九三四年。

中曽根康弘・梅原猛『政治と哲学』ＰＨＰ研究所、一九九六年。

『ニューズウィーク』日本版、二〇〇四年八月四日号。

New York Daily Times, Vol. I No. 17, Feburuary 2, 1852.

New York Daily Times, Vol. I No. 17, Feburuary 24, 1852.

New York Daily Times, June 15. 1852, From St. Helena-Cruelty of the Japanese Toward American Sairors.

『ニューヨーク・タイムズ年次報告書』"ANNUAL REPORT 1995" The New York Times Company.

『日本新聞年鑑』日本新聞協会、一九九八／一九九九、二〇〇〇／二〇〇一、二〇〇四／二〇〇五年。

西野嘉章編『プロパガンダ 1904-45――新聞紙・新聞誌・新聞史』東京大学総合博物館、二〇〇四年。

野口悠紀雄『情報の経済理論』東洋経済新報社、一九七四年。

野口悠紀雄『一九四〇年体制』東洋経済新報社、一九九五年。

小川和久「日本ジャーナリズムを象徴する『日米安保報道』」柴山哲也編『日本のジャーナリズムとは何か――情報革命下で漂流する第四の権力』ミネルヴァ書房、二〇〇四年。

Ogden, Michael R., Politics in a parallel universe, Is there a futur for cyberdemocracy?, Journal offprint paper, 1994.

奥田義胤編『シンポジウム「記者クラブを考える」』国際ジャーナリスト連盟東京事務局、二〇〇三年。

大江志乃夫『ペリー艦隊大航海記』立風書房、一九九四年。

大貫康雄『ヨーロッパメディアに見る日本・世界』自由国民社、二〇〇六年。

大嶽秀夫『テレビ政治とポピュリズム』中公新書、二〇〇三年a。

大嶽秀夫『日本型ポピュリズム』中公新書、二〇〇三年b。

Pharr, Susan J., Media as Trickster in Japan, ed. by Susan J. Pharr and Ellis S. Krauss, Media and Politics in Japan, University of Hawaii Press, 1996.

Punishing the Press, Columbia Journalism Review, March/April, 1997.

PUTNAM'S MONTHLY, Vol.1 March, 1853, No. III.

ロバート・ライシュ、中谷巌訳『ザ・ワーク・オブ・ネーション――二一世紀資本主義のイメージ』ダイヤモンド社、一九九一年。

ハリソン・ソールズベリー、小川水路訳『メディアの戦場』集英社、一九九二年。

佐藤優『国家の罠――外務省のラスプーチンと呼ばれて』新潮社、二〇〇五年。

Schudson, Michael, The Power of News, Harvard University Press, 1995.

柴山哲也「小泉劇場が生み出した『ワイドショー公共圏』」『論座』特集「テレビ政治がとまらない」二〇〇一年八月号。

柴山哲也「日本型『公共圏』と『ワイドショー内閣』」柴山哲也編『日本のジャーナリズムとは何か――情報革命下で漂流する第四の権力』ミネルヴァ書房、二〇〇四年。

柴山哲也『日本型メディア・システムの崩壊』柏書房、一九九七年。

柴山哲也「日本近代における言論理念の形成と商業新聞の『不偏不党』」柴山哲也編『日本のジャーナリズムとは何か——情報革命下で漂流する第四の権力』ミネルヴァ書房、二〇〇四年。

柴山哲也「マスメディアも崩壊した」『諸君！』一九九五年四月号。

柴山哲也『「情報人」のすすめ』集英社新書、二〇〇一年。

柴山哲也『戦争報道とアメリカ』ＰＨＰ新書、二〇〇三年。

柴山哲也『ヘミングウェイはなぜ死んだか』集英社文庫、二〇〇〇年。

『四国新聞』二〇〇一年一月のシリーズ「民主主義の風景・第一部記者クラブの功罪」。

下山進『アメリカのジャーナリズム』丸善ライブラリー、一九九五年。

『新聞研究』一九九四年一一・一二月号、日本新聞協会。

『新聞研究』一九九四年五・六月号、日本新聞協会。

『新聞研究』一九七三年一〇月号、日本新聞協会。

『新聞研究』一九七三年一一月号、日本新聞協会。

『新聞の病気』(別冊宝島、二三七号) 宝島社、一九九五年。

ナンシー・スノー、福間良明訳『情報戦争——9・11以降のアメリカにおけるプロパガンダ』岩波書店、二〇〇四年。

The New Age of Alternative Media, CJR, September/October, 2003.

田保橋潔『増訂・近代日本外国関係史』原書房、一九七六年。

田原総一朗「田原総一朗が反論する——テレビ政治はポピュリズムではない」『論座』二〇〇一年八月号。

「田原総一朗氏に聞く」柴山哲也編著『日本のジャーナリズムとは何か——情報革命下で漂流する第四の権力』ミネルヴァ書房、二〇〇四年。

高見順『敗戦日記』文春文庫、一九九一年。

竹内謙「記者クラブとわが闘争」『文藝春秋』一九九六年六月号。

Tamarin, Alfred, Japan and the United States, Macmillan Company, 1970.

田村穣生・鶴木眞編『メディアと情報のマトリックス』弘文堂、一九九五年。

田勢康弘『政治ジャーナリズムの罪と罰』新潮文庫、一九九四年。

アルビン・トフラー、徳山二郎訳『アルビン・トフラーの戦争と平和——二一世紀日本への警鐘』フジテレビ出版、一九九三年。

塚本三夫「マスメディア構造と言論の自由の論理」荒瀬豊・高木教典・春原照彦編『自由・歴史・メディア』日本評論社、一九九八年。

築地達郎「現代の新聞経営」柴山哲也編『日本のジャーナリズムとは何か——情報革命下で漂流する第四の権力』ミネルヴァ書房、二〇〇四年。

筑紫哲也「テレビ・ジャーナリズム論の陥穽」柴山哲也編『日本のジャーナリズムとは何か——情報革命下で漂流する第四の権力』ミネルヴァ書房、二〇〇四年。

マーク・トウェイン、吉岡栄一ほか訳『ハワイ通信』彩流社、二〇〇〇年。

上杉隆「アドリブ宰相とその演出家」『論座』二〇〇一年八月号。

上山春平『日本のナショナリズム』至誠堂新書、一九六五年。

梅棹忠夫「情報産業論」『放送朝日』一九六三年一月号。

Underwood, Doug, When MBAs Rule the News Room, Columbia University Press, 1995.

内川芳美「新聞とは何か」稲葉三千男ほか編『新聞学』（第三版）日本評論社、一九九五年。

M・ミッチェル・ワールドロップ、田中三彦・遠山峻征訳『複雑系』新潮文庫、二〇〇〇年。

Walker, Martin, Powers of the Press, Adama Books, 1982.

マックス・ウェーバー、脇圭平訳『職業としての政治』岩波文庫、一九八〇年。

Westney, D. Eleanor, Imitation and Innovation, Harvard University Press, 1987.

Westney, D. Eleanor, Mass Media as Business Organizations, A US-Japanese Comparison, ed Susan J. Pharr and Krauss, Ellis S. Media and Politics in Japan, University of Hawaii Press, 1996.

カレル・ヴァン・ウォルフレン、篠原勝訳『日本／権力構造の謎』上、早川書房、一九九〇年。

ボブ・ウッドワード、伏見威蕃訳『ディープ・スロート――大統領を葬った男』文藝春秋、二〇〇五年。

Woodward, Bob, THE CHOICE, Simon & Schuster, 1996.

山本武利「テレビ朝日椿発言・証人喚問問題」香内三郎ほか『メディアの現在形』新曜社、一九九三年。

山本武利『新聞と民衆』紀伊國屋書店、一九九三年。

山崎正和「黒白ジャーナリズムと面白ジャーナリズム」『文藝春秋』一九九六年六月号。

吉野作造「民族と階級と戦争」『中央公論』一九三二年一月号。

吉崎達彦「米国外交のユニラテラリズム研究」『鴻池通信』Vol. 182、二〇〇三年三月二一日。

http://www.slate.com/　二〇〇五年九月三〇日確認。

あとがき

現代のメディアは第四の権力といわれ、民主主義の発展、成熟にとって欠かせない存在だが、肝心なメディアの報道や振る舞いを監視し、チェックする第三者機関が日本には存在しない。米国では、コロンビア大学、ハーバード大学などの一流大学の研究機関がその役割を果たしているし、新聞大国のスウェーデンなどには、メディアを監視するオンブズマン制度が発達している。

私たちはメディアの監視や研究を目的とする本格的な組織を立ち上げようと、昨年、発起人約一〇人の協力を得て、「現代メディア・フォーラム」を作った。

「現代メディア・フォーラム」は、立ち上げ記念イベントとして、「メディアのM&Aとジャーナリズムの公共性」というテーマを掲げ、京都で国際シンポジウムを開いた。ライブドアとフジテレビ、楽天とTBSの間で、M&Aをめぐる熾烈な興亡が繰り広げられていた時期である。買収を仕掛けられたテレビ局側は、新興のIT資本が金にあかせて業界に参入すると、「メディアの公共性」が侵害されるとして猛反発した。結局、新参者のM&Aは失敗したのだが、いったい、メディア側が主張した「公共性」とは何だったたか。

シンポジウムには日本外国特派員協会に所属する欧米各国の有力新聞の特派員数人がボランティアとして参加してくれて、「メディアと公共性」をめぐる議論が沸騰した。

このときの議論の一部をここで紹介する。（詳細は「現代メディア・フォーラム」のホームページ、http://media-forum.jp/ を参照）。

イギリスのタイムズ記者リチャード・パリー氏は、一九八〇年代にM＆Aの洗礼を受けた『タイムズ』の経験を話した。一七八五年創刊の同紙は現在発行されている世界最古の新聞である。部数が減って衰退傾向にあったタイムズを買収したのは、オーストラリア出身のルパート・マードック氏だった。

「マードック氏は八〇年代当時のイギリス新聞界で、いまの日本の堀江氏のように嫌われていたが、停滞する英国新聞界に革命的な変化をもたらした。いち早くコンピューター・システムを導入し、印刷工を解雇して新聞制作の工程や中身のスタイルを変えた。カラー化、ビジュアル化を推進し、硬派のニュース記事だけでなく、ライフスタイル・ジャーナリズムを作り出し、料理、園芸、趣味の記事や王室、芸能界の記事も載せるようになった。さらには新聞の料金競争を起こして定価を下げ、ライバル紙を潰そうとした。これに対して多くの伝統的イギリス人はマードックの手法を誹謗した。しかしいまから振り返って見ると、ここ二〇年間にイギリスの新聞で起こった変化は必然の流れで、当然だったと受け止められている。発行部数も回復し、新聞の質も良くなったからだ。もしもあのときにマードックがやらなかったとしても、誰かが同じことをしたのではないか」。

停滞したメディア界には必ずイノベーションや構造改革が起こる。誰かがそれに手をつけるのである。「しかし変化を嫌がる既成のジャーナリストたちは〝傷つけられた〟と感じて抵抗し、改革に手を染めた者を非難する」とパリー氏は指摘した。

パリー氏は、一九八〇年代のマードック氏と堀江氏や三木谷氏の姿をだぶらせて話した。堀江氏や三木谷氏がやらなくても、誰かが日本のメディアの構造改革に着手していただろう、というのだ。

しかしながら、マードック氏はもともと新聞人だが、堀江氏、三木谷氏は新興のＩＴ企業家でジャーナリズムのことは知らない、という違いがあった。

二〇〇六年が明けて間もなく、堀江貴文氏が逮捕、起訴され、連日、ライブドア事件をめぐる報道洪水が起こった。堀江氏の逮捕容疑の核心がよく理解されないままに、連日、集中豪雨のような〝ホリエモン・バッシング〟が続いた。ライブドア事件の闇と真相は裁判などの時間を経て明らかにされてゆくだろうが、この事件に引き続き、民主党の永田前議員によるお粗末な偽メール事件が起こった。この国では事実を押さえてものをいうことが、いかに軽くなったかを示している。

シンポジウムで、軍事アナリストの小川和久氏は、日本の安全保障や日米安保などをめぐる報道はファクト（事実）の取材からスタートしていない、と警告した。日本人は安全保障や防衛に関する自分の位置を知らず、科学的な知識や情報をほとんど持っていない。自国の安全保障に関して、多くの日本人は錯誤や風説に動かされている、というのだ。

事実を押さえることなく情報操作や希望的観測、推測に基づく報道は「風説の流布」と同義である。大本営発表の虚偽の情報を垂れ流していた戦中の新聞がそうだった。事実を知らず、科学的思考ができていないメディアが、果たして国民の知る権利に応え、民主主義の深化と成熟に寄与できるのだろうか。

いまこそ日本のメディアは、「事実を取材し、科学的な思考に基づく報道をする」というジャーナリズムの原点に立ち帰ることが急務だろう。第四の権力としてのメディアは、国民の知る権利に応え、日本の民主主義の深化、成熟と不可分であるべきだ。別の権力や利害関係や既得権益のためにメディアの権力が利用されてはならないのである。

最後に、病身を押して京都シンポジウムで講演をしてくれたテレビ朝日のエグゼクティブ・プロデューサー日下雄一氏が、今年の正月明けに逝去された。テレビ界の現場を知り尽くしている日下氏の話は極めて真摯かつ貴重なものだった。テレビ・ジャーナリズム確立のために命を削った日下氏の死は、おおいなる損失であった。

また本書の執筆をすすめてくれたミネルヴァ書房の杉田啓三社長、および原稿の完成を辛抱強く待ち、励ましてくれた編集部の堀川健太郎氏に深く謝意を表したい。

二〇〇六年　早春

柴山　哲也

《著者紹介》

柴山哲也（しばやま・てつや）

1970年に朝日新聞記者となり大阪本社，東京本社学芸部，『朝日ジャーナル』編集部，戦後50年企画本部などに25年間勤務。

退職後，ハワイ大学日本学研究センター客員研究員，米国立・イースト・ウエスト・センター Visiting Fellow，国際日本文化研究センター客員教官，京都大学大学院経済学研究科非常勤講師，京都女子大学教授などをへて，

現　在　現代メディア・フォーラム代表

主　著　『日本型メディア・システムの崩壊』柏書房，1997年。

『「情報人」のすすめ』集英社新書，2001年。

『戦争報道とアメリカ』PHP 新書，2003年。

『日本のジャーナリズムとは何か』（編著）ミネルヴァ書房，2004年。

専　門　メディア産業論，比較ジャーナリズム論，情報文明論。

叢書・現代社会のフロンティア⑥

日本型メディアシステムの興亡

――瓦版からブログまで――

2006年6月20日　初版第1刷発行　〈検印廃止〉

定価はカバーに
表示しています

著　者　柴　山　哲　也

発行者　杉　田　啓　三

印刷者　田　中　雅　博

発行所　株式会社 ミネルヴァ書房

607-8494　京都市山科区日ノ岡堤谷町1

電　話　(075) 581—5191（代表）

振替口座・01020-0-8076番

創栄図書印刷・新生製本

ISBN4-623-04608-7

Printed in Japan